마흔을 위한
치유의 미술관

마흔을 위한
치유의 미술관

삶에 지친 마음을
어루만질 그림 속 심리학

윤 현 희 지음

다섯
수레

그리운 나의 아버지께

미술관에는 아름다운 그림뿐 아니라 아름다움을 사랑하는 사람들, 아름다움을 연구하는 사람들 그리고 아름다움을 창조하는 사람들로 가득하다. 예술작품들을 모사하는 사람들, 감상하는 사람들, 지키고 아끼며 보존하는 사람들로 가득한 미술관에서 작가는 '아름다움이 우리를 끝내 구원한다'는 사실을 깨닫는다. 『마흔을 위한 치유의 미술관』은 이런 눈부신 깨달음의 컬렉션을 담은 아름다운 책이다. 어느 때보다 미술을 향한 관심이 뜨거운 지금, 『마흔을 위한 치유의 미술관』은 우리 일상 깊숙이 미술을 초대하는 길을 안내해 준다.

정여울(작가, 『오직 나를 위한 미술관』 『감수성 수업』 저자)

꽃을 보고자 하는 이에게는 늘 꽃이 있다. 앙리 마티스의 말이다. 어려움 속에서도 희망을 찾고자 했던 마티스는 자신의 작품 세계를 통해 지금도 많은 이의 가슴에 온기를 채워주고 있다.

예술가들은 자신의 마음 깊은 곳에 자리한 감추고 싶은 상처와 결핍을 외면하지 않았고, 오히려 그것을 예술작품으로 옮겨내며 자신의 내면을 더 단단하게 만들었다. 그래서 예술작품에는 치유의 힘이 깃들어 있다. 지치고 힘든 하루를 보낸 당신에게 그들의 이야기가 담긴 이 책을 선물한다. 『마흔을 위한 치유의 미술관』을 감상하고 나설 때면 우리도 분명 더 단단해질 것이다.

진병관(프랑스 정부 공인문화해설사, 『더 기묘한 미술관』『위로의 미술관』 저자)

예술이 우리를 치유해 줄 수 있으리라고 생각해 본 적이 없었다. 길다면 길다 하겠지만, 겨우 100년 남짓 되는 인간의 생물학적 유효기간 동안 우리는 수없이 조바심 내며 불안해하고, 또 좌절하며 살아가느라 몹시 바쁘지 않은가. 그래서 예술은 삶에 여유가 있는 사람만이 즐길 수 있는 분야라고 생각했던 듯하다.

저자는 말한다. 수백, 수천 년 전의 사람들이 자신의 진실한 마음을 담아낸 예술작품들을 접하는 일은 우리의 유한한 삶이 생물학적 시간을 뛰어넘어 지구의 시간, 나아가 우주의 시간까지도 품는 일이라고. 그리고 그 시간이 다채롭게 담긴 미술관이야말로 누군가에게는 맞춤 심리치료실이 될 수 있다고 말이다.

혼자서 미술관을 거니는 일이 아직 어색한 나와 같은 이들을 위해 저자는 저마다의 고민과 어려움에 맞춤형 치유의 실마리가 되어줄 미술관을 준비해 두었다.

김소영(방송인, 책발전소 대표)

들어가며

당신의 모든 날을 위로하는 선물이 되길

첫 책 『미술관에 간 심리학』이 세상에 나온 지 5년. 오랜 외국 생활 중에 정신없이 출간한 첫 책이라 부족한 점이 많았음에도 오랫동안 과분한 사랑을 받았다. 무척 감사한 일이다.

5년이 지났지만 사는 것은 여전히 쉽지 않다. 아니 더 무서운 속도로 변하는 세상에서 잃어버리거나 사라지는 많은 것이 아쉽고, 내 뜻대로 되지 않는 세상일에 낙담하기 쉬운 시절이다. 그래서 이 책에서 다친 마음을 위로하고, 자신을 잃지 않는 방법에 대해 진솔한 이야기를 나누고 싶었다. 나와 내 삶을 더 잘 이해할 수 있는 심리학 이론과 최신 연구 결과를 풍부하게 더했고, 미술사에 관한 기술적인 내용은 조금 줄였다. 또한 과거의 그림들과 화가들의 삶의 풍경이 현재를 사는 우리의 일상에 어떤 위로를 건네는지 귀를 기울였다. 그리고 그림이 우리의 마음과 공명하는 지점을 찾아 이야기해 보고자 했다. 독자들의 마음에 한 발짝 더 가닿는 이야기가 되기를 바라며, 부족하지만 재미있게 읽어 주기를 바라는 마음을 담았다.

마흔을 위한
치유의 미술관

지금까지 인연이 된 많은 독자(주로 40대)가 상처와 고통으로 얼룩진 화가들의 영혼을 담아낸 이야기에 감응해 주었다. 지금을 사는 우리의 삶도 그만큼이나 고단하고 피곤하기 때문이리라 짐작된다.

종종 삶을 살아내는 것을 고해의 바다를 항해하는 일 혹은 긴 강을 건너가는 일에 비유하곤 한다. 희망과 설렘에 가득 차 부드럽게 출항했다가도 갑자기 급물살을 만나는 시련을 겪거나 전복될 위기에 처하는 고난을 만날 때도 있을 것이다. 무탈하게 항해하기 위해선 변화무쌍한 날씨 변화도 잘 넘겨야 한다.

항해 중 유독 거친 파도와 변덕스러운 날씨가 지속되는 때를 만난다면 그때가 아마도 40대쯤일 것이다. 지난 시간 동안 앞만 보고 항해하느라 돌아볼 새도 없었던 내게 갑작스러운 통행료 고지서가 날아든다. 다양한 관계와 책임의 무게가 늘고, 몸과 마음의 에너지가 고갈되고, 사랑하는 가족과 불시에 사별하게 되고, 어딘가 고장 나 심각한 병을 진단받고…… 모두 40대를 시작한 우리를 위협하는 사건이다.

이 책을 통해 소개하는 화가들은 대부분 40대라는 어두운 골짜기에서 주옥같은 그림들을 쏟아냈다. 어쩌면 명작은 화가가 가장 낮은 곳에서 가장 어려운 상황에 처해 있을 때 탄생하는 것인지도 모르겠다. 그들은 가장 어두웠을 시간에 생에 대한 애착과 감각을 예리하게 벼리며, 그 인고의 시간에 대한 증거를 그림에 담아냈다. 어둠을 밝혀줄, 작지만 가장 강했던 불꽃을 쏘아올린 것이다.

우리의 삶 또한 그럴 수 있기를 바란다. 숨조차 쉴 수 없는 극한 조건에서도 무게중심을 낮추고 눈을 똑바로 뜬 채 한 숨, 두 숨, 호흡을 고르다 보면 어느덧 어두운 골짜기도 끝을 보이고, 그 끝에서 나의 세상도 다시 시작될 것이다.

왜 하필 미술인가 싶겠지만, 긴 시간을 담은 미술관은 누군가에겐 맞춤 심리치료실이 될 수 있다. 일상의 갖가지 일들에 치여 살다 보면 끝이란 멀리 있는 것처럼 느껴질 때도 있지만, 사실 자세히 보면 인간에게 허락된 생물학적 유효기간은 불과 100년 남짓일 뿐이다. 다시 그 길지 않은 시간을 쪼개어 치밀한 계획을 세우고, 실행에 옮기고, 결과를 평가하며 스스로를 몰아붙이고 타인을 닦달한다. 불안해하고, 조바심 내고, 쉽게 좌절하는 이유도 바로 지금 하지 않으면 다시 할 수 없을 것 같다는 생각 때문이다.

하지만 수백 년 전 혹은 수천 년 전 사람들이 손으로 빚어가며 생각과 감정을 고스란히 담은 작품들을 온 마음을 다해 어루만지다 보면 수백 년을 뛰어 넘어 수천 년의 시간까지도 가깝게 느껴진다. 그런 경험이 반복되면 우리의 유한한 삶은 생물학적 시간을 뛰어넘어 역사와 지구의 시간, 나아가 우주의 시간까지도 품을 수 있다.

그러므로 우리가 작품과 친해지며 확장된 시간 감각을 가진다면 삶을 조금 더 긴 호흡으로 대할 수 있게 될 것이다. 그렇게 되면 마음도 한결 여유로워지고 겸손해진다. 겸손해진 마음은 삶의 더 많은 부분을 품게 할 것이다. 미술관을 나설 때면 우리 마음의 근력도 조금 더 튼튼해져 있을 것이다.

마혼을 위한
치유의 미술관

아프고 괴로운 날들에도 자기 상처를 보듬으며 더 성숙해진 화가들의 영혼을 들여다보는 이 책은 오직 당신만을 위한 미술관이다. 언제 어디서든 당신을 위한 모든 날에 책을 펼쳐 들고 치유의 힘을 얻길 바란다.

우선 그림을 있는 그대로 보며 그 안에 담긴 본질을 찾아 화가와 대화하듯 나의 스산한 마음속 풍경도 가만히 들여다봐 주기만 하면 된다. 미처 말로 표현할 수 없었던 마음이 조용히 들려올 때 스스로에게 위로와 용기를 건넨다면 그보다 더 좋은 치유는 없다. 심리학자인 내가 30여 년간 그림으로 사람들의 마음을 읽어온 이유다.

기획과 원고 진행 전반을 지원하며 힘을 실어주고, 원고를 꼼꼼히 읽으며 탄탄한 책이 될 수 있도록 도움을 아끼지 않은 다산북스 편집부에 감사의 말을 전한다. 또한 언제나 날카로운 비판과 격려, 지지를 아끼지 않은 임성준 님에게도 감사의 말을 전한다.

2024년 가을의 휴스턴에서,

윤현희

차례

1부

＊ 아무도 나를 이해해 줄 수
없을 것 같은 날에

고통받는 정신의
출구를 향한 질주

빈센트 반 고흐

Vincent Van Gogh

(1853~1890)

세상과 불화하고 가난과 질병에 신음했던 빈센트 반 고흐는
그 고통을 극복하기 위해 그림을 그렸다. 노란 별빛이 이글거
리는 깊고 푸른 밤하늘은 반 고흐가 품었던 이상이 하늘에
가닿은 열망의 흔적이다. 그는 사람에게 사랑받고 싶어 했
고, 그보다 더 많이 사랑하고 싶어 했다. 전 세계인의 심금을
울리는 그의 코발트블루색 밤하늘은 영원의 시간을 품었고,
그 푸른 영원 위에 반짝이는 노란 별빛은 지상의 짧은 생을
닮았다. 강인한 생명력을 담은 노란 해바라기는 또 얼마나
많은 이에게 용기와 격려를 보내는가. 반 고흐에게 그림을 그
리는 일은 머릿속 복잡한 생각과 판단을 멈추고, 세상의 고
통과 불협화음에서 자신을 구원하는 방법이었다.

✳ 숭고함은 수많은 흔적에서 나온다

세계적으로 여러 지점을 보유한 미술품 매매점에서 근무하던 한 청년이 있었다. 그는 그곳에서 성실하게 근무하며 커리어를 다지는 안정된 삶을 살 수 있었다. 그러나 그는 그림이 시장 논리에 따라 상업적으로 거래되는 것을 못마땅하게 여겼고, 고객들과 자주 다툼을 벌이곤 했다. '트러블 메이커'로 낙인찍힌 청년은 결국 직장을 뛰쳐나왔고, 목사였던 아버지를 따라 종교에 충실한 성직자로 살기로 마음먹었다.

기독교 집안에서 성장한 그는 사람들에게 실질적인 도움을 주는 성직자가 되기를 꿈꿨으나 신학대학 입학시험에 번번이 떨어지는 바람에 꿈을 이룰 수 없었다. 그러나 청년의 가슴속 종교적 열망은 꺼지지 않았고, 사회적 약자들에게 연대감을 느꼈던 그는 어떤 식으로든 사회적 불평등을 해소하는 데 일조하여 힘든 사람들의 고통을 덜어주고 싶었다. 그래서 자기희생을 감수하면서까지 약자들에게 선의와 호의를 베풀었지만, 어쩐 일인지 그의 호의는 매번 거부당하기만 했다.

청년은 실패한 화상畵商이자 실패한 목회자였다. 하지만 그림을 그려 세상에 복음을 전하겠다는, 사명감에 가까웠던 그의 열망은 쉽게 사그라들 줄 몰랐다. 세상과 좀처럼 화해하지 못했던 그는 뒤늦게 그림에 투신해 여러 도시를 외로이 떠돌았다. 종국에는 머나먼 타향의 정신병원에 입원해 장기 치료를 받아야 하는 처지가 되고 말았지만, 다행히도 그는 자기 생애 가장 어두웠던 이 시기에 엄청난 그림들을 쏟아낼 수 있었다. 그렇게 지극한 외로움과 소외당한 시간 속에서 탄생한 절절한 그의 그림들은 시공간을 초월해 우리의 마음을 적신다. 이 청년의 이름은 빈센트 반 고흐다.

반 고흐는 애쓰고 노력한 흔적을 안고 사는 사람이 우월한 가치를 가진 사람이라고 믿었다. 또한 손으로 그린다는 의미에서 그림이라는 수작업보다 더 견실한 노동은 없으며, 사랑으로 이루어진 것들은 잘될 수밖에 없다고 믿었다.

프랑스 남부 아를의 들판과 밤하늘, 카페와 거리 그리고 계절의 풍경, 낡은 구두, 해바라기, 의자 등 그의 견실한 수작업으로 아로새긴 그림들은 '사랑의 지도'와 다르지 않다. 그러니 그의 그림을 어떻게 사랑하지 않을 수 있을까?

농부가 들판을 쟁기질하는 것처럼 반 고흐는 물감으로 캔버스를 쟁기질했다. 영국의 미술비평가 존 버거John Berger는 반 고흐가 편견 없는 시선으로 세상 만물에 최선을 다해 사랑을 새겨 넣었던 방식이 아마도 신이 세상을 창조하던 손과 같았을 것이라고 말했다.

〈별이 빛나는 밤〉〈해바라기Sunflowers〉 등 그 지극한 정성으로 탄생한 그림들은 그의 세계관이 농축된 선언서와 같다. 현실 세계는 노동의 결과물이고, 미술은 그 창조적 노동 행위라는 선언 말이다.

인간과 자연을 열렬히 사랑했고 수작업으로 그 사랑을 아로새겼던 반 고흐는 너무나도 일찍 우리의 곁을 떠났지만, 거부당한 현실에서도 그림을 향해 타오르던 그의 열망은 노란 별빛이 되어 여전히 밤하늘에 빛나고 있다. 반 고흐가 사랑으로 이루어진 것들은 잘될 수밖에 없다고 믿었듯 나 또한 그렇게 믿는다. 대상이 무엇이든 사랑하는 마음은 진실을 담고, 진실과 성의를 담은 결과물은 울림을 가지게 마련이다. 그림이건 일이건 사람과의 관계건 말이다.

＊ **몰입이라는 안정감**

우리에게 익숙한 반 고흐의 그림들은 그의 생 마지막 2년여 동안에 탄생했다. 특히 생폴드모솔 정신병원에서는 1년간 200여 점을 그렸으니, 거의 2~3일에 그림 하나를 완성한 셈이다. 그는 작업에 몰입하는 순간 머릿속을 어지럽히는 잡념과 육체의 통증을 잊을 수 있었고, 마음의 불안감, 소외감, 고립감, 해소되지 않는 갈망에서도 벗어날 수 있었다. 미국의 심리학자 미하이 칙센트미하이Mihaly Csikszentmihalyi의 언어로 해석한다면 이는 지극히 몰입한 상태, 즉 '최적 경험'이라는 심리적 평형 상태에 이른 것이다.

칙센트미하이는 반 고흐처럼 창작에 종사하는 사람들이 종종 먹지도 자지도 않았음에도 전혀 지치지 않은 상태로 일에 빠져드는 현상을 '몰입' 상태에 들어갔기 때문이라고 설명했다. 수면과 식사를 잊을 정도로 창작 활동에 열중하는 사람들에게 일하는 과정이라는 지극한 몰입 상태가 정신적 보상으로 작용한다. 즉 그들은 눈앞의 과제에 푹 빠져 외부의 잡음이나 시간의 흐름을 망각한 채 '몰아지경沒我之境' 혹은 '무아지경無我之境' 상태에 이른 것이다.

칙센트미하이는 과제 난도와 자신이 가진 해결 기술의 수준이 균형을 이룰 때 발생하는 최적 경험의 상태, 즉 몰입이 작업의 최대 성과를 내어올 수 있는 힘이라고 보았다. 꼭 창작 분야에 종사하는 사람이 아니더라도 학업, 운동, 과제 등 다양한 영역에서 누구나 몰입의 상태를 경험한다.

눈앞의 과제에 몰두하는 동안 나를 괴롭히던 잡념이나 시간을 잊어버리고, 일이 완성되어 가는 과정을 즐기다 보니 어느새 과제가 완성되어 뿌듯함과 행복감을 느껴본 경험은 누구에게나 있을 것이다. 그런 시간이야말로 더 이상 바랄 것 없는 행복한 순간이 아닌가. 설령 간절히 고대하는 거대한 성취와 목표 달성의 결정적 순간이 아직 오지 않았다 하더라도 말이다. '지금-여기'에서의 순간에 몰입한 결과물이 정신적 포만감을 가져오고, 그런 순간들이 반복된다면 행복의 충분 조건도 되지 않을까? 삶은 결국 여정이니 말이다.

아무리 높은 목표를 달성했더라도 그 기쁨은 오래 지속되지 않고, 마음은 평정심을 되찾기 마련이다. 목적지에 이르는 순간 열정은 금방 사라지고, 공허함이 그 자리를 대신한다. 그러므로 무엇이든 과정 자체를 즐기고 소소한 행복감을 만끽할 줄 아는 것이 중요하다. 하나의 여정이 끝나면 또 다른 목표와 그 여정을 계획하고, 어제보다 나을 오늘을 위해 꾸준히 걸어야 하는 이유이다. 반 고흐의 열정과 몰입이 보여주었듯 말이다.

✵ 인간을 사랑한 화가

네덜란드 남부 쥔더르트에서 목사 부부의 맏아들로 태어난 반고흐가 화가의 길로 들어선 것은 27세가 되어서다. 엄청난 명성에 비해 그가 실제로 활동했던 기간은 10여 년에 지나지 않는다. 16세에 큰아버지의 소개로 미술품 경매와 갤러리를 겸하던 구필화랑에 취직한 반 고흐는 헤이그, 런던, 파리에 소재한 지점들을 돌아가며 근무했다. 하지만 끝내 자본주의 시장 논리와 화해할 수 없었던 그는 결국 화랑을 그만두고 여러 직업을 전전하다 네덜란드 암스테르담으로 돌아갔다.

그는 존경받는 목사였던 아버지처럼 살기 위해 암스테르담의 신학대학교에 입학하려 했으나 연거푸 시험에서 낙방했다. 이후 벨기에의 탄광 지대인 보리나주에서 사역 활동을 하며 농촌 사회와 광부들에게 연대감을 갖게 되었고, 그들의 생활상을 그림에 담아냈다.

〈감자 먹는 사람들〉, 1885년
The Potato Eaters

1883년부터 1885년까지 반 고흐는 네덜란드 뉘넌에서 목사로 일하던 아버지를 따라 그곳의 목사 관사에서 지내며 그림을 그렸다. 그 시기에 농민들의 생활상을 그린 〈감자 먹는 사람들〉은 어둡고 침울한 느낌의 반 고흐 초기 화풍을 특징적으로 표현하고 있다.

석유램프 불빛 아래서 감자를 나누는 농민들의 저녁 식사 자리를 묘사한 〈감자 먹는 사람들〉은 19세기 후반 곤궁한 농민과 노동자의 생활상을 사실적으로 담아냈다. 농민들의 감정을 풍부하게 표현한 이 그림에는 그들에 대한 반 고흐의 애착이 설득력 있게 전달된다.

이 그림 외에도 노동의 신성함과 농민들의 생활상을 강조했던 프랑스 화가 장프랑수아 밀레Jean-François Millet의 〈씨 뿌리는 사람The Sower〉과 다른 몇몇 그림을 오마주(존경하는 예술가나 작품에 영향을 받아 그와 비슷한 작품을 창작하거나 원작 그대로 표현하는 방식)한 그림들에서 당시 반 고흐의 세계관을 엿볼 수 있다.

교회의 사역을 담당하던 시절 그는 제공받은 자신의 안락한 하숙집을 노숙자에게 양보한 뒤 오두막에서 지내기도 하고, 모금 운동을 벌이며 광부들의 파업을 헌신적으로 지원하기도 했다. 그러나 그의 격정적인 활동에 선교 단체는 감동하기보다 오히려 당황스러워했고, 성직자의 존엄성을 훼손한다는 이유로 그를 배척했다. 이런 일들이 반복되면서 그는 종교인에 대해 깊은 회의감을 갖게 되었고, 존경하던 아버지와도 불화를 빚기 시작했다.

인생만큼이나 사랑의 여정도 순탄하지 않았던 그는 자신이 사랑했던 여성들에게도 매번 거절당했다. 시엔이라 불리던 매춘부 클라시나 마리아 호르닉Clasina Maria Hoornik을 우연히 알게 된 반 고흐는 그녀의 아이까지 진심으로 돌보았지만, 결국엔 그녀 역시 반 고흐를 떠나고 말았다.

하지만 반복되는 상처와 사랑의 실패에도 인간을 사랑하는 그의 마음은 흔들리지 않았다. 누군가는 그를 사회성이 원만하지 않아 사람들과 잘 지내지 못한, 주관적 세계에 갇힌 사람이라고 말할지도 모른다. 그러나 여성에게 거절당하는 것과 거절당한 여성을 구원하는 일 중 어느 것이 더 인간적인 일이냐고 반문했던 반 고흐는 진정한 기독교적 의미의 사랑을 실천하려던 진실한 사람이었다.

✴ 창작의 열기를 담아낸 한낮의 노란빛

삶에 유난한 애정을 품었으나 정착하지 못하고 떠돌기만 했던 그의 영혼은 아를에 이르러서야 제집을 찾은 듯한 기분을 느낄 수 있었다. 후견인이자 동생인 테오를 비롯한 가족들에게 보내는 편지에는 이때의 설렘과 행복감을 고백하는 이야기로 가득하다. 화가로서의 성숙을 갈망했던 그의 염원이 마침내 아를에서 이루어진 것이다. 그는 조증의 열기에 들뜬 채 아를의 하늘과 들판을 호흡하며 완성도 높은 그림들을 쏟아냈다.

그림을 그려 세상에 복음을 전하겠다고 다짐한 이상주의자의 영혼은 아를의 노란빛을 닮았다. 화가들의 공동체를 열망하며 어렵사리 공동 화실로 사용할 집을 장만했던 반 고흐는 외벽을 노란색으로 칠하고 자신의 단출했던 '노란 방'과 '노란 해바라기' '금빛으로 물든 밀밭'을 캔버스에 담았다.

그는 자신의 실패가 게으름과 무능함 때문이 아니라는 사실을 세상에 증명하고, 창작의 열기가 사라지기 전에 더 많은 그림을 그리겠다는 다짐을 테오에게 전하곤 했다. 이 시기의 반 고흐를 생생하게 느낄 수 있는 자화상을 한번 살펴보자.

〈타라스콩으로 가는 길 위의 화가〉 속 사람은 아를에서 북쪽으로 20킬로미터 떨어진 마을 타라스콩으로 가는 반 고흐다. 그림 속 그는 즐겨 쓰던 노란 밀짚모자를 썼고, 무거운 화구를 어깨에 진 채 양손 가득 캔버스와 그림 도구들을 들었다. 오후의 태양이 만든 길고 짙은 그림자만이 반 고흐와 동행할 뿐 사방에 인기척은 하나도 없다. 금빛으로 익어가는 밀밭이 외로운 걸음을 재촉하는 그를 조용히 지켜보고 있다. 미술로 자신을 치유하고 세상을 구원하겠다던 화가의 모습은 영락없는 성실한 노동자다.

스위스 프리부르대학교 미술사학 교수인 빅토르 스토이치타 Victor I. Stoichita는 이 그림을 보고 십자가를 끌고 골고다언덕을 오르던 가엾은 사람의 그림자에 비유했다. 스토이치타의 평은 과하게 비감한 면이 없지 않지만, 나는 그 말에 동의할 수밖에 없다.

〈타라스콩으로 가는 길 위의 화가〉, 1888년
The Painter on the Road to Tarascon

이 그림은 제2차 세계대전 때 폭격으로 인한 파손을 막기 위해 독일 슈타스푸르트에 있는 소금 광산의 지하 창고에 보관되었다. 하지만 아이러니하게도 연합군의 폭격으로 인한 화재로 분실되고 말았다. 그림은 사라졌으나 그림자와 동행했던 고독한 반 고흐가 보여준 견실한 노동의 결과물은 사진으로 남아 오늘도 세상을 위로한다. 홀로 걷는 반 고흐의 모습은 고독한 그림자와 더불어 아를의 도로마다 이정표로 새겨졌다.

반 고흐는 세상에게 소외당하고 누구도 알아주지 않는 외로움과 싸우며 창작 활동에 몰입했고, 사람들의 마음에 가닿겠다는 열망을 그림에 쏟아부었다. 그림을 그리는 동안 고통을 잊을 수 있었던 그는 자연이라는 해독제와 그림이라는 치료제로 자신을 치유해 나갔다. 그림을 향한 반 고흐의 진정성과 열망이 농축된 그 결과물들이 우리의 마음에 유난히 큰 울림을 주는 이유는 바로 이 때문일 것이다.

✳ 깊은 감정을 부르는 여름밤의 푸른빛

반 고흐가 아니었다면 우리는 여름 밤하늘의 유난히도 깊고 깊은 푸른빛을 무심히 지나쳤을지도 모른다. 세계적으로도 가장 널리 사랑받고 있는 반 고흐의 그림은 빛으로 가득 찬 낮의 풍경보다는 아를의 '밤하늘'을 그린 그림들이다.

그는 아를의 강렬한 태양 아래서 이전에 알지 못했던 색채와 빛의 아름다움에도 매료되었지만, 그보다 낮의 광휘에 가려졌던 깊은 밤의 풍부한 색채에 더 깊이 빠져들었다. 그에게 한낮의 바다보다 깊고 푸른 아를의 밤하늘은 영원의 공간이었고, 그 깊고 푸른 영원 위로 불꽃처럼 터져 오르는 노란 별빛은 자신의 열망이었다.

반 고흐는 알고 있었다. 별빛의 맑음 너머로 무수한 고통이 있다는 사실을. 자신을 꿈꾸게 한 것이 저 별빛이었음을 고백하는 순간 아를의 밤하늘에서 반짝이던 그 별빛들이 캔버스 위에서 터지는 소리를 들었다고 그는 동생에게 말했다.

〈밤의 카페테라스〉는 아를의 짙푸른 밤하늘 아래 펼쳐진 노란색과 주황색의 온기를 가득 품은 그림이다. 그림을 가만 들여다보고 있으면 긴장했던 마음이 풀어지는 듯한 편안함을 느낄 수 있다. 거리의 들뜬 열기가 느껴질지도 모른다.

반 고흐만큼 색채가 여러 감정을 불러 일으키는 방식에 대해 깊이 고민했던 화가도 드물다. 그 결과 마침내 그는 프랑스 남부의 황홀한 색채의 파노라마 속에서 영혼의 화성和聲을 찾아냈다. 파란색과 노란색, 초록색과 주황색의 보색 관계가 일으키는 상승효과와 생동감은 그의 영혼을 온통 물들였다. 그는 특히 푸른색의 차분한 안정감과 노란빛의 생동감을 불러오는 색채의 대립적인 연출을 즐겼으며, 자신의 색채 실험에 꽤 만족스러워했다.

〈밤의 카페테라스〉, 1888년

Café Terrace at Night

〈밤의 카페테라스〉 이후 그는 아를의 푸른 밤하늘이라는 배경 위로 노란 별빛이 명멸하는 그림을 두 점 더 완성해서 '아를의 푸른 밤' 3부작을 완성했다.

물감을 두껍게 겹쳐 칠하는 임파스토 기법으로 수놓은 〈밤의 카페테라스〉가 그 시작이고, 같은 기법으로 〈론강의 별이 빛나는 밤 The Starry Night Over the Rhône〉과 정신병원의 병실에서 〈별이 빛나는 밤〉을 이어서 그렸다. 특히 뒤의 두 그림에서 반 고흐의 후기인상주의 화풍의 기교는 절정에 달했다.

이 '아를의 푸른 밤' 3부작을 물들인 색채의 대비는 사실상 조증과 울증을 오가던 반 고흐의 영혼의 화성인 셈이다. 노란색은 고양된 에너지를 발산하는 조증을, 파란색은 수축하며 침잠하는 울증을 상징한다.

＊ 희망과 절망의 틈 사이에서

앞에서 살짝 언급했지만, 몰입 상태에서 깨어나기를 거부하듯 무서운 열기로 휘몰아친 반 고흐의 창작열 이면에는 조증과 울증이 교차하는 정신적 고통이 자리하고 있었다.

1888년 반 고흐는 화가들의 이상적인 공동체를 꿈꾸며 아를의 '노란 집'을 꾸미고, 프랑스의 화가 폴 고갱Paul Gauguin을 초대해 몇 달을 함께 생활했다. 그러나 그림에 대한 견해가 엇갈리며 반 고흐와 고갱은 자주 언쟁을 벌였고, 결국 고갱은 반 고흐를 신랄하게 비난하며 매몰차게 떠났다.

고갱이 떠난 그 겨울, 공동체를 향한 꿈이 무너진 자리에서 반 고흐는 자해를 시도했다. 스스로 귀를 잘라버린 것이다. 이 사건으로 말미암아 그를 줄곧 따라다니던 불안과 우울감은 극도로 악화되었고, 반 고흐는 1889년 봄에 자발적으로 생폴드모솔 정신병원에 입원하기에 이르렀다.

세상과의 거리가 아무리 해도 좁혀지지 않고, 오래 간직해 온 꿈마저 이룰 수 없는 것으로 판명된다면 내가 선 자리는 순식간에 지옥으로 변하고 말 것이다. 누구라도 그럴 것이다. 그럼에도 반 고흐는 탈진 상태에서 병실에 갇힌 처지가 되었을 때조차 그림을 그려 복음을 실천하겠다는 열망을 잃지 않았다. 정신병원에서 보낸 1년여의 기간 동안 그는 200여 점의 그림을 그렸다.

이쯤에서 반 고흐를 괴롭히던 질병이 무엇이었는지 정신건강의학적 관점에서 잠시 살펴보자. 대표적인 증상으로 조울증이라 불리는 양극성 정동장애, 간질, 청각 질환 중 하나인 메니에르병, 알코올 의존증이 끈질기게 그를 따라다니며 괴롭혔다. 특히 조울증은 기분이 한껏 들뜬 상태인 조증과 우울한 상태인 울증을 주기적으로 반복하며 심한 감정 기복을 겪는데, 증상이 극도로 악화된 상태에서는 종종 일시적인 환각과 망상을 경험하기도 한다. 반 고흐 역시 조울증이 악화되었을 때 일시적 환각 상태에서 그림을 그리기도 했다.

〈별이 빛나는 밤〉, 1889년
The Starry Night

정신병원에서 탄생한 〈별이 빛나는 밤〉은 역동적인 성운 회오리와 이글거리는 별빛의 강렬한 에너지가 반 고흐의 격정적 심리 상태를 표현한 듯한 그림이다. 동시에 전체적으로 푸른 톤이 흥분 상태를 완화시켜주는 차분함을 품고 있다.

원숙해진 후기인상주의적·표현주의적 화풍과 색채가 돋보이는 이 그림은 병실에서 올려다본 밤하늘을 담았다. 그림 오른쪽 위에서 빛나는 달을 포함해 열두 개의 노란 별들의 후광을 두꺼운 물감 자국으로 표현했다. 그림 중앙을 관통하는 성운 회오리와 굴곡진 산의 능선을 따라 흐르는 구름의 속도감이 어지럽다.

마치 별들을 향해 타오르는 불길처럼 보이는 사이프러스나무는 죽음을 상징하는 나무이기도 하다. 그래서 한편에선 이 그림이 반 고흐의 죽음을 예고한다는 해석이 제기되기도 했다. 나무 오른쪽, 지상에서 가장 가까운 거리에서는 금성이 빛나고 있다.

그러나 최근 들어 〈별이 빛나는 밤〉 속 성운이 실제 존재했던 복잡한 대기 현상의 수학적 난류 패턴을 보인다는 과학계의 주장도 제기되고 있다. 성운의 회오리가 반 고흐의 단순한 상상력의 산물이 아닌 당시 천문학자들이 관측했던 나선 성운을 참고한 그림이라는 것이다. 실제로 프랑스의 천문학자였던 카미유 플라마리옹Camille Flammarion이 『대중 천문학L'Astronomie Populaire』에서 소개한 소용돌이치는 우주의 아름다움에 매료된 반 고흐는 새벽마다 별을 보며 〈별이 빛나는 밤〉을 그렸다.

금방이라도 색채가 뚝뚝 떨어져 내릴 것 같은 생생한 물감 자국은 반 고흐의 열망이 고스란히 배어 있는 지문과도 같다. 그의 이상과 꿈, 슬픔까지 그대로 수놓은 그림은 손을 뻗어 나를 만져보라고 유혹한다.

그의 그림 앞에 서면 가슴이 뛰거나 눈물이 차오르는 사람들이 적지 않다. 노란 별빛이 흩뿌려진 깊고 푸른 〈론강의 별이 빛나는 밤〉이나 정신병원에 입원해서 그린 〈별이 빛나는 밤〉 앞에서 사람들은 유독 깊은 감정의 울림을 느낀다. 그 감정의 이름은 애틋함일 수도 있고, 슬픔일 수도 있고, 그저 이유 모를 감격일 수도 있다.

미국 에머리대학교의 신경학 교수 사이먼 레이시Simon Lacey와 크리슈 사티안Krish Sathian은 반 고흐의 그림이 강렬한 감정을 유발하는 이유를 신경학적 기제로 설명한다.

시각 정보는 뒤통수에 있는 후두엽의 시각 피질에서 처리된다. 물감을 두껍게 바르는 임파스토 기법으로 표현된 반 고흐의 그림은 시각 피질뿐만 아니라 촉각까지 자극한다. 이때 후두엽과 인접한 측후두엽이 동시에 활성화되는 것이 뇌 영상을 통해 확인되었다.

측후두엽에는 시각과 촉각의 상호작용이 일어나는 회로가 있는데, 이 회로는 해마, 편도체뿐만 아니라 기분을 좋게 하고 행복감을 유발하는 도파민이라는 신경 전달 물질이 분비되는 보상회로와도 직접 연결되어 있다. 해마는 감정에 관련된 기억을 저장하며, 편도체는 감정의 유발을 관장한다.

반 고흐 그림의 강렬한 원색과 임파스토 기법으로 만들어진 두 꺼운 입체감을 보게 되면 후두엽과 측후두엽이 동시에 활성화되며 사적인 감정 기억과 행복감을 관장하는 두뇌 기관들이 연쇄적으로 자극받게 된다. 그래서 그의 그림을 보면 기쁨부터 슬픔, 행복감, 충만감 등 평소 느끼기 어려운 감정들이 동시에 솟구쳐 오르며 마음을 두드리는 것이다.

별빛의 맑음 너머 별들의 숨은 고통까지 생각하던 반 고흐의 영혼은 물감처럼 하늘에 가닿아 노란 별빛으로 반짝인다. 고독을 벗삼아 온갖 고통을 잊기 위해 그림을 그리던 반 고흐는 마음을 울리는 색채의 화성으로 오늘날에도 전 세계인의 마음을 위로하고 있다.

✳ 예술의 순교자

1890년 정신병원에서 퇴원한 반 고흐는 파리 북서부 근교의 오베르쉬르우아즈로 거처를 옮겼다. 봄이 한창이던 그곳에서 반 고흐는 정신건강의학과 의사였던 폴 가셰Paul Gachet에게 치료를 받으며 〈가셰 박사의 초상Portrait of Dr. Gachet〉〈까마귀 나는 밀밭Wheat Field with Crows〉〈오베르의 교회The Church at Auvers〉 등의 그림들을 그렸다.

그러나 여름이 절정에 달한 7월의 어느 날, 반 고흐는 알 수 없는 이유로 권총 자살을 시도했고, 이틀 뒤 숨을 거두고 말았다. 그의 죽음에 관해 한편에선 자살이 아닌 타살이라는 가설도 제기되고 있지

만, 사인이 무엇이든 그가 우리의 곁을 너무도 일찍 떠난 것은 어찌
해 볼 수 없는 사실이다.

대가 없이 사랑했으나 거부당하기를 반복하고, 영혼을 불어넣어
그림을 그렸으나 인정받지 못했음에도 인간을 향한 사랑의 끈을 놓
지 않았던 반 고흐의 마지막은 믿을 수 없이 허무하다. 성직자가 되
지 못한다면 예술을 쟁기질해 사람들의 마음에 가닿겠다던 그는 결
국 고통과 정열을 동시에 불태우고 '예술의 순교자'가 되었다.

돌이켜 보면 반 고흐의 그림들이 그랬듯 인류를 슬픔에서 건져
내고 인생의 지혜를 깨우쳐 준 많은 예술작품은 대개 그 예술가가
어두운 골짜기의 밑바닥에 엎드려 있던 시기에 탄생하곤 했다. 장르
와 시대는 다르지만, 조선의 위대한 실학자였던 다산 정약용이 쓴
명저들도 그가 변방에 고립되어 유배 생활을 했던 때에 탄생했고,
이탈리아의 시인 단테 알리기에리Dante Alighieri가 쓴 『신곡』 역시 그의
야망이 좌절되었을 때 쓰였으며, 풍자문학의 대가이자 『걸리버 여
행기』로 익숙한 영국의 작가 조너선 스위프트Jonathan Swift 역시 정치
적 뜻을 펼치지 못하고 낙향하게 되었을 때 풍자문학을 쓰기 시작
했다.

이상을 향해 전력으로 질주했으나 의도와는 다르게 매장당하
는 처지가 되었던 그들은, 류시화 시인의 말을 빌리자면 사실은 골
짜기에 "매장"된 것이 아니라 "파종"된 상태였던 것이다. 가장 어둡
고 낮은 곳에 있던 바로 그때, 응축된 힘으로 간신히 쏘아올린 불빛

은 하늘 높이 날아올라 가장 환한 빛을 뿜었다. 그러니 자신이 지금 가장 어두운 곳에 '매장'되었다고 느끼는 누군가가 있다면 오히려 지금이 바로 그때인지 모른다. 비통한 마음을 부여안고 전력을 쏟은 결과물은 차곡차곡 쌓여서 미래의 당신을 키워내는 중이다.

반 고흐가 겪었던 심리적·물리적 고통은 창작을 향한 순수한 몰입의 상태로 그를 인도했고, 그 결과로 탄생한 그의 그림들은 사람들에게 숱한 위로를 건넨다. 반 고흐의 그림들은 단순히 색채와 형태의 집합체를 넘어 인간 존재의 고통과 이상을 향한 탐구 의식을 보여주었으며, 치유의 본질에 대한 통찰을 제공한다. 반 고흐가 오늘날에도 그토록 사랑받는 이유는 그 때문이 아닐까?

아를의 햇살 아래, 바람에 흔들리는 사이프러스나무 사이에서 일렁이는 불길을 발견하는 그의 시선엔 물질세계의 때라곤 전혀 묻어 있지 않다. 반 고흐는 그런 시선으로 마디가 불거진 나무의 그루터기나 울퉁불퉁한 나뭇가지에서도 아름다움을 발견했다. 나는 인류를 물질의 노예로 만든 시대의 변화를 거부하고, 순수한 신앙으로 그 현실을 정면 돌파하고자 했던 반 고흐의 고독한 투지를 사랑한다. 그의 지칠 줄 모르던 인간을 향한 사랑과 이상을 향한 동경에 감동하며, 세상에서 가장 외로운 날의 우리를 위해 그가 남긴 따뜻한 위로들에 감사를 보낸다.

불안과 공포가
나를
무릎 꿇릴지라도

에드바르 뭉크

Edvard
Munch
(1863~1944)

인생이라는 강을 건너기 위해서는 누구나 얼마쯤 통행료를 지불해야 한다. 때때로 엄습해 오는 불안, 영혼을 잠식하는 공포, 질병으로 인한 고통, 가족을 잃는 상실의 아픔 등 다양한 이름의 통행료가 있지만, 에드바르 뭉크는 그 누구보다 비싼 통행료를 치러야 했다. 태어날 때부터 '죽음의 천사'가 자신을 따라다녔던 그는 그림을 통해 죽음의 공포, 삶의 고통과 정면으로 대결했다. 나아가 그림으로 생의 의미를 발견하고, 타인의 삶에 도움을 주려 했다. 상처와 공포, 불안으로 점철된 그의 삶에서 미술은 꼭 필요한 도취이자 '낫고 싶지 않은 병'이었다. 이제 뭉크의 아픈 그림들은 우리에게 질문한다. 당신은 무엇에 도취해 인생의 강을 건널 것인지, 당신을 지탱할 도취의 힘은 무엇인지 말이다.

✳ 누구에게나 절규의 순간이 있다

누군가 조금이라도 자신을 무시하거나 부당하게 대우하지는 않는지 늘 신경이 곤두서 있는 사람들이 있다. 우리가 잠깐 살펴볼 진아 씨(가명)도 그런 사람이다. 진아 씨는 상대방이 자신의 연락에 곧바로 대답하지 않으면, 다른 이유가 있을 것이라고 생각하기보다 '나를 중요하게 생각하지 않아서 그렇구나' 하고 부정적으로 생각했다.

진아 씨는 부당한 피해를 받지 않기 위해 업무와 관련된 대화 내용을 일일이 녹음하며 기록했고, 연인의 응답을 기다릴 때면 끊임없는 불안과 자책에 시달렸다. 의기소침해지거나 지극히 불안해진 상태로 어떤 문제가 발생할 때마다 상대방을 공격하거나 자신을 방어하기에 급급했다.

모든 인간관계를 신뢰하지 못하겠다는 생각에 불안감이 커지며 자존감도 더 낮아진 진아 씨는 때로 나름의 반격을 시도하기도 했다. 하지만 방어적이거나 공격적인 그녀의 의사 표현 방식은 직장 생활에서나 친구들 사이에서도 더 큰 갈등을 불렀고, 문제를 더 복잡하게 만들 뿐이었다.

피해의식으로 가득 차서 관계를 유지하는 일을 힘겨워한 진아 씨는 결국 비관적인 자기 평가로 자신감이 낮아졌고, 능력도 충분히 발휘하지 못하는 지경이 되었다. 상황이 극도로 악화할 때면 세상 모든 사람이 자신을 공격하고 비난하는 것 같은 착각에 빠지곤 했다. 그런 상황이 되면 진아 씨는 에드바르 뭉크의 〈절규〉가 마치 공황 발작 상태의 자신과 꼭 닮았다고 생각했다. 진아 씨뿐만 아니라 한 번이라도 극심한 불안이나 공황 발작을 경험한 사람이라면 누구나 뭉크가 그려낸 '절규'의 순간에 공감할 것이다.

뭉크는 19세기와 20세기 초반에 활동하며 이전에 없었던 실존적 공포와 에로티시즘을 담은 원초적 그림을 선보여 세계적으로 유명해졌다. 그러나 그의 가족사는 그에게 호의적이지 않았다.

병으로 죽어가는 가족을 바라보던 어리고 무력했던 소년 뭉크의 기억 속엔 언제나 죽음의 그림자가 드리워져 있었다. 태어난 그 순간부터 '죽음과 질병의 천사'가 자신을 따라다녔다는 고백은 그의 정서적 근간이 죽음에 대한 공포와 불안에 바탕을 두고 있다는 사실을 말해준다.

죽음의 그림자와 공포, 피해의식으로 가득찬 뭉크의 세계관을 담은 그의 그림들은 가히 충격적이다. 그럼에도 그의 어두운 상상력과 감정을 형상화한 그 그림들에 공감할 수밖에 없는 이유는 우리 안에도 그같은 어둠과 고통이 존재하기 때문이다.

⟨절규⟩, 1893년
The Scream

〈절규〉는 극한의 공포 상황에서 경험한 뭉크의 지각적 환영을 담은 그림이지만, 현재는 정신적 충격과 공황에 놓인 한 개인의 심리 상태를 대변하는 세계적 아이콘이 되었다.

세상의 종말이 곧 닥칠 것 같은 검붉은 노을 아래, 공포에 질려 형체마저 허물어진 사람의 눈과 입은 공황 발작으로 크게 벌어졌고, 두 손은 괴로운 비명을 필사적으로 막고 있다. 성별을 알기 어려운 이 사람의 뒤틀린 표정과 몸의 실루엣, 검붉은 구름이 만든 소용돌이, 피오르(빙하의 침식으로 형성된 계곡이 바닷물에 잠겨 생긴 좁고 긴 만 지형) 너머의 바다는 재난 상황이 임박한 듯한 위기감을 조성한다. 그리고 그를 따라 두 사람이 저 멀리 사라지고 있다.

이 그림을 시작으로 뭉크는 유화와 판화를 비롯해 여러 매체를 사용해 〈절규〉를 총 네 가지 버전으로 그렸다. 이 책에 수록된 〈절규〉는 당시 노르웨이의 크리스티아나(현 노르웨이 오슬로)에서 처음 전시되었고, 판지 위에 계란 흰자와 물감을 혼합한 템페라 기법과 크레용을 사용한 버전의 그림이다.

어느 해 질 녘, 뭉크는 오슬로의 에케베르그언덕을 친구들과 함께 산책하던 중 죽을 듯한 공포를 느꼈다고 회상한다. 그는 한순간에 죽을 듯한 피로감을 느꼈고, 그 순간 피가 묻은 칼처럼 새빨갛게 불에 타는 듯한 구름을 보았다. 그리고 찢어지는 '자연의 비명'을 들었다.

결국 〈절규〉는 뭉크의 공황 발작이 엄습하던 순간의 지각적 이상, 즉 환각 경험을 기록한 것이다. 저녁 산책 중이던 뭉크를 공포로 몰고 간 것은 대체 무엇이었을까?

뭉크는 이 그림의 왼쪽 구석에 "미친 자만이 그릴 수 있다"라고 연필로 직접 적어놓았다. 정밀 분석 결과 이 문장은 그림을 완성하고 2년 후에 써넣은 것으로 확인되었다. 아닌 게 아니라 실제로 그는 알코올 의존증, 조울증, 조현병 등 여러 정신건강의학적 문제로 고통받고 있었다.

흔히 어떤 그림이 높게 평가받는 이유는 어둡고 절망적인 인생의 단면을 아름다운 이미지와 형상으로 승화시켰기 때문이라고 말한다. 하지만 뭉크의 그림이 사랑받는 이유는 무시무시한 절망과 고통을 에둘러 포장하고 미화하기보다 감정을 날것 그대로 처절하게 직면한 솔직함에 있다고 봐야 할 것이다.

뭉크의 캔버스는, 의식은 물론 무의식 속 어두운 생각과 환영에 대항해 처절한 투쟁을 벌인 전쟁터였다. 그의 미술사적 성과는 개인적 상처가 드리운 어두운 내면의 그림자와 감정, 여과되지 않은 원초적 사고, 상상력을 미술 영역으로 들여왔다는 데 있다.

뭉크의 세계관은 단지 개인적 투쟁의 적나라한 기록에 그치지 않고, 20세기의 상징주의와 표현주의를 선도하는 미술사조로 등장하면서 시대적 보편성과 당위성까지 얻었다.

✳ 고통에의 처절한 직면

뭉크는 노르웨이의 뢰텐에서 군의관이었던 아버지를 둔 다섯 남매 중 둘째 아들로 태어났지만, 어린 나이에 가족 대부분을 먼저 떠나보내야 했다. 5세에 어머니를 결핵으로 잃었고, 13세가 되던 해에는 어머니의 역할을 대신하던 누나 소피에를 같은 병으로 잃었다.

광신도적인 기독교 근본주의에 빠져 있던 그의 아버지는 이 비극이 자녀들의 죄로 인한 결과이자 신의 처벌이라고 주장하며, 저녁 식사 자리에서 자녀들에게 어머니의 유서를 반복해서 읽게 했다. 그리고 정서적·신체적으로 학대에 가까운 양육 태도로 일관했다.

병약했던 뭉크는 긴 겨울 동안 자주 앓았다. 학교에 가지 못하는 날이 길어질 때면 그림을 그리며 혼자서 시간을 보냈다. 그는 독일의 동화 작가였던 야코프 그림Jakob Grimm과 빌헬름 그림Wilhelm Grimm 형제의 동화 중에서도 유령 이야기 같은 어둡고 무서운 동화를 탐닉하며 그 이야기에 걸맞은 삽화를 스스로 그려 넣곤 했다. 그의 어두운 상상력과 미술에 대한 호기심은 이 당시에 싹튼 것이다.

20대에는 아버지와 남동생이 폐렴으로 사망하고, 여동생마저 조현병으로 정신병원에 입·퇴원하길 반복했다. 뭉크의 가정사를 알게 되면 그가 삶에 대해 느꼈을 불안과 공포의 크기가 얼마나 컸을지 짐작하기가 어렵지 않다. 아버지의 혹독한 비난과 정서적 학대에 가까운 양육 방식으로 피해의식이 굳어가고, 특유의 어두운 세계관을 갖게 된 과정 역시 설득력 있게 다가온다.

〈병든 아이〉, 1885~1886년
The Sick Child

이 당시 뭉크를 사로잡고 있던 주제는 질병으로 인한 죽음과 상실의 고통이었다. 23세가 되던 해 〈병든 아이〉를 그리기 시작한 뭉크는 1년여에 걸쳐 그 그림을 완성했다. 어둡고 선명한 색채와 거친 붓질로 그려진 이 그림은 자신이 어린 시절에 죽은 누나 소피에를 기리는 뭉크의 대표적 병상 기록이다.

무너질 듯 위태롭게 생명을 붙잡고 있는 누나의 간절함, 어머니를 대신해 남매들을 돌보던 이모의 흐느낌, 절망적인 슬픔이 생생히 전해진다. 뭉크는 형태의 외곽을 흐리게 처리하고 거친 붓질로 표현함으로써 이 깊은 좌절을 그렸다. 또한 수직으로 거칠게 툭툭 끊어지는 붓질로 끊어질 듯 간신히 이어지는 생명을 은유적으로 연출했다. 다양한 형식과 구도를 적용하여 이 그림과 동일한 모티프를 40여 년 동안 여섯 번이나 그렸을 만큼 누나의 죽음과 당시의 슬픔이 그의 인생에 남긴 상처는 깊고 컸다.

당시의 퇴폐적인 분위기 또한 그림에 짙게 배어들었다. 19세기에서 20세기로의 전환기, 종교적 가치는 무너졌고 사회적 구조와 삶의 방식 또한 확연히 달라졌다. 경제와 산업의 구조적 변화는 계급 대립을 격화시켰고, 산업화된 사회를 살아가는 사람들의 영혼에는 전에 없던 균열이 생겼다.

한편 세기말의 대대적인 인식의 전환이 이루어지던 가운데 오스트리아의 정신분석학자 지크문트 프로이트Sigmund Freud가 제기했던 인간 내면의 무의식과 성적 발달 이론은 새로운 지향과 가치를 추구하던 화가들을 매료했다. 화가들은 자연을 재현하며 외면 세계를 바라보던 시선을 내면으로 돌려 심리적 억압과 고통, 갈등, 소외된 욕망 등 내면의 이미지를 형상화하기 시작했다.

20세가 된 뭉크는 아버지의 뜻대로 크리스티아니아공과대학에 진학하지만 이내 중퇴하고 노르웨이 사실주의의 대가 크리스티안 크로그Christian Krohg를 멘토로 삼아 본격적으로 그림을 공부했다. 이 시기 뭉크는 그림뿐만 아니라 예술운동 전반에도 관심이 많았다.

뭉크는 노르웨이의 비판적 시각을 가진 무정부주의자 그룹 '크리스티아니아 보헤미안'의 일원으로 활동하며 남녀평등과 자유연애를 숭상하고 페미니즘을 설파하던 이들에게 크게 영향을 받았다. 또한 독일의 철학자 프리드리히 니체Friedrich Nietzsche의 저서들을 탐독하면서 세 개의 거대한 우상, 즉 기독교, 도덕, 법전에 대항하는 이 그룹의 예술론에 동조하며 독특한 세계관을 구축했다. 그들과 함께 어울리며 보헤미안적 생활 방식에 빠져들었던 그는 결국 보수적인 전통 가치를 추구하던 아버지와 불화를 빚었다.

이러한 영향으로 뭉크는 초기의 자연주의적이었던 화풍을 버리고 가정사에서 비롯된 개인적 경험과 거친 감정을 직설적으로 토로하는 표현주의로 선회했다. 또한 개인적 서사와 내면을 고백하는 동시에 인간 본성의 어둡고 퇴폐적인 면에 집착하는 경향이 두드러진 세기말의 퇴폐와 암울한 분위기도 반영했다.

✳ 상처를 마주하겠다는 선언

뭉크가 보헤미안적 가치관을 담은 그림들을 발표할 때마다 수많은 비판이 쏟아졌다. 화단의 지속적인 비판은 피해의식을 비롯한 그의 부정적인 인지 편향을 더욱 악화시켰다.

그러나 다행히도 멘토였던 크로그가 국비 유학을 지원해 준 덕분에 뭉크는 노르웨이를 떠나 프랑스 파리에서 공부하며 더 폭넓은 경험을 쌓을 수 있었다. 또한 이 시기를 통해 미학적 견해를 넓히고 자신만의 독자적인 스타일을 도모했다.

파리에서 '자유로운 영혼'이라 불리던 앙리 드 툴루즈로트레크 Henri de Toulouse-Lautrec, 색채로 감정을 표현했던 빈센트 반 고흐, 폴 고갱 등과 폭넓게 교류한 경험은 뭉크에게 전환점이 되었다. 자기 내면과 감정을 거리낌 없이 표현한 그림들을 보면서 뭉크는 자기 그림에 확신을 갖게 되었다. 내면의 원초적 풍경을 그림에 풀어놓는 과정이 삶의 공포를 극복하는 방안이 될 수 있음을 확인한 것이다.

뭉크의 이 같은 생각은 1889년 쓴 「생클루 선언St. Claud Manifesto」에서 확인할 수 있다. 그는 이 글에서 "숨 쉬고, 고통받고, 느끼고, 사랑하는, 살아 있는 인간을 그리겠다"라고 하며, "본 것을 상상하며 그리되 보이는 것을 보이는 그대로 그리지는 않겠다"라고도 썼다. 이는 곧 대상을 재현하는 사실주의적 표현을 포기하고, 내면의 풍경을 표현하겠다는 선언이었다.

이 당시 그는 그림에 '절망' '우울' '불안' '질투' '절규' 등 어둡고 파괴적인 감정의 이름들을 붙였다. 「생클루 선언」을 발표한 이후 뭉크는 노르웨이, 독일, 이탈리아 등지를 여행하며 적극적으로 활동했는데, 1904년에는 베를린분리파에 정식으로 합류하여 독일 표현주의 탄생에도 지대한 영향을 주었다.

파리에서의 유학을 마치고 돌아온 그는 〈절규〉〈불안Anxiety〉〈생의 춤〉 등을 포함한 '생의 프리즈The Friez of Life' 연작을 발표했다. 삶과 죽음, 사랑과 관능, 공포와 우수를 느슨한 필선과 강렬한 색채로 담은 '생의 프리즈' 연작은 뭉크의 어둡고 비관적인 세계관의 절정을 담고 있다. 특히 폭 2미터, 높이 1미터가 넘는 대작 〈생의 춤〉은 당시 사랑과 죽음을 주제로 한 연작의 일부로, 뭉크의 인생관을 엿볼 수 있다.

〈생의 춤〉에는 세 여성이 등장하는데, 이들은 각각 사랑의 유희, 경험, 환멸을 상징한다. 동시에 체념한 듯한 표정의 여성들은 생의 슬픔을 암시한다.

그림 왼쪽의 정숙한 금발 여성은 순결함의 표상이자 꿈꾸는 여성으로서 생명의 기쁨을 상징한다. 오른쪽의 검은색 옷을 입은 여성은 경험을 상징하며, 고통받고 침묵하는 어머니 혹은 일반적인 여성의 모습을 하고 있다. 한가운데서 남성을 이끌며 춤추고 있는 붉은 머리 여성은 환멸의 상징으로, 언뜻 보면 흡혈귀 같지만 관능적인 팜파탈 이미지로 삶을 갈망하는 여성도 상징한다.

〈생의 춤〉, 1899~1900년

The Dance of Life

1890년대에 뭉크가 지향했던 주관성이 극대화된 이 같은 표현 주의적 화풍은 대중의 눈에 미학적으로 아름다운 그림은 아니었다. 더욱이 그림에 가득한 어둡고 부정적인 기운은 당시의 대중뿐만 아니라 현대의 시각에서 보아도 결코 편하지는 않은 그림들이다. 이 같은 뭉크의 시도는 그때 유행하던 그 어느 화풍이나 이전의 그 어떤 고전적 유파와도 다른 충격적 시도였다.

1892년 독일 베를린에서 열린 첫 전시에서 뭉크가 선보인, 질서와 양식에서 벗어난 주관적이고 어두운 '생의 프리즈' 연작 같은 그림들을 본 비평가들은 엄청난 혹평을 내놓았다. 특히 독일의 화가 안톤 폰 베르너Anton von Werner가 뭉크의 그림을 퇴폐미술이라고 규정하면서 전시는 일주일 만에 막을 내려야 했다.

이 일은 뭉크에게는 정신적 상처를 주었지만, 한편으로는 그의 명성을 더욱 높여주었다. 독일 화단은 뭉크를 옹호하는 진보적 그룹과 그를 반대하며 전통적인 미학 관점을 고수하는 그룹으로 분열되었다.

이후 뭉크의 미학을 추종했던 사람들은 독일 표현주의를 이끌며 색채, 역동적인 표현, 주관적 감정을 토로하는 그림을 쏟아냈다. 독일의 표현주의는 개인의 심리적 고통이나 사회적 문제, 죽음과 같은 어두운 주제들을 다루면서 관습적 형식을 파괴했다. 뭉크의「생클루 선언」에서 시작된 그의 미적 지향이 이 같은 움직임을 이끈 것이다.

✳ 감정에 이름이 있어야 하는 이유

뭉크가 이 같은 어두운 세계관을 갖게 된 이유는 어디에 있을까? 그의 자전적 기록들에서 이 질문에 대한 답을 찾을 수 있다.

1889년 어느 날의 일기에서 자신은 병적일 정도로 신경질적이고, 강박적인 종교인이었던 아버지에게 광기의 씨앗을 물려받았다고 썼다. 또한 대인관계에서 겪는 어려움, 신경질적이고 공격적인 태도로 겪게 된 친구와의 갈등, 반복되는 사랑의 실패로 생겨난 트라우마 등을 일기와 편지에 자세하고 솔직하게 기록했다.

이 같은 기록들을 통해 그가 겪었던 심리적 혼란과 사회적 어려움을 짐작할 수 있다. 유년 시절부터 온 가족을 병으로 잃는 엄청난 트라우마에 더해 학대에 가까운 아버지의 훈육은 일찍부터 뭉크가 지극히 부정적인 인지 편향과 망상에 가까운 피해의식의 씨앗을 심었다.

성장 과정에서 학대당한 경험은 그 누구에게라도 지울 수 없는 정신적 상처를 남길 뿐만 아니라 그 상처가 세상에 대한 의심과 피해의식을 키워 부정적인 인지 편향을 발달시킬 가능성이 크다. 우리가 앞에서 잠깐 살펴본 진아 씨의 피해의식도 유년 시절 부정적인 경험에서 싹튼 것일지도 모른다.

이런 부정적 성격의 형성 원인은 두뇌 발달 기제 때문이다. 감정적인 기억을 저장하는 변연계는 출생 직후에도 이미 충분히 발달된 상태다. 따라서 유아기에 경험한 기쁨, 슬픔, 불안, 공포 등 원초적 감정과 관련된 기억은 편도체와 감정적 기억을 담당하는 해마에 저장된다. 불안을 유발하는 상황에 지속해서 노출되면 편도체는 잔뜩 예민해져 작은 자극에도 쉽게 흥분하게 된다.

결국 반복되는 정신적 외상과 불안 자극에 노출된 편도체는 긴장 상태를 유지하게 되어 작은 자극에도 과잉 반응을 일으키게 된다. 마치 용수철을 과하게 늘이면 어느 순간 탄력을 잃고 원래 상태로 되돌아가지 못하는 것처럼 말이다. 외상후스트레스장애가 발생하는 과정 역시 이와 동일하다. 해롭지 않은 자극이나 자신과 무관한 상황에도 긴장하게 되고, 해를 입진 않을까 걱정하는 부정적 인지 편향이 발달하게 되는 것이다.

이런 상태가 심해지면 세상을 온통 부정적으로 해석하고 자기방어적 태도가 되며, 타인을 의심하며 예민한 반응으로 일관하기에 이른다. 결과적으로 대인관계에서도 어려움을 겪을 수 있다. 스트레스가 극심한 상황에서는 우울증이나 불안증으로 발전할 수 있고, 피해의식뿐만 아니라 남을 의심하는 편집증적 사고, 헛것을 보거나 듣게 되는 지각 이상을 겪게 될 수도 있다.

이 같은 심리 발달 과정을 통해 형성된 피해의식에 사로잡힌 뭉크의 세계관은 자화상에서도 잘 드러난다. 뭉크는 누구보다도 많은 자화상을 남긴 화가로도 유명한데, 자화상 속에서 그는 늘 어딘가 상처를 입거나 피를 흘리면서 괴로워했다.

특히 긴밀한 감정을 공유해야 하는 연인 관계에서는 수난의 연속이었다. 그에게는 (알려진 것만도) 세 번의 사랑이 있었다. 그러나 첫사랑이었던 밀리 탈로Milly Thaulow, 먼 친척이자 어릴 적 친구였던 다그니 유엘Dagny Juel을 거쳐 마지막엔 툴라 라르센Tulla Larsen과의 사랑까지 모두 실패로 끝나고 말았다.

라르센과의 관계는 특히 비극적이었다. 라르센은 뭉크에게 결혼을 요구했는데, 그가 회피하자 권총 자살을 시도했다. 그런 라르센을 말리던 뭉크는 실수로 발사된 권총에 왼손 가운뎃손가락을 잃는 치명적 사고를 당했다. 애증으로 점철된 라르센과의 사랑에 실패한 뒤 뭉크는 불타는 지옥에 던져져 고통받는 모습의 자화상을 그리기도 했다.

이런 여러 일들을 겪은 뒤 여성에 대한 피해의식은 흡혈귀로 표현되곤 했다. 뭉크는 1893년과 1895년 사이에 여섯 가지 다른 버전의 〈흡혈귀〉를 그렸다. 특히 1895년의 〈흡혈귀〉는 〈사랑과 고통〉이라는 이명異名으로도 알려져 있는데, 〈흡혈귀〉 〈질투Jealousy〉 같은 그림들은 사랑의 역사에 대한 뭉크의 슬프고도 무시무시한 결론이다.

이 책에 수록된 〈흡혈귀〉는 남성의 목에 키스하는 여성과 그녀를 포옹하는 남성을 묘사하고 있다. 흡혈귀처럼 보이는 여성의 붉은 머리카락이 남성의 얼굴을 덮어 피처럼 흐른 채 두 사람은 죽음의 그림자에 에워싸여 있다. 남성은 여성에게 목을 물려 죽은 사람처럼 얼굴빛이 검푸르지만, 여성의 얼굴은 붉게 상기되었다.

〈흡혈귀(사랑과 고통)〉, 1895년
Vampire(Love and Pain)

어머니와 누나를 포함해 세 연인까지, 뭉크의 인생에서 그가 사랑했던 여성들은 모두 그에게 상실의 고통만을 안겨주었다.

뭉크의 내면은 가족을 잃은 상실의 고통, 실패한 사랑의 트라우마, 질투 등 여러 감정들이 난투극을 벌이는 전쟁터와 같았다. 그는 붓과 팔레트를 무기 삼아 내면의 어둠을 직면하면서 고통에 이름을 붙여 나갔다. 이는 곧 뭉크 미술의 원동력이자 그림을 통한 뭉크만의 치유 과정이었다.

사실 삶의 상처와 공포, 불안은 그를 성장시킨 연료였다. 통제 불능인 인생 앞에서 무기력했던 그는 과장된 자기 연민을 토로하는 '열정적 비관주의자'로 보이기도 하지만, 뭉크는 그런 자신을 이미 알고 있었다. 그래서 뭉크는 불안을 방향키 삼아 미술이라는 배를 운항해 나간다는 고백으로 자신의 본질을 설명했다. 뭉크의 그림들은 우리에게 자신의 그림자는 어디에서 왔으며, 그 정체는 무엇인지, 그림자와 싸우기 위해 무엇을 하고 있는지 끊임없이 질문한다.

미국의 임상심리학자 리사 펠트먼 배럿Lisa Feldman Barrett을 통해 우리는 지독히 우울하고 어두운 내면을 직면하고 감정에 이름을 붙이던 뭉크의 표현주의 미학을 좀 더 이해해 볼 수 있다. 배럿은 30년에 걸친 연구를 통해 다음과 같이 주장했다.

현대 영어권에서 감정을 표현하는 단어는 330개에 달한다. 그러나 그 다양한 감정 단어에서 각각의 특성을 규정하는 '신경학적 실체(지문)'들이 독립적으로 존재하는 것이 아니다. 개인이 속한 문화와 교육 환경에 따라 감각과 신경학적 흥분 상태에 그때그때 이름을 붙여 왔던 것이다. 즉 익숙해진 감각적 흥분과 신경학적 패턴에 어떤 감정의 이름을 붙일 것인가는 개인의 선택에 달린 문제다. 결국 감정 단어는 사회 문화적 학습과 그 적응 결과라고 볼 수 있다.

그러므로 일상에서 경험하는 모호한 기분을 구체적인 이름으로 정의할 수 있는 섬세한 '정서적 문해력'을 기른다면 스트레스에 훨씬 잘 대처할 수 있고, 사회적 환경에도 긍정적으로 적응할 수 있다.

＊ 정면으로 맞서거나 익숙함에 복종하거나

오랫동안 보헤미안적인 삶을 지속했던 뭉크는 라르센과 결별 후 알코올 의존증과 신경쇠약, 조현병이 악화되었다. 덴마크의 정신 병원에서 9개월 동안 입원하여 치료를 받는 동안 뭉크가 기록한 일 기와 소설에는 당시의 정신적 고통과 비정상적 사고 과정이 생생하 게 드러난다. 말하자면 '뭉크의 발달병리학적 증거'들인 셈이다.

퇴원 후 뭉크는 노르웨이로 돌아가 금욕적인 은둔 생활을 했는 데, 아이러니하게도 이 같은 자발적 격리 덕분에 당시 전 세계를 강 타했던 스페인 독감에서 살아남을 수 있었다. 오슬로에서 은둔하며 창작 활동을 이어갔던 생의 마지막 20년 동안 그의 화풍은 한결 편 하고 밝아졌다. 자신이 키우던 말과 그곳의 노동자들을 그렸고, 자 기 탐색 시간을 보내며 학교와 상업 건물의 벽화를 그리기도 했다.

뭉크는 인생 후반기에 철저하게 고독한 삶을 살았으나 경력 초기부터 일찌감치 유명세를 얻었고, 파블로 피카소만큼이나 넘치는 열정으로 다작했다. 1000점이 넘는 유화와 판화 1800여 점, 500점에 가까운 수채화와 드로잉을 남긴 그는 그림을 팔지 않아도 될 만큼 경제적으로도 충분히 넉넉해졌다. 그의 은둔처는 그림들로 넘쳐나 발 디딜 틈도 없을 정도였지만 별다른 관리도 하지 않았던 뭉크는 사후에 모든 그림을 오슬로에 기부했다.

뭉크의 가정환경이 조금 달랐다면, 그러니까 학대하는 아버지가 아니라 자녀의 고통을 품어주고 따뜻한 양육 환경을 제공하는 가정환경이었다면 그는 어떤 그림을 그렸을까? 분명 내면의 감정을 해석하는 뭉크의 언어는 좌절, 불안, 절규, 질투, 죽음 등이 아닌 더 밝고 온기 어린 단어들로 대체되었을 것이다.

우리의 삶 또한 그러하다. 모호한 신경학적 흥분 상태의 감정들에 이름을 붙여 선명하게 바라볼 때 더 나은 대처와 행동이 가능해진다. 나아가 그 감정을 불러일으킨 생각을 수정하고, 나와 상황을 객관적으로 보는 메타인지도 가능해진다.

인생은 삶과 죽음 사이의 시간을 일구어가는 과정이고, 그 행로는 우울과 환희, 쾌락과 고통, 충만함과 공허함, 기쁨과 슬픔 등 양극을 왕복하는 진자의 움직임과 같다. 삶에 대한 심리적 통찰이 필요한 이유는 그 진폭의 리듬과 속도를 스스로 조절하고 통제하기 위해서다. 실존적 불안과 우울, 공황은 피하기 어려운 삶의 기본값이자 인간의 조건이다. 대개 불안이란 대상에 대한 모호한 인식과 낯섦에서 비롯된다. 그래서 그 실체를 마주하고 정체를 확인해 나갈 때 막연히 불쾌했던 감정들이 구체화되며 익숙한 감정으로 변한다. 그러므로 우리의 선택지는 이것들과 정면으로 대결해 싸우거나 익숙해져서 복속하거나 둘 중 하나다.

전자를 선택하려면 용기와 대범함이 필요하다. 뭉크는 전자를 선택했다. 물론 익숙해진다고 해서 편안해지지는 않겠지만, 적어도 불안과 불확실성을 구체적으로 정의할 때 훨씬 안정된 대처법을 찾을 수 있다. 진아 씨도 우리도 모두 마찬가지다.

요동치는
마음 위로 쏟아진
찰나의 빛

페더 세베린 크뢰위에르

Peder Severin Krøyer

(1851~1909)

우리는 모두 각자의 처지와 상황에 따라 정상과 비정상의 중간을 서성이며 살고 있다. 아프고 불편한 구석들이 없을 순 없겠지만, 그 아픈 구석이 삶의 축을 망가뜨릴 정도가 아니라면 한 사회의 생산적인 구성원으로 기능할 수 있도록 잘 다독이며 지낸다. 그리고 보통 그런 상태를 '정상'이라고 간주한다. 정신건강의학적으로도 평균의 삶, 무리하지 않는 삶, 크게 모나지 않은 삶을 '정상적 상태'로 규정하고, 그 상태를 지향하고자 한다. 지크문트 프로이트는 그것을 우리가 일을 하고, 사랑할 수 있는 능력이라고 말했다. 건강한 정신은 예측 가능하고 질서 잡힌 계획된 일상을 영위하게 하지만, 사실 정상과 비정상은 선을 어디에 긋느냐에 따라 구분되는 문제다.

＊ 마음이 길을 잃었을 때

정신의 정상성과 비정상성의 구분이 마치 자를 대고 선을 긋듯 선명한 문제는 아니다. 그렇다고 해서 어느 날 갑자기 정상적인 상태에서 비정상적인 상태로 넘어가는 것도 아니다. 장기간 쌓여온 스트레스에 어떤 결정적 계기가 더해지면서 도화선에 불이 붙듯 작용하면 증상들이 표면으로 드러나며 정상적인 생활을 무너뜨리는 것이다. 이와 관련해 한 여성의 이야기를 잠깐 살펴보자.

회사에서 인정받으며 성공적으로 커리어를 일구어온 수진 씨(가명)는 자부심 넘치는 건강한 사회인으로 생활하다가 결혼 생활에 적응하는 과정에서 서서히 조울증이 발병했다. 수진 씨는 부모의 강요로 지금의 남편과 결혼하면서 직장을 그만두었다. 좋아하던 일을 포기하는 것은 아쉬웠지만, 남편과 시댁은 자신이 평소 꿈꾸던 이상형이었기에 큰 미련은 없었다. 막상 일하던 여성에서 전업주부가 되자 수진 씨는 모든 것이 처음인 육아와 익숙하지 않았던 살림에 전념하느라 견디기 힘들었다. 예전과는 다른 모습의 자신이 낯설게 느껴지는 날이 많아지며 자신감도 점점 떨어졌다.

남편은 5대 독자에 외동아들이었고, 달라진 시대에도 보수적이었던 시댁의 압박은 수진 씨에게 적잖은 스트레스였다. 그러던 어느 날 평소와는 다르게 애정 표현을 하는 남편의 모습에 수진 씨는 충격을 받았다. 외도는 아닌지 남편의 사랑을 의심하기 시작한 수진 씨의 어지러운 마음은 점차 통제 불능의 수렁으로 빠졌다. 시간이 지나면서 다시는 헤어 나올 수 없을 것 같은 우울 상태에 빠졌다. 생체리듬도 헝클어져 에너지가 바닥났고, 불면증도 계속되면서 수진 씨는 심한 무기력감과 우울감에 시달렸다.

그런데 어느 날부터 갑자기 수진 씨의 기분이 바뀌었다. 바닥났던 에너지는 서서히 채워졌고, 잃었던 자존감을 되찾았다. 수진 씨는 며칠씩 밤을 새우며 가사를 했고, 유쾌하고 기발한 생각들이 머릿속에서 마구 떠오르며 세상 모든 것이 멋지게 느껴졌다. 대담해진 수진 씨는 어떤 일을 해도 성공할 수 있을 것만 같은 기분이 들었다.

수진 씨는 갑자기 수능을 다시 봐서 새 인생을 시작하겠노라고 가족들에게 선언하기에 이르렀다. 상황이 심각해지자 가족들은 수진 씨의 망상을 더 이상 두고 볼 수만은 없어 수진 씨의 손을 잡고 병원을 찾았다. 진단 결과 수진 씨는 양극성 정동장애, 즉 조울증을 앓고 있었다.

조울증은 감정이 고조되고 무분별할 정도로 에너지가 넘쳐나는 조증 상태와 그에 반대되는 무기력함, 무가치감에 휩싸여 자살 충동으로 치닫는 울증 상태를 무작위로 반복한다.

모든 병은 발병하기 전에 생각과 감정, 섭식과 수면 등의 행동 변화가 서서히 나타나는 전조증상을 보인다. 수진 씨의 경우 울증을 지나 조증 상태가 시작될 때면 며칠씩 잠도 자지 않고 흥분된 상태로 일하거나 평소와는 다른 과잉 행동을 보이며 비현실적인 생각을 실행에 옮기려 했다. 수진 씨와 같은 상태의 사람 중에는 무분별하고 충동적으로 돈을 흥청망청 써버리거나 성적으로 방종한 행동을 하는 경우도 있다. 감정적으로 흥분해 쉽게 짜증을 느끼고, 싸움을 일으켜 과격한 행동으로 다쳐서 응급 입원을 하는 경우도 드물지 않다.

수진 씨처럼 정상적인 일상생활을 지속하기 어려운 경우에는 의학적 도움을 받는 것이 지극히 당연하다. 스트레스가 만병의 근원이라고는 하지만, 궁극적 원인은 신경 전달 물질의 불균형에서 비롯된다. 물론 유전도 강력한 발병 요인 중 하나다. 미술계에는 수진 씨처럼 정서장애로 고통받는 사람들이 늘 있었다.

몽환적인 달빛이 어린 덴마크 스카겐 해변의 이국적인 아름다움을 세상에 알린 19세기 덴마크의 화가 페더 세베린 크뢰위에르가 그 한 예이다. 달빛이 비치는 크뢰위에르의 해변 풍경에는 근심의 그림자라고는 찾아볼 수 없다. 하지만 지극히 평화롭고 차분한 그림을 그린 성공한 화가이자 덴마크 화단의 대표 주자였던 크뢰위에르에게도 조울증의 덫은 소리 없이 천천히 찾아왔다.

✳ 하나의 캔버스에 담긴 두 개의 표정

19세기 말에 활동했던 크뢰위에르는 덴마크 화가들의 유유자적한 일상, 부서질 듯 깨끗한 햇살 같은 자연을 담은 그림들을 주로 그렸다. 차분한 자연주의적 화풍으로 덴마크 유틀란트반도에 있는 스카겐 해변의 몽환적이고 특별한 아름다움을 그려냈다.

크뢰위에르는 푸른 대기에 감싸인 고즈넉한 스카겐 해변이 자신의 아름다운 아내 마리를 위해 준비된 무대라고 여겼던 듯 고혹적인 아내와 해변을 그림에 즐겨 담았다. 조울증을 앓았던 그는 조증의 열기가 뜨거울 때면 이 같은 몽환적 아름다움이 가득한 그림들을 그려냈지만, 그 열기가 끝나면 곧 예기치 못한 우울증에 잠식되어 힘든 시간을 보냈다. 먼저 〈P. S. 크뢰위에르와 마리 크뢰위에르의 이중 초상〉을 통해 이 부부를 만나보자.

덴마크를 대표하는 화가 크뢰위에르와 젊고 열정적이었던 그의 아내 마리는 스카겐을 중심으로 활동했던 스카겐 화단의 '파워 커플'이었다. 결혼 초기 그들은 서로의 얼굴을 종종 그려주곤 했는데, 하나의 캔버스에 두 사람의 초상을 담은 이 특별한 이중 초상화는 흔히 볼 수 없는 구성이다.

그림을 자세히 보자. 크뢰위에르는 금색 브로치와 목걸이로 치장한 마리의 얼굴을 고전적 화풍으로 담아냈다. 반면에 마리는 살굿빛이 감도는 밝은 크림색 상의에 장식을 배제한 담백한 화풍으로

⟨P. S. 크뢰위에르와 마리 크뢰위에르의 이중 초상⟩, 1890년
Double portrait of Marie and P. S. Krøyer

남편 크뢰위에르를 담아냈다.

아름답지만 절제된 마리의 표정과는 대조적으로 마리가 그린 크뢰위에르의 초상화에는 심리적 불안정 상태에 놓인 사람의 징후가 엿보인다. 갈색 수염에 뒤덮인 크뢰위에르의 표정은 긴장한 채 주위를 경계하는 듯한 초조한 눈빛을 띠고 있다. 우물처럼 깊이 꺼진 불그스레한 눈은 정면을 뚫어질 듯 응시하고 있지만, 무언가 특정한 대상을 보고 있는 것은 아니다. 아내를 사랑하는 남편의 편안하고 부드러운 모습이라기보다 불안하고 경직된 그의 표정은 이들 부부 앞에 놓인 혼란과 불길한 결혼 생활을 예고하는 듯하다.

첫딸을 얻은 지 얼마 지나지 않아 크뢰위에르는 조증과 울증을 번갈아 보이며 점점 황폐해졌다. 조증 상태일 때 그는 에너지를 발산하며 그림에 몰두하는 천재 화가의 풍모를 보였지만, 그 에너지는 폭력성을 동반하며 급작스러운 기분 변화와 짜증으로 가족을 두려움에 떨게 했다. 그 상태가 지나면 무기력증과 울증이 찾아왔다. 결국 이 화가 부부를 괴롭혔던 조울증은 그들의 결혼 생활마저 뒤흔들었고, 그 때문에 그의 재능도 이른 종말을 맞았다.

크뢰위에르의 어머니는 정신적인 문제로 병원에 입원한 상태에서 그를 낳았다. 양육이 거의 불가능했던 어머니를 대신해 그를 입양해 키워준 사람은 이모와 이모부였다.

어린 시절 크뢰위에르는 생물학자였던 이모부의 곁에서 현미경으로 본 미생물 표본을 그리곤 했다.

그는 이모와 이모부의 적극적인 지지로 코펜하겐 왕립 미술아카데미에서 미술교육을 받았고, 수석으로 졸업하며 실력을 인정받았다. 졸업 후 유럽 전역을 여행하며 미술을 공부하던 크뢰위에르는 프랑스 파리로 건너가 빛을 표현하는 방법을 공부했다. 1881년 그는 당시 화가들의 꿈의 무대였던 파리 살롱전에 입선하며 기량을 대외적으로 널리 인정받았다.

의기양양하게 귀국한 그는 이후 야외 풍경을 즐겨 그리는 덴마크 외광주의 화가로 명성을 얻으며 1887년 덴마크 예술아카데미의 회원이 되었다. 그리고 한때 자신이 가르쳤던 16세 연하의 제자 마리 트리에프케Marie Triepcke와 결혼했다. 당시 마리는 아주 열정적인 미술학도였고, 덴마크에서 가장 아름다운 여성으로도 명성이 자자했다.

✳ 빛이 부서지던 밤의 해변가

북유럽 화가들이 사랑했던 유틀란트반도의 땅끝 마을 스카겐은 위도가 높아 여름에 다른 곳보다 밤이 훨씬 더디 찾아온다. 19세기 덴마크, 스웨덴의 화가들, 심지어는 노르웨이의 화가들까지 바닷길을 건너와 이 마을에서 시간을 보내곤 했다.

위에서 내려다보면 유틀란트반도는 어깨가 구부정하고 상투를 튼 거인을 닮았다. 그리고 그 상투 끝에서 두 바다, 초록색 북해와 파란색 발트해가 서로를 향해 느리게 달려오며 만난다. 그러나 서로 다른 두 바다는 섞이지 못하고 염분 농도 때문에 선명한 색깔 차이만 보일 뿐이다. 심각한 조울증과 나이 차이를 극복하지 못한 채 결국 겉돌기만 했던 그들의 결혼 생활이 그랬듯.

이쯤에서 크뢰위에르가 그려낸 북유럽 해변의 달빛을 살펴보자. 물에 씻은 듯한 투명한 달빛은 스카겐의 밤바다에 보석처럼 흩뿌려졌고, 화가의 섬세한 시선은 달빛이 뿌린 그 보석들을 캔버스에 옮겨 담았다. 그렇게 담긴 스카겐의 푸른 시간에는 스칸디나비아반도와 유틀란트반도 땅끝의 멜랑콜리와 잔잔한 고요가 스며 있다.

〈스카겐 해변의 여름밤〉 속 밤하늘엔 달이 떠 있고, 하늘과 바다가 맞닿아 온통 푸르다. 수평선 위에 반짝이는 달빛만이 하늘과 바다의 경계를 알려줄 뿐이다.

푸른 바다와 노란 드레스의 색채 대비는 자칫 단순하게 느껴질 수 있는 이 그림의 구성에 생동감과 집중력을 부여한다. 수평으로 흔들리는 바다의 잔물결과 수직으로 부드럽게 흘러내리는 드레스의 주름이 조화롭다. 또한 개의 꼬리와 드레스 자락이 서로 닿을 듯 부드럽게 이어지는 구도에서 아내와 반려견을 향한 크뢰위에르의 섬세한 애정이 엿보인다.

크뢰위에르는 일몰 직후 푸른빛으로 대기가 물드는 시간의 낭만적이고 몽환적인 분위기를 무척이나 사랑했던 듯 이와 비슷한 그림을 여러 번 그렸다. 아내와 반려견이 함께 있는 이 풍경은 가정적이면서도 평범한 삶의 한 조각을 담아내고 있는 것처럼 보이지만, 옆

〈스카겐 해변의 여름밤〉, 1892년
Summer Evening at Skagen

으로 서서 바다를 바라보는 아내 마리의 뒷모습에선 신혼의 행복감
보다 어딘가 석연치 않은 우수가 느껴진다.

〈화가와 그의 아내가 있는 스카겐 해변의 여름밤〉에서 우리는
이 부부의 심리 상태를 조금 더 가깝게 관찰할 수 있다. 휘영청 떠오
른 달이 수면에 빛의 잔상을 드리우는 확연한 밤이 되었다. 북유럽
여름의 늦은 오후가 드리운 하루의 마지막 석양이 그림 왼쪽에 비치
며 부부의 옷 위에도 노랗게 잔상을 남겼다. 모래 위 발자국에도 가
벼운 음영을 만들었다.

부부는 화사하게 성장盛裝한 채 여유로운 모습으로 산책하고 있
지만, 그 자세는 어딘가 석연치 않다. 아내는 신혼의 행복감과는 거
리가 먼 어두운 표정으로 등을 보이며 서 있고, 남편은 그런 아내의
팔을 한 손으로 붙잡고 있다. 마치 떠나려는 듯한 연인을 간곡히 만
류하는 자세를 떠올리게 한다.

앞서 말했듯 마리는 꿈 많은 미술학도로 한때 크뢰위에르가 가
르치던 학생이었다. 그녀는 직접 여성 화가들의 모임을 조직할 정도
로 열정적이었고, 앞서 언급했듯 무엇보다 빼어난 미모로도 유명했
다. 마리가 16세 차이 나는 크뢰위에르와 결혼하려 했을 때 덴마크
화단에서는 이들의 결혼이 아직 어린 마리의 '예술적 자살'로 이어
질 위험을 우려하는 시선이 적지 않았다. 이미 화단의 대가로 유명
했던 크뢰위에르에게는 화려한 여성 편력에 관한 소문 또한 무성했
기 때문이다.

〈화가와 그의 아내가 있는 스카겐 해변의 여름밤〉, 1899년
Summer Evening at Skagen Beach — The Artist and his Wife

결혼 직후에도 마리는 그림에 대한 열정을 놓지 않았지만, 크뢰위에르는 그녀를 지지하거나 화가로 더 성장시키는 데 관심이 없었다. 더욱이 그의 조울증이 악화되면서 결혼 생활도 유지하기 어려워졌고, 종국에는 이혼으로 끝나고 말았다.

재능과 열정이 넘쳤던 그녀는 그동안 남편의 그늘에 가려 미모와 스캔들로 얼룩진 개인사로만 대중에게 기억되어 왔다. 그러나 최근에 스카겐미술관이 딸인 비베케에게서 몇 점 남지 않은 마리의 그림을 사들여 전시하고 있다. 덕분에 대중이 화가로서의 마리를 알 수 있는 계기가 마련되었고, 그녀의 잠재력과 열정도 다시 평가되고 있다. 또한 마리와 크뢰위에르 부부의 이야기는 빌레 아우구스트 Bille August 감독에 의해 2012년에 〈마리의 열정〉이라는 영화로도 제작되었다.

✳ 순간의 빛을 오래도록 붙잡아 두고자

지리적 특성으로 인해 유럽의 미술 흐름에서 동떨어져 있던 덴마크, 스웨덴, 노르웨이 등의 북유럽 국가에서는 19세기가 되어서야 문예가 부흥하기 시작했다. 크뢰위에르는 바로 그 중심에서 덴마크 화단을 이끌었다. 그는 빛의 미묘한 변화를 섬세하게 포착하며 인간과 자연의 조화로운 교감을 그려냈다.

당시 스카겐에선 미카엘 앙케르Michael Anker와 아나 앙케르Anna Anker

부부가 어촌의 생활 특성을 담아낸 그림으로 전 국민적인 사랑을 받으며 '스카겐 화파'를 이끌고 있었다. 앙케르 부부는 덴마크를 대표하는 화가로서 이후 지폐에 초상이 새겨질 정도로 국민적 인기를 누렸다.

앙케르 부부의 초청으로 크뢰위에르 부부 또한 스카겐 화파에 합류했다. 도시 생활에 익숙했던 크뢰위에르는 이곳에서 해변가 산책, 지역 축제, 목가적 풍경, 레스토랑이나 카페에서 있었던 동료 화가들과의 회합, 어부들의 여가 생활 등을 즐겨 그렸다.

이번에는 크뢰위에르가 담은 스카겐의 봄 햇살을 살펴보자. 〈만세, 만세, 만세!〉는 제목처럼 탄성이 흘러나오는 파티 현장을 묘사한다. 앙케르 부부의 정원에서 열린 화가들의 회합이었다.

길고 혹독했던 북유럽의 겨울이 마침내 끝나고, 한자리에 모여 앉은 화가들은 돌아온 봄을 축하하며 계절의 청량감을 만끽한다. 햇살을 받은 부분은 선명하게 경계를 드러냈고, 그렇지 않은 부분은 가장자리를 부드럽고 흐릿하게 연출해 카메라의 아웃포커싱 같은 효과를 냈다. 햇살을 머금은 나뭇잎의 반짝임은 샴페인 잔의 반사광과 어우러져 사진처럼 쨍한 사실성을 전달한다. 실제로 크뢰위에르는 사진 찍기를 즐겼는데, 그는 이 회합의 순간을 촬영한 사진 속 햇살까지 대형 캔버스로 옮겨왔다.

〈만세, 만세, 만세!〉는 3년에 걸쳐 완성한 대작이다. 그림 중앙의 어린 소녀는 앙케르 부부의 딸이다. 처음 그림을 시작할 때 앙케르

〈만세, 만세, 만세!〉, 1888년
Hip, Hip, Hurrah!

부부의 딸은 아기였지만 3년이 지나는 동안 훌쩍 성장한 바람에 아기를 소녀로 수정해서 다시 그려야 했다. 그는 겨울이 긴 스카겐의 짧은 봄과 여름의 햇살, 그 빛이 만드는 색채를 붙들어 두기 위해 애썼다.

1900년 크뢰위에르의 증세는 극도로 악화되어 치매와 신체 마비 증상까지 보이기 시작했는데, 신경매독으로 진단받은 뒤에는 정신병원에 입원해야 할 만큼 상태가 악화되었다. 7개월 정도 약물 치료를 받으며 휴식을 취한 크뢰위에르는 퇴원 후 다시 그림을 그렸다. 그러나 당시 소원해질 대로 소원해진 부부관계는 회복되지 못했고, 창작 활동에도 지대한 타격을 받았다.

오랜 병고와 평탄하지 않았던 결혼 생활 끝에 1905년 크뢰위에르와 마리는 결국 이혼했다. 크뢰위에르와의 결혼 생활에 지친 마리가 새로운 사랑을 찾아 그의 곁을 떠난 것이다. 그러나 마리에게 찾아온 새로운 사랑 역시 그녀를 구원해 주지는 못했다. 그로부터 4년 뒤 크뢰위에르도 세상을 떠났다.

크뢰위에르와 관련된 자료를 분석했던 미국 존스홉킨스대학교 의과대학 교수 제임스 해밀턴James Hamilton은 실제 증상으로 볼 때 크뢰위에르가 불안, 자책, 환각, 우울증을 두드러지게 보이는 정서장애에 가까웠다고 말한다. 크뢰위에르는 성인기 대부분을 조울증으로 고통받은 것으로 보이는데, 이 질환은 어머니에게서 유전되었을 가능성이 높다. 그의 어머니부터 이모, 딸까지도 조울증의 주된 증상을 보였던 것으로 미루어 보아 크뢰위에르 역시 유전으로 인한 조울증을 앓았을 것으로 추측된다.

정신질환을 진단하는 데 필요한 매뉴얼인 『정신질환의 진단 및 통계 편람』에 따르면 조울증은 조증과 울증을 반복하는 1형과 증상이 조금 약한 경조증과 울증을 반복하는 2형으로 분류된다. 전체 인구에서 조울증 유병률은 1퍼센트 안팎으로 그리 흔한 장애는 아니다. 그럼에도 적절한 치료와 지원이 있다면 조증 상태의 창의성과 창조적 에너지를 건설적인 결과로 전환할 수 있다.

✳ 계절을 앓는 사람들

조울증 등 정서장애를 유발하는 요인에는 여러 가지가 있는데, 환경적으로는 일조량을 주요 요인으로 들 수 있다. 특히 일조량이 적은 고위도의 북유럽 국가들과 미국 시애틀같이 강수량이 많은 곳에서 자연광은 신체적·정신적 건강과 직결된다.

노르웨이의 정신건강의학과 의사인 안드레아스 마그누손Andreas Magnusson은 위도가 높은 지리적 특성 때문에 비교적 긴 겨울을 견뎌야 하는 스칸디나비아인들은 특히 계절성 정서장애에 상대적으로 취약한 것을 발견했다. 일조량이 부족하거나 강수량이 극심한 곳에서 계절성 정서장애의 유병률은 최대 10퍼센트에 이른다.

계절성 정서장애는 영국의 정신건강의학과 의사인 노먼 E. 로즌솔Norman E. Rosenthal이 1984년 고위도 지역에서 특히 겨울에 주로 발생하는 정서적 우울증에 주목하여 제안한 개념이다. 말 그대로 계절에 따라 재발하는 주요 우울증을 뜻하며, 일반적인 우울증과 정도의 차이가 있을 뿐 연속선상에 있는 장애다. 계절의 변화가 일상생활을 유지하기 어려울 정도로 건강에 큰 영향을 미친다면 계절성 정서장애가 아닌지 의심해 볼 필요가 있다.

계절성 정서장애에는 다음과 같은 증상들이 있다. 거의 매일 우울한 기분이 하루 종일 지속되며, 기운이 없고 수면장애를 겪는다. 식욕이나 체중이 줄어들거나 늘어나는 등 평소와 다르게 변한다. 초조하거나 무력하고, 집중력에도 문제가 생겨 좋아하는 일이 재미없어지고 흥미를 잃는다. 희망이 없거나 무가치하다고 느껴 죄책감을 느끼게 되고, 죽음이나 자살을 자주 생각한다. 나도 혹시 계절에 따라 이런 패턴이 매해 되풀이되지는 않는지 생각해 보는 것이 좋다.

빛이 우리의 생체리듬을 조절하는 과정은 이렇다. 우리 눈의 망막을 통과한 빛은 전기신호가 되어 뇌로 전달되고, 뇌의 시상하부를 자극한다. 오케스트라를 이끄는 지휘자와 같은 역할을 하는 시상하부는 멜라토닌, 코르티솔 등의 호르몬과 세로토닌 등의 신경 전달 물질을 방출한다.

일조량이 적어지면 멜라토닌이 시상하부에서 방출되는 시간이 길어지고, 갑상선호르몬의 합성이 저하되어 신체적 움직임과 관련된 모든 행동이 둔해지게 된다. 동시에 갑상선호르몬 합성의 저하로 세로토닌 수준도 저하되어 기분을 조절하기 어려워진다. 또 일조량이 적어지면 체내 생성되는 비타민 D의 양이 감소해 면역과 건강의 불균형 상태가 된다. 다시 말해 우리가 흡수해야 할 빛의 양이 일정한 역치 아래로 떨어지게 되면 호르몬 합성과 세로토닌 분비가 줄어들어 문제가 생기는 것이다.

이때 세로토닌을 분해하는 단백질은 계절에 따라 큰 변화를 보인다. 세로토닌 수치는 여름에 가장 높고, 겨울에 가장 낮다. 계절성 울증의 경우 가을이나 겨울에 우울감과 무기력증이 발병하여 봄에 회복된다. 반면 대개 봄에 발병하는 계절성 조증은 가을에 울증으로 변하는 경우가 많다. 계절에 따라 우울감을 느끼는 사람에게 기분을 전환하기 위한 활동을 계획하는 일과 평소 야외 활동과 운동으로 건강을 유지하는 일이 중요한 이유다.

사계절의 변화가 뚜렷한 한국처럼 계절이 순환하는 곳에 사는 사람들은 대개 계절에 따른 일조량의 변화에 영향을 받는다. 한국에서도 그 영향이 적지 않다. 특히 일조량이 줄어드는 가을과 겨울이면 우울감이나 활동력이 저하되는 것을 두고 '가을을 탄다'라거나 '계절을 앓는다'라는 표현을 쓰기도 한다.

빛은 피부로 스며들어 비타민 D를 만들고, 각종 호르몬을 합성하여 수면이나 감정을 조절하는 데 도움을 준다. 그러니 빛이야말로 우리 몸과 정신의 일용할 양식인 셈이다.

크뢰위에르는 인상주의적 화풍으로 자연의 빛과 색채를 포착하는 데 주력했다. 그만큼 그의 그림은 빛의 변화가 우리의 감정과 현장의 분위기에 미치는 영향을 분명하게 보여준다. 나아가 일상의 순간을 시적으로 포착한 그의 그림을 통해 도처에서 아름다움을 발견하는 방법과 일상적인 풍경의 아름다움을 특별하게 인식하는 방법을 배울 수 있다.

크뢰위에르는 뛰어난 화가였지만 그의 조울증은 그의 삶과 커리어에 큰 굴곡을 만들었다. 누구나 잠깐의 극단적인 감정을 경험할수는 있다. 그러나 그로 인해 창작 활동과 삶이 무너지는 비극을 막기 위해서는 지속적인 관리와 적절한 지원을 받아 정신건강을 유지하는 것이 중요하다. 크뢰위에르의 그림들이 담고 있는 아름다움을 발견하는 섬세한 감각과 시선은 많은 이가 자기 삶과 감정을 이해하고, 창의성과 정신건강을 관리하는 데에 도움을 줄 것이다.

내 안에 상처 입은
어린아이가
울고 있다

에곤 실레

Egon Schiele
(1890~1918)

출구 없는 현실에 대해 불안과 분노를 느끼는 사람들의 좌절감은 과거 그 어느 때보다 크고 깊다. 실존적 고독, 사회적 소외감과 적대감, 성과 사랑, 죽음과 질병에 대한 공포 등은 현대인들의 가장 큰 심리적 특성이다. 그러한 현대인의 초상은 에곤 실레가 그린 격정적인 자화상과 흡사할 것이다. 잔뜩 날이 선 불안과 좌절감을 감각적으로 토로한 실레의 그림들은 놀랍도록 현대적이다. 흔들리는 필선에선 불안감과 긴장감이 풍기고, 앙상하고 비틀린 실루엣은 허물어져 가는 현대인의 영혼을 닮았다. 출구를 찾지 못한 현실에 좌절하는 몸부림을 꼭 닮은 현대인의 초상이다. 우리가 실레에 홀린 듯이 매료되는 이유는 바로 그 때문이다.

✳ 허물어진 내면에서 자라난 아이

의학이 눈부시게 발전한 덕분에 평균 수명이 길어지고, 현대인들의 생활연령 또한 그만큼 낮아졌다. 예전 같으면 노인으로 간주되었을 세대는 노년이라는 말이 무색하게 원기 왕성하고 활동적이다.

반면에 청년과 장년의 시간이 늘어난 만큼 현실의 변동성과 불확실성은 증가하고 있다. 심각한 국가적 경제난, 극단적으로 낮은 출생률, 낮은 임금과 그와는 비교할 수 없을 정도로 치솟은 부동산 가격, 물가 등 고달픈 현실은 우리 삶에 더 큰 그림자를 드리우며 낙담하게 하고, 끊임없이 타개 방안을 모색하며 탈출을 꿈꾸게 한다.

사회적·환경적 변수들로 불안해하고 좌절하는 것이 청년들만은 아니다. 장년에 접어든 사람들 역시 앞날의 불확실성에 마음을 졸이고, 막다른 골목에 다다른 현실을 돌이킬 수 없다고 느낄 때면 우울감에 젖어든다.

이 같은 불안정한 시대에 놓인 개인의 혼란스러운 내면을 에곤 실레만큼 기괴하고 적나라하게 담아낸 화가는 없다. 불안과 저항이라는 양가적 기운이 물씬 풍기는 그의 그림은 100여 년 전에 그렸다는 사실이 믿기지 않을 정도로 현대적이면서 세련되었다. 그림 속 마르고 비틀린 몸은 다름 아닌 현대인의 초상이자 좌절과 울분을 토해내는 몸부림 그 자체다. 실레의 그림이 현대인들에게 깊은 울림을 주는 이유는 바로 그 때문일 것이다.

지독한 상흔과 괴사하는 듯한 피부 위로 죽음의 그림자가 어른거린다. 실레 이전에는 어디서도 본 적 없는 화풍이다. 기괴함이 보는 이들을 압도할 때쯤이면 의문이 들 것이다. 이토록 날 선 죽음과 퇴폐의 미학은 어디에서 온 것일까?

그를 잠식했던 죽음에 대한 공포는 매독에 걸려 광기에 사로잡힌 채 죽어간 아버지에게서 왔다. 오스트리아 툴른의 철도역장이었던 아버지는 실레가 10세 무렵일 때 매독에 걸렸다. 극심한 감정 기복과 망상, 환각을 동반한 정신착란 증세를 보이며 서서히 죽어가던 아버지는 어느 날, 집안의 주식과 채권을 모두 불태운 뒤 죽음을 맞았다. 이때 실레는 14세였다.

아버지의 죽음으로 가정은 와해가 되었고, 실레도 벼랑 끝에 내몰렸다. 14세 소년의 마음은 성애의 결과로 죽음을 맞이한 아버지에 대한 애도와 공포로 얼어붙었다.

어린 아들이 공부보다 그림에 몰두하는 것을 싫어했던 엄격한 아버지는 그림을 찢어가며 무서운 광기를 보였다. 그러나 그런 아버지의 죽음에 어머니는 냉담했고, 실레는 그런 어머니와도 사이가 좋지 못했다. 실레의 유년 시절은 부모와 공고한 애착을 형성하기에는 부족한 토양이었다. 이런 상황에서 그는 장남으로서 일찌감치 가족을 부양하기 위한 경제력도 갖춰야 했다.

부모의 죽음은 나이와 상관없이 자녀에게 큰 정신적 충격과 아픔을 남긴다. 특히 성애에 대한 관심이 싹트던 예민한 시기의 소년에게 아버지가 매독으로 죽음을 맞은 사건은 끔찍한 양가감정을 형성하기에 충분했다. 혈기 왕성한 청년으로 성장하던 실레에게 성애에 대한 관심은 자연스러운 것이었지만, 한편으로는 아버지처럼 매독에 걸려 미쳐 죽을지 모른다는 불안에 사로잡히게 했다.

어린 시절 경험한 트라우마와 부정적인 경험을 치유하지 못하고 어른이 되었을 때, 많은 경우 그 사람의 내면에는 그때의 아이가 성장하지 못한 채 남아 있게 된다. 성인이 된 후 그 상처가 건드려지는 사건을 맞닥뜨리면 당시의 상처받은 아이가 튀쳐나와 미숙한 감정 대응과 행동을 보여준다. 청년이 된 실레의 마음속에도 14세의 소년이 오래도록 웅크리고 앉아 있었다.

미국의 심리학자 존 브래드쇼John Bradshaw가 제기한 '상처받은 내면아이'라는 개념은 실레의 상처와 그의 그림에 대한 이해를 돕는다. 어린 시절의 학대와 방치, 심하게 비판당한 경험은 정신적 외상, 즉 트라우마로 남아 건강한 삶을 방해한다. 트라우마는 세상을 인식하고 교류하는 방식과 자아 형성에 지대한 영향을 미친다. 그때 표출되지 못했던 슬픔, 분노, 두려움 등 억눌린 감정과 상처가 고스란히 얼어붙은 채 정서적으로는 어린아이의 상태로 남아 있는 것이다.

건강하고 통합된 성숙한 자아를 형성하고 발전적인 삶을 살아가기 위해서는 내면아이를 잘 치유하고 성장시켜야 한다. 그 첫걸음은 아물지 못한 내면의 상처를 발견하고 인정하는 것에서 시작된다. 나를 발목 잡고 있던 유년 시절의 상처를 직시하고 다독이는 일부터 시작해 보는 것이다.

✳ 억압된 마음이 짓눌러 버린 몸

정도에 차이는 있지만, 자의든 타의든 우리 안에는 소외당한 욕망과 치유되지 못한 상처가 몇 개쯤 있다. 브래드쇼의 '상처받은 내면아이' 개념은, 사실 지크문트 프로이트의 고전 정신분석 이론을 현대적이고 실용적인 언어로 해석한 버전이라 이해할 수 있다.

프로이트는 신체적 마비나 히스테리를 비롯한 신경증적 증상들은 유아기의 충족되지 못한 욕망과 감정이 억압된 결과로 나타나는 것이며, 성인이 된 현재의 현실 속 생활을 방해하는 여러 문제를 불러일으키는 원인이라고 보았다. 그래서 프로이트의 정신분석학은 무의식 속에 억압된 욕망과 소외된 감정을 확인하고 해방함으로써 히스테리와 신체 마비 같은 전환장애(운동이나 감각 기능에 이상이 생겨 일상에 심각한 영향을 주지만, 원인이 되는 의학적 이상 소견은 발견되지 않는 장애)를 치료하고, 마음의 기능을 회복하는 것이 목표이자 요지였다.

프로이트는 그 회복 방법으로 머릿속에 떠오르는 단어와 심상을 자유롭게 풀어놓는 언어적 사유 연상법을 택했다. 편안한 상태에서 환자가 자유롭게 연상하는 단어들의 관계와 의미, 그에 관한 기억을 검토하며 히스테리와 전환장애의 원인을 찾는 것이다. 그는 자신을 괴롭히던 문제의 원인이 무엇인지 알아차리는 통찰이 생길 때 증상이 완화되고, 문제 해결의 실마리 또한 찾을 수 있다고 보았다.

인간의 심리와 병리에 대한 프로이트의 이 같은 견해는 당시 많은 예술가에게 영감을 주었고, 실레도 예외는 아니었다. 프로이트가 언어를 도구로 삼았다면, 실레는 그림을 도구 삼아 내면의 생생한 감정을 여과 없이 고스란히 분출했다. 앙상하게 불거진 관절과 뒤틀린 근육, 괴사하고 멍든 피부, 정신이 나간 듯한 공허한 눈빛은 전례를 찾아보기 어려운 표현이자 몸으로 나타낸 감정 언어였다.

실레뿐만 아니라 같은 오스트리아의 화가 오스카어 코코슈카 Oskar Kokoschka 등 동시대 청년 화가들 역시 심하게 흔들리고 일그러진 신체를 묘사했다. 이는 곧 오스트리아의 합스부르크 제국이 몰락하며 세기말의 퇴폐인 동시에 길 잃은 시대를 살았던, 신음하는 청년들의 자화상이었다. 시간이 지났음에도 허물어지며 분열하는 자화상은 급격한 문명 전환기를 사는 21세기 우리의 모습과도 흡사하다.

✳ 평면 위에 새겨진 참을 수 없는 허무감

실레는 아버지가 돌아가신 후 철도 공무원이었던 외삼촌의 후원을 받아 오스트리아 빈 미술아카데미에 입학할 수 있었다. 그러나 그는 틀에 박힌 교육과정에 곧 흥미를 잃었다. 실레의 경력이 꽃피는 계기가 마련된 시기는 그가 구스타프 클림트의 전시회를 찾았을 때였다. 제도권 아카데미 밖에서 그렇게 화가로서의 경력이 시작되었다.

당시 주류 미술계에 반기를 들고 빈분리파의 수장으로서 독자적인 예술운동을 펼치던 클림트는 실레의 재능을 한눈에 알아보았고, 그의 멘토를 자청했다. 클림트는 실레에게 미술 기법들을 전수하고, 공동 전시회까지 개최하며 실레에게 기회를 마련해 주었다. 또한 청년 실레를 미술 시장에 홍보하고 예술품 수집가들에게 소개하며 인맥도 쌓아주었다.

프랑스의 조각가 프랑수아 오귀스트 르네 로댕François Auguste René Rodin에게 속도감 있게 손을 떼지 않고 대상을 한번에 선으로 그려내는 크로키 기법을 배운 클림트는 이를 실레에게 전수해 주었다. 실레는 크로키 기법을 이용해 특유의 흔들리는 필선으로 불안정한 내면을 탁월하게 표현했다. 아울러 일본 판화에서도 영향을 받았던 실레는 배경을 생략해 그림의 평면성도 강조했다. 일체의 배경을 생략한 여백 위에 내던져진 듯한 누드 자화상은 자신을 가리거나 장식한 외양을 모두 벗어던지고, 본연의 진실을 보여주기 위함이었다. 날것의

〈앉아 있는 남성 누드(자화상)〉, 1910년
Seated Male Nude(Self-Portrait)

감정을 토해내는 일그러진 표정과 뒤틀리고 절단된 신체의 미학을 수식하는 데는 '기괴함'과 '전위적'이라는 단어가 어울린다.

그러나 '문제적' 그림을 그린다는 나쁜 소문이 실레를 따라다녔고, 전통적이지 않은 실험적 그림을 그리던 어린 10대 화가는 수집가들의 호감을 사지 못했다. 그가 1910년대에 집중적으로 그렸던 자화상들은 분노, 조소, 격정적인 표정, 파편화되고 절단된 신체의 무기력한 이미지로 점철되어 있었다.

〈앉아 있는 남성 누드〉는 아주 비관적인 자화상의 절정이다. 무기력하고 전망이 암울한 자아를 신랄하게 표현하고 있다. 덩그러니 던져진 앙상하고 메마른 신체는 마치 생명이 빠져나간 미라처럼 보인다. 맥락도 설명도 없고, 아무런 단서도 없는 여백 위에 외롭게 던져진 자아의 고립감이 두드러진다. 빨갛게 충혈된 눈과 얼굴을 반쯤 가린 것은 수치심을 느꼈기 때문이었을까?

일말의 방어도 하지 않고 노출되어 취약한 복부와 급소, 절단된 손과 발에서 무기력한 좌절감의 절정이 표현된다. 손목이 잘린 화가의 쓸모는 무엇이며, 발목이 잘린 청년은 어떻게 일어설 것인가. 이 자아의 미래는 어디에서 찾을 수 있을까?

하지만 실레는 클림트의 지지에 힘 입어 빈 분리파의 2세대를 자처하는 젊은 화가들과 연대했다. 덕분에 그는 유럽 전역으로 활동 반경도 넓혀갔다. 제1차 세계대전이 일어나기 직전인 1910년대에 체코 프라하, 헝가리 부다페스트, 독일 쾰른 등에서 열린 전시회에서 실

마흔을 위한
치유의 미술관

레는 에로티시즘 가득한 그림을 선보이며 유럽을 충격에 빠뜨렸다.

그는 어린 소녀와 매춘 여성을 에로틱하게 묘사하며 성애에 대한 자신의 솔직한 탐색을 숨기지 않았다. 동시에 그의 그림은 부유층의 화려함에 가려진 사회의 그늘과 그 속에 놓인 약자들의 실체를 드러낸 작업이기도 했다.

이런 이유 때문인지 실레의 도발적이고 외설적인 누드화는 관능미를 자랑하기보다 인간의 근본적인 허무가 진하게 느껴진다. 안으로부터 파멸하는 감정이 몸으로 전이되며 노골적인 섹슈얼리티를 형성하고, 육체와 정신의 기괴한 불협화음을 만들어낸다. 그럼에도 〈앉아 있는 남성 누드〉는 이 기괴한 허무를 미술로 변화시키는 20대 화가의 가능성을 보여준 그림이기도 하다.

✳ 퇴폐 화가에서 정화된 청년으로

질풍노도 시기에 실레의 곁에는 그와 또래였던 발리 노이질Wally Neuzil이 있었다. 클림트의 소개로 만난 두 사람은 4년간 함께 살았는데, 노이질은 모델이자 조력자로서 실레를 헌신적으로 뒷바라지했다.

빈 외곽에 있던 노일렝바흐에서 함께 생활하는 동안 노이질은 가난한 실레의 유일한 모델이 되었다. 가끔 마을의 어린 소녀들이 그의 작업실에 찾아와 놀고 가곤 했는데, 실레는 그 소녀들 또한 모델로 삼아 그림을 그렸다.

이 같은 이들의 보헤미안적 생활은 1912년 실레가 22세가 되던 해 사회적 심판과 제재를 받는 사건으로 이어졌다. 그의 작업실을 자주 방문하던 한 소녀의 아버지가 실레를 미성년자 약취유인죄와 유괴 혐의로 고소한 사건이 일어난 것이다.

체포된 실레는 1개월 정도 감옥신세를 지며 재판을 받았고, 노이질은 수감 중인 그를 묵묵히 뒷바라지했다. '예술의 순교자'를 자처한 실레는 자신을 성 세바스티아노에 비유하는 그림을 그리며 스스로를 위로하기도 했다.

미성년자 약취유인죄와 유괴 혐의는 다행히 기각되었지만, 미성년자에게 불온한 그림을 전시했다는 이유로 실레에게는 결국 유죄가 선고되었다. 판사는 재판 중에 그의 작업실에서 그림을 모두 압수해 그중 한 점을 재판정에서 직접 불태우기까지 했다. 예술과 외설의 경계를 줄타기하던 그의 그림을 오스트리아는 외설이라고 규정한 것이다.

이 사건은 빈의 중심인 링슈트라세 내부로 실레와 노이질의 접근을 금지하는 일종의 추방령을 내리는 것으로 일단락되었다. 이 일로 실레가 사회적 시선을 고려하게 되었고, 퇴폐를 벗고 새로운 화풍을 구사하게 된 것이 재판의 성과라면 성과였다.

자연주의적이고 편안한 스타일로 바뀐 실레의 화풍은 꽈리 열매를 함께 그린 자화상에서 두드러진다. 그는 재판을 계기로 사회적 시선과 자신의 안전을 의식하게 되었고 한층 성숙해진 화풍으로 바꿰었다. 원초적 감정을 외설적으로 표현하는 것을 자제하고, 신중하고 차분한 사실주의 화풍으로 캔버스를 채웠다. 대표 그림 중 하나인 그 자화상을 한번 살펴보자.

얼굴을 집중적으로 클로즈업해서 특징을 뚜렷하게 그렸고, 눈의 표현력도 한층 풍부해졌다. 편안한 자신감이 느껴지는 그림 속 그는 자부심 가득한 순수한 청년의 모습이다. 보는 이들과 거리를 두려는 듯 어깨를 살짝 치켜 올린 자세를 취하고 있다. 흰 배경 위에 아무런 장식이 없는 검은색 옷을 입은 모습에서 확연히 '정화된' 청년의 예민함이 두드러진다.

그림 왼쪽에 있는 빨간 꽈리 열매는 그의 어깨와 반대 방향으로 기울어져 구도적으로 균형을 맞추고 있는데, 무채색 그림의 단조로움을 보완하는 장치이기도 하다. 빨간 꽈리 열매와 그를 둘러싼 노란 잎의 산뜻한 색감이 그림의 색채적인 균형과 긴장감을 유지한다.

실레의 그림을 소장 중인 빈 레오폴트미술관장인 디트하르트 레오폴트Diethard Leopold는 실레에 관한 전기를 출간하기도 했다. 그중에는 실레가 수감 중에 재판 과정을 그리며 당시의 심정을 그림과 함께 기록한 부분도 있는데, 실레가 "나는 처벌받는 느낌이 들지 않고, 깨끗해진 느낌이 든다"라고 쓴 글은 주목할 만하다. 당시 그의 심정을 추론해 보자면 실레는 보헤미안적 생활을 이어가며 퇴폐적인 미술에 빠져드는 자신을 누군가 막아주길 바라고 있었는지도 모른다.

〈꽈리 열매가 있는 자화상〉, 1912년
Self-Portrait with Chinese Lantern Plant

〈발리 노이질의 초상화〉, 1912년
Portrait of Wally Neuzil

이 자화상과 더불어 봐야 할 그림은 바로 노이질의 초상화다. 물끄러미 정면을 응시하는 노이질은 꿈꾸는 듯한 눈에, 입꼬리를 살짝 올린 채 수수께끼 같은 미소를 짓고 있다. 그녀의 큼지막한 푸른 두 눈은 그지없이 맑아서 마치 살아 있는 것처럼 느껴진다.

실레는 그녀의 자화상에 빨간 꽈리 열매 대신 특징 없는 단순한 식물 줄기를 배치했다. 〈검은 스타킹을 신은 발리 노이질Wally Neuzil in Black Stockings〉이나 〈빨간 블라우스를 입고 누워 있는 발리Wally in Red Blouse with Raised Knees〉 등 노이질을 모델로 그렸던 이전의 그림들에서 노골적이고 에로틱한 이미지로 등장했던 것과 달리 이 그림에서는 실레와 마찬가지로 그녀 역시 검은색 옷과 흰색 레이스 칼라를 두른 단정하고 순박한 모습이다.

재판은 실레를 각성하게 한 계기가 되었지만, 한편으로는 유럽 화단에서 그를 스캔들의 주인공으로 만들어 더욱 유명해지게 했다. 이 사건이 전화위복으로 작용하며 그가 '박해받는 화가'로 유명세를 더하게 되었던 것이다.

이후 1913년과 1914년엔 각각 독일 뮌헨과 프랑스 파리에서 단독 전시회를 개최했고, 화가로서의 경력에도 날개를 달았다. 그간 노이질의 헌신적 사랑과 아버지와 같은 클림트의 지원은 그가 본격적인 궤도에 올라서는 데 버팀목이 되었다.

재판에 회부되는 시련도 겪은 데다가 제1차 세계대전이 발발하며 세상이 어수선해지자 클림트는 실레에게 사회적 안전망 속에서 재능을 발휘하라고 조언했다. 그때 실레의 나이는 24세였고, 그는 마침내 결혼으로 안정된 가정을 꾸리기로 마음먹었다. 가정이 있는 청년들은 전쟁터로 차출되더라도 주말이면 집으로 돌아올 수 있는 혜택이 있었다.

실레는 결혼 상대로 지금까지 자신을 지켜주었던 노이질이 아니라 이웃이었던 퇴임 철도 공무원의 딸 에디트 하름스Edith Harms를 선택했다. 그가 보기에 하름스는 자신과 비슷한 환경에서 성장한, 중산층 집안의 손색 없는 여성이었던 것이다.

실레는 마침내 하름스에게 결혼 승낙을 받아낸 뒤 이 같은 사실을 노이질에게 전했다. 그는 결혼 후에도 관계를 유지하자 제안했지만, 일방적으로 통보받은 노이질은 뒤도 돌아보지 않고 그를 떠났다. 종군 간호사를 자원해 전장으로 향한 노이질은 2년 후 안타까운 짧은 생을 마감하고 말았다.

✳ 상처 입은 어린아이를 위로하는 법

노이질을 그토록 무정하게 전장으로 떠나보내고 하름스와 결혼한 실레는 결혼 4일 만에 징집되어 프라하로 향해야 했다. 하지만 기혼이었던 그는 주말이면 집으로 돌아올 수 있었고, 전쟁 중에도 비교적 안정된 생활을 꾸려나갈 수 있었다.

전쟁이 끝난 후 빈으로 돌아온 실레는 클림트를 중심으로 한 젊은 예술가들과 연대하며 분열된 세계를 재건하는 미술 활동을 꿈꾸었다. 그러나 클림트가 스페인 독감에 걸려 갑작스럽게 사망하는 바람에 이 계획은 이루지 못한 꿈이 되고 말았다.

실레는 망연자실함 속에서도 빈 분리파의 49회 전시회를 기획했다. 전시회의 포스터를 디자인하며 그의 위상은 더 높아졌고, 전시회가 끝난 뒤 그의 몸값은 두 배로 뛰었다. 그가 발표한 새로운 그림도 전례 없는 성공을 거두었다.

〈가족〉은 가로세로 1.5미터에 달하는 대작으로, 그의 유작이 된 그림이다. 당시 아내는 임신 중이었으나 실레는 어엿한 가장으로서 아버지가 될 미래를 꿈꾸며 미리 그림에 희망을 담은 것으로 보인다. 이 그림에서 눈에 띄는 점은 그의 팔다리가 마치 담장처럼 가족을 감싸는 구도다.

이전 자화상들에서 앙상하고 비틀리거나 절단된 신체를 그렸던 것과 달리 아주 길고 큰 왼팔이 기둥처럼 왼쪽 다리를 감싸고 있다. 바싹 마른 미라처럼 죽음의 기운을 물씬 풍기던 20대 초반의 자화상과는 확연히 달라진 모습이다. 잘렸던 손과 발이 튼튼하게 자라난 건 가족을 안전하게 보호하겠다는 의지를 담은 것이었을까?

정면을 응시하는 실레의 부드러워진 눈망울과 표정도 인상적이다. 그동안의 격렬한 분노와 좌절, 허무감이 완연히 가신 그의 표정은 쑥스러운 듯하지만 안온하고 담담하다. 이제는 세상과 화해하고 현실에 적응해 가려는 준비도 된 것처럼 보인다.

하지만 이 평온한 가족에게도 전 세계를 거대한 무덤으로 몰아넣었던 스페인 독감은 비켜가지 않았다. 스페인 독감에 걸린 아내는 임신 중 사망했고, 실레도 며칠 후 아내를 따라 사망했다. 화가로서의 절정을 눈앞에 두고, 그는 하루아침에 세상을 하직하고 말았다.

짧은 생의 절정에서 한순간에 죽음 저편으로 사라진 그의 강렬했던 삶에는 '요절한 천재'라는 수식어가 어울린다. 아버지의 병사病死가 만든 성애를 향한 양가감정과 죽음에 대한 공포, 그 사이에서 상처받고 부서진 실레의 자아는 길을 잃고 시간 속에 굳어 있었다.

기괴한 자화상과 불온한 에로티시즘이 가득했던 그의 퇴폐적인 그림은 충격과 공포에 사로잡힌 자신을 직시하고 분출하는 과정이었다. 다시 말하면 개인적으로는 상처 입은 소년의 내면의 혼란과 질풍노도 시절의 기록이자 상처받고 흔들리는 자아의 성장과 통합 과정의 기록이었다. 동시에 사회적으로 보면 허물어져 가는 제국이 맞이한 세기말의 풍경을 의인화한 것이었다.

이 같은 오랜 방황과 갈등에서 실레를 구하고 스스로 '정화'할 수 있도록 도운 것은 주변인의 헌신적인 지지와 사랑, 사회적 제지였다. 만약 스페인 독감을 피해 살아남을 수 있었다면 그가 어떤 모습의 자화상을 그렸을지 궁금해진다. 거친 생각과 불온한 눈빛을 거두고, 성숙하고 포용할 줄 아는 장년의 얼굴을 그렸을까? 아마도 그랬을 것이다.

⟨가족⟩, 1918년
The Family

위태로웠던 실레의 청춘과 그 시기의 혼란은 위기에 놓인 오늘날 수많은 청춘을 돌아보게 하며, 사회적 안전장치의 중요성을 생각해 보게 한다.

해소되지 않은 우울감과 분노는 개인 일생에 부정적인 영향을 미친다. 특히 10대 때의 우울감과 분노가 25년 후 부부관계와 대인관계에도 영향을 미친다는 것은 직관적인 사실일 뿐 아니라 과학적으로 검증되기도 했다. 그러므로 위기를 겪는 청소년에게 사회적 지지를 보내며 심리적 지원을 아끼지 않는 것은 일생의 정신건강을 위해서도 긍정적인 예방 효과를 갖는다.

상처받은 내면아이가 시간 속에 굳어 제대로 성장하지 못했을 때, 그 여파는 다양한 형태로 오래 지속된다. 우선은 정체성을 형성하는 데 어려움을 겪거나 사회에 대한 적대감과 공격성을 갖게 되고, 때로 자기애적 성격장애로 발전하기도 한다. 타인을 신뢰하지 못하게 되거나 반대로 사랑만이 자신을 구할 거라는 환상을 가질 수도 있다. 대인관계에서 친밀감을 느끼지 못하거나 무질서한 행동을 표출하거나 중독과 강박에 빠질 수도 있으며, 왜곡된 사고로 삶에 공허감을 느낄 수도 있다. 그리고 이 모든 경우는 삶을 역기능적이고 파괴적으로 이끈다.

그렇다면 어떻게 상처가 아물지 않은 내면아이를 치료하고 성장시킬 수 있을까? 일상을 기록하고 마음의 풍경을 시각적으로 그려내는 과정만으로도 우리는 상처받은 내면아이를 만날 수 있다.

그림은 스스로를 보호하고 성장시킬 수 있는 효과적 방법이며, 자신을 돌보는 거울 같은 도구이다. 그림을 그리다 보면 자연스럽게 자기 객관화 과정에 이를 수 있다. 분석심리학을 창시한 카를 구스타프 융Carl Gustav Jung 또한 미술치료를 적극적으로 권장했다. 거울 보는 것을 좋아했던 실레 역시 그림이라는 '거울' 속에서 울부짖고, 허물어져 내리고, 분노하는 내면아이를 만나곤 하지 않았던가.

세기의 전환기, 폭발적인 감정과 허무에 물든 자아를 흔들리는 선과 절제된 색채로 담아낸 한 청년의 퇴폐적 미학과 날 선 자기 탐구는 전에 없던 심리학적 시도였다. 즉 자기 이해와 치유를 위한 실레의 미적 시도였다.

삶은 무균실이 아니라는 사실은 새삼 말할 것도 없는 진실이다. 산다는 것은 어쩌면 마음의 상처를 하나씩 늘려가는 일이라고 해도 틀린 말은 아니다. 우리는 모두 남몰래 앓았던 상처와 슬픔, 좌절, 당혹감으로 웅크린 채 숨죽이고 있는 어린아이를 하나씩 품고 산다. 하지만 수치심 때문에 혹은 표현할 줄 몰라 딱딱하게 굳어진 상처를 안고 있던, 그동안 내가 돌보지 않고 방치했던 아이를 이제는 슬픔에 굳어 있던 시간으로부터 해방시킬 때가 되었다.

2부

＊ 내 마음이

나를 괴롭게 하는 날에

본질을 사랑한
천재 화가,
본인을 사랑한
나르시시스트

파블로 피카소

Pablo
Picasso
(1881~1973)

매일 미래에 대한 설렘과 기대로 충만하던 어린 시절의 세상은 단순하고 명료했으며, 우리는 호기심 넘치고 자신만만했다. 하지만 어른이 되어 마주한 세상은 높고 견고한 현실의 벽을 뚫을 때마다 다시 크고 작은 변수들이 등장하는, 혼돈과 모호함으로 가득한 곳일 뿐이다. 세월과 함께 자아가 쪼그라들수록 가지 못한 길에 대한 미련과 포기한 일에 대한 아쉬움이 부채감처럼 밀려온다. 어쩌면 삶이란 쓸 수 없는 에너지가 날로 증가하는 '엔트로피entropy'와 같다는 생각이 들 때가 있다. 그럴 때 파블로 피카소의 단순한 그림은 복잡한 생각을 정리하고 세상을 보는 지혜를 알려준다.

✳ 삶의 또 다른 이름은 엔트로피

한 개인으로 온전히 살아가기 위해 우리는 저마다 주어진 숙제
를 풀어야 한다. 사회적 시계는 언제나 빼곡하게 짜맞춰진 일정에 발
을 맞추라고 무언의 압력을 가하지만, 온갖 변수가 난무하는 일상을
완벽하게 관리하는 일은 충분한 준비 없이 치러야 하는 시험과도 같
다. 그 과정은 객관식처럼 명확한 답이 있는 것도 아니고, 누군가 해
법을 알려줄 수 있는 것도 아니다.

학업, 취업, 결혼, 출산, 육아 등 한 과제를 해결하고 나면 끝나지
않은 숙제가 또 기다리고 있다. 누군가는 끙끙 앓으면서도 자신이
선 자리에서 완고하게 버텼을 테고, 누군가는 다른 세계를 기웃거리
며 또 다른 모습의 나를 간절히 바라기도 했을 테다.

삶의 과제들을 해결하는 동안 자아는 점점 작아지고, 여전히 불
투명한 미래와 그때 가지 못했던 길에 대한 미련이 결국 우울이 되
어 마음을 흔든다. 길 잃은 마음이 제자리를 맴돌 때 문득 명료하던
그때 그 시절의 어느 아침을 그리워하곤 하지만, 미래를 상상하며
설레던 아침을 이미 모두 지나와 버렸다.

자연법칙에서 질서는, 시간이 지날수록 복잡해지고 사용할 수 있는 에너지는 점점 줄어드는 엔트로피 과정을 겪는다. 삶이란 사용할 수 없는 상태의 에너지가 나날이 증가하는 엔트로피 과정이다. 유년 시절 무한했던 가능성은 여러 한계에 부딪히고, 명료했던 감정과 단순했던 생각은 복잡하고 섬세하게 변해간다.

그러니 대단한 절제력을 발휘하지 않으면 삶은 통제를 벗어나 혼돈의 골짜기로 흘러 들어가기 십상이다. 삶이 무질서가 증가하는 엔트로피라고 한다면 피카소의 그림은 엔트로피를 거스르려는 과정이었다. 예술이란 형태의 군더더기를 걷어내고, 본질과 핵심만을 선명하고 간략하게 표현하는 것이라고 피카소는 정의했다.

✳ 당신에게 지금 피카소가 필요한 이유

좌절된 꿈이 만든 우울한 그림자와 불투명하고 불확실한 미래 때문에 불안해하며 현재를 충분히 즐기지 못하고 있다면 당신의 삶에서도 엔트로피가 증폭되고 있다는 의미다. 이럴 때 피카소의 그림이 필요하다. 그는 다채로운 스타일을 선보이다가 궁극에는 복잡한 형태를 해체하고 극도로 정제된 몇 개의 선으로 대상을 표현했다. 불필요한 요소를 걸러내고 핵심 선형만 남긴 그의 그림에서 삶의 엔트로피를 거스르는 통찰과 혜안을 얻을 수 있다.

〈황소(10단계)〉, 1946년
The Bull(Plate Ⅹ*)*

피카소의 시선은 사물의 기능과 형태의 본질을 한눈에 꿰뚫었다. 이 책에 수록된 그림은 피카소가 석판화로 그린 열한 점의 '황소' 연작 중 하나다. 미국 뉴욕 현대미술관에 전시되어 있는 이 연작은 피카소의 스타일 변천사를 압축적으로 담았으며, 대상의 표현이 간략해지는 과정을 설득력 있게 보여준다.

피카소는 이 연작을 통해 스케치처럼 가볍고 즉흥적이던 황소의 형태를 신화 속 동물처럼 진화시켰다가 다시 특유의 입체주의(큐비즘) 스타일로 변형시켰다가 궁극에는 부차적인 것은 모두 제거하고 본질적 형상을 구성하는 열 개의 선만 남겼다. 복잡한 전체를 구성하는 기본적인 패턴을 추출하고, 다시 그 안의 필수 요소에서 의미를 추출하는 그의 미술은 그 자체로 또 다른 형식이 되었다.

엔트로피를 거슬러 오로지 사용할 수 있는 에너지만을 정수로 남긴 피카소의 그림에서 우리는 명료한 삶에 대한 은유를 찾을 수 있다. 사실적인 묘사에서 시작해 점차 단순한 선과 모양으로 변형되며 '황소'라는 의미의 본질만 남게 되는 연작을 보며 누군가는 카타르시스를 느낄지도 모른다.

이렇게 피카소는 자기 눈에 투영된 모든 사물을 미분하여 군더더기를 제거한 후 몇 개의 선만으로 남겼다. 또한 별개의 형태로 보이지만 기능이 유사한 것들은 과감히 통합하여 선형으로 만들었다. 본질과 핵심만 남은 그림은 간결하지만, 그 사물의 본래 의미로 충만하다. 나아가 어떻게 보느냐에 따라 희극적으로 느껴지기도 한다.

12세 때 이미 자신이 〈아테네 학당School of Athens〉를 그렸던 이탈리아의 화가 라파엘로 산치오Raffaello Sanzio처럼 그릴 수 있었다고 말했듯 피카소는 그림을 배운 지 4년 만에 사실적 묘사의 궁극에 도달했다. 그러나 그는 지금처럼 군더더기를 생략하고 본질과 핵심을 담은 그림을 그릴 수 있기까지는 평생이 걸렸다고 고백했다. 이렇게 탄생한 피카소의 세계관은 창조적 파괴의 정수가 무엇인지를 선보이며 우리를 한 차원 다른 세계로 인도한다.

✳ 비본질에 숨겨진 본질을 찾아서

문제의 본질적 요소에 초점을 맞추면 해답은 의외로 단순할 때가 있다. 우리가 삶에서 마주하는 모든 인간관계에서의 문제와 어려움도 마찬가지다. 본질과 비본질에 관한 피카소의 생각은 그런 점에서 게슈탈트 심리 이론의 핵심을 꿰뚫는다. 피카소의 그림들만큼이나 게슈탈트 이론도 우리가 삶의 본질과 문제의 핵심을 파악하는 데 도움이 된다.

'게슈탈트gestalt'란 전체 혹은 형태라는 의미의 독일어다. 우리는 시각적인 자극을 볼 때 낱개의 요소들을 따로따로 지각하기보다 전체적인 배경과 맥락 속에서 상호 관계에 따라 요소들이 갖는 의미를 통합적으로 지각하는 경향이 있다.

이는 자극이 무의미하더라도 통합된 전체나 어떤 의미 있는 형태로서 파악하고자 하는 본능적인 경향성 때문이다. 예를 들면 하늘의 구름을 보면서 동물의 모양을 떠올린다거나 자동차의 앞면을 사람의 얼굴로 인식한다든가 하는 경우가 그렇다. 그렇게 형태를 파악하는 것이 정보를 처리하는 데 훨씬 더 효율적이기 때문이다.

게슈탈트 이론의 원리에는 몇 가지가 있는데, 그중 '전경'과 '배경'은 가장 잘 알려진 원리다. 시각적으로 어떤 대상이나 현상을 인식할 때 현재 우리에게 당장 중요한 정보는 전경, 즉 본질적 요소가 되고 그렇지 않은 부분은 배경, 즉 비본질적 요소가 되어 뒤로 물러난다. 정보 대상의 의미는 고정되어 있지 않고, 그것들이 놓인 상황의 맥락과 내적 욕구에 따라 유동적으로 변한다는 의미다.

우리는 망막을 통해 객관적인 시각 정보를 받아들인다. 하지만 그것을 해석하고 형태와 의미를 부여하는 것은 현재 상황과 나의 욕구에 좌우된다. 그러니 삶이 긴장되어 있고 모호성이 커지는 것 같다면 문제의 본질이 무엇인지 전경과 배경의 원리로 구분해 보자.

핵심적인 본질을 파악해 초점을 맞춘 뒤 부차적인 정보를 하나씩 제거해 나간다면 우리도 피카소처럼 깔끔한 게슈탈트를 형성할 수 있다. '있으면 좋은 것'은 제거하고, '없으면 안 되는 것'을 남겨보자는 뜻이다. 잃어버린 과거를 되뇌며 후회와 아쉬움으로 현재를 보내기보다 '지금-여기'서 내가 해야 할 일에 집중하는 편이 훨씬 더 안정된 미래를 가져올 수 있다.

치료를 위해 나를 찾았던 한 사춘기 라틴계 소녀의 문제를 해결하는 데도 게슈탈트 원리는 소녀의 현실 문제를 풀어가기 위한 도움이 되었다.

※ 진짜 전경을 되찾은 소녀

이 소녀가 나를 찾아오게 된 이유는 자정이 넘은 시간에도 집을 나와 남자 친구를 찾아가던 행동 때문이었다. 게다가 소녀는 학교에서도 잦은 문제를 일으켜 정학 위기에 놓여 있었다.

라틴계 가정은 대가족이 함께 사는 경우가 많은데, 소녀의 가정도 부모는 물론 오빠 부부와 형제자매를 포함해 3대가 함께 생활했고, 가족 수만 해도 열 명이 넘었다. 최근엔 조카까지 태어나게 되어 늘 북적이던 집에서 사춘기 소녀가 자기만의 시간을 가지며 생각을 정리할 공간은 더 부족해졌다.

결국 학교에서 충돌을 자주 일으키던 이유는 가족의 관심 밖으로 밀려난 소녀가 자신의 욕구불만을 풀어내던 방식이었고, 가정의 무관심 속에서 소녀는 외부 위험 요소에도 노출되어 있었다.

나는 골치 아프고 외로운 현실에서 도피하기 위해 성인 여성처럼 조숙하게 성적인 행동을 하던 소녀를 소녀의 현실로 데려와 안착시키고, 문제행동을 개선하는 것을 치료의 목표로 삼았다.

알고 보니 소녀는 다른 나라의 문화에 관심이 많았다. 어서 빨리 성인이 되어 넓은 세상을 여행하며 다양한 문화를 많이 접하고 싶어 했다. 이 같은 호기심을 포착한 나는 소녀가 지금 당장 주력해야 할 것들을 함께 모색했다.

우선 성공적으로 치료받아 정학을 면하고 고등학교를 졸업하는 것이 중요했으므로 그것이 1차 목표가 되었다. 그다음 군대에 입대한 뒤 해외 파병을 나가서 소녀가 바라던 대로 다양한 문화를 접하는 것을 2차 목표로 삼았다. 이 목표들은 소녀의 삶에 전경이 되었다.

이 소녀에게는 비난과 처벌보다 함께 진로를 고민해 줄 수 있는 관심과 보호가 필요했다. 현재 자신의 욕구가 무엇인지 정확하게 파악하고, 원하는 미래의 지향점을 목표 삼아 지금 당장 해야 할 과제들을 설정하고 나서야 소녀는 자기 삶의 게슈탈트를 선명하게 형성할 수 있었다. 남자 친구를 찾아가거나 조숙했던 행동들은 의미를 상실하고 자연스럽게 배경으로 물러났다.

3개월간 이어진 치료를 통해 이 사춘기 소녀는 자신이 원했던 심리적 지지를 얻었고, 문제를 해결할 수 있었다. 소녀와 가족은 한결 가벼워진 마음으로 치료를 종료했다.

만약 이 문제 행동이 지속되거나 재발했다면 치료실을 다시 방문했을 테지만, 다행히 소녀는 나를 다시 찾아오지 않았다. 지금쯤 건강하고 자신을 사랑하는 군인이 되어 성실히 자기 삶을 가꾸어 가고 있을 것이다.

✳ 검푸르게 물든 천재 화가의 캔버스

피카소는 인물화에서도 남다른 화풍과 세계관을 선보였다. 그의 인물화들은 첫눈에 자기 분열적인 그림처럼 볼 수도 있을 만큼 무척 난해하다.

보통 화가의 급진적 인식을 담은 그림들은 사물과 현상을 바라보는 관점과 조망을 확장하여 '새롭게 보기'와 '다르게 보기'를 유도한다. 당시 피카소만큼 회화, 조소, 판화에 이르기까지 장르와 화풍을 자유롭게 넘나드는 화가는 드물었다. 그의 자유로운 예술혼 앞에 전통적인 미학이나 문법은 모두 무의미해졌고, 심지어 국경마저 희미해졌다. 바로 이 지점이 피카소의 새로운 화법과 그 의미, 뚜렷한 전달력에 세계가 열광하는 이유일 것이다.

스페인 남부의 안달루시아에서 태어난 피카소는 지역의 미술학교 교수로 재직하던 아버지의 화실을 놀이터 삼아 자랐다. 아버지는 아들의 천재성을 알아보고 일찍부터 강도 높은 미술교육을 실시했다. 아버지는 14세가 된 피카소를 바르셀로나 미술학교에, 16세에는 마드리드의 왕립 예술학교에 입학시켰다. 이를테면 조기 영재교육을 시킨 셈이다.

20세가 된 피카소는 야심을 품고 프랑스 파리로 넘어오게 되는데, 이때의 파리는 온갖 예술적 실험들이 진행되며 천재와 실력자들로 북적이던, 그야말로 예술의 중심지였다. 촉망받는 미술학도로 이미 그 출중한 재능을 인정받아 온 피카소였지만, 그 또한 이 치열한 경쟁에 뛰어들게 되자 곧 불안과 초조함에 잠식되었다. 절친했던 동료 화가 카를로스 카사헤마스Carlos Casagemas의 죽음으로 인한 충격과 가난한 이방인이라는 처지는 그를 더 우울로 물들였다.

몽마르트르에서 그림을 그리던 시절, 다른 화가들과 마찬가지로 예술계를 뒤흔들겠다는 야심을 품고 왔던 것과는 달리 피카소는 스페인에서 활동했던 그리스 화가 엘 그레코El Greco의 그림을 연상시킬 법한 그림을 그렸다. 그는 작업실 촛불을 밝혀둔 채 밤을 새워 매춘부, 거지, 눈이 보이지 않는 악사, 떠돌이 가족 등을 그렸다. 우울한 사람들의 목과 사지를 길게 늘어뜨려 그리고, 캔버스 가득 파란색과 회색 물감으로 채색했다.

파란색과 회색이 가득한 우울한 그림을 주로 그렸던 1901년부터 1904년까지를 '피카소의 청색 시대'라고 부른다. 이 시기 피카소의 화풍이 절정에 이른 그림이 바로 〈인생The Life〉이다. 이 그림은 미술을 통해 사랑, 상실, 빈곤, 죽음, 허무 등 인간과 삶의 심오함을 보여주며, 그림을 보는 사람도 저절로 삶을 숙고하게 만드는 피카소의 능력을 가장 잘 보여준다.

하지만 피카소는 언제나 당당했고, 그의 재능은 빛났기에 우울했던 청색 시대도 그렇게 길지 않을 수 있었다. 파리는 스페인에서 건너온 천재를 즉시 알아보았고, 열정과 재능으로 똘똘 뭉친 그의 청색 시대는 오래지 않아 막을 내렸다.

마흔을 위한
치유의 미술관

이후 곧 여러 문인과 화가가 일명 '세탁선'이라 불리던 피카소의 아틀리에로 모여들기 시작했다. 이때 예술가들의 거대 후원자이자 미술품 수집가로 파리에서 가장 유명한 살롱인 스타인살롱의 주인이었던 거트루드 스타인Gertrude Stein이 피카소를 열렬히 후원했다.

✳ "피카소의 그림에는 낭비가 없다"

파리에서 화가로 성공하기 위해 독창적인 브랜드가 되어야 했던 피카소는 인류 정신의 기원에서 새로운 미술의 실마리를 찾고자 했다. 그리고 그런 그의 눈을 사로잡은 것은 고대 이베리아반도와 아프리카의 조각상이 담고 있는 원시 예술과 그 기하학적 조형미였다.

열정이 충만했던 젊은 천재는 이 원시 예술에서 영감을 얻어 입체주의라는, 20세기를 뒤흔들 혁명적 시각을 담은 그림을 내어왔다. 바로 〈아비뇽의 처녀들The Young Ladies of Avignon〉이다.

이 그림은 현재 뉴욕 현대미술관에 전시되어 있다. 전체 크기가 가로세로 2미터에 가까운 대작으로, 그림 속 여성들은 모두 실제 성인 여성의 키 정도에 맞춰 그려졌다. 여성의 엉덩이가 다양한 각도에서 묘사되고, 부드러운 표정이나 상처 입은 표정을 한 이유는 인간성이 가진 친밀함과 잔인함을 동시에 보여주기 위함이었다. 〈아비뇽의 처녀들〉은 피카소의 그림답게 대중과 비평가들을 충격으로 몰아넣었지만, 20세기 전반을 아우르던 입체주의의 서막이기도 하다.

　피카소는 프랑스의 화상이었던 앙브루아즈 볼라르Ambroise Vollard의 갤러리에서 첫 개인전을 열며 성공적으로 데뷔했다. 이후 그는 적극적으로 전시회를 개최하기 시작했고, 점차 인지도를 높여나갔다. 이 '문제적' 화가의 진가를 알아본 독일의 미술 평론가이자 화상인 다니엘 헨리 칸바일러Daniel Henry Kahnveiler는 "피카소의 그림에는 낭비가 없다. 장식과 기교가 배제되어 있어 오히려 호소력이 짙다"라고 평가했는데, 이 일을 계기로 피카소와도 절친한 사이가 되었다.

　파리에 도착한 지 10년이 채 되지 않아 자신이 바라던 '예술계를 뒤흔드는 유명 화가'가 된 피카소는, 1920년대부터는 전례 없던 호평을 받으며 전 세계적으로도 인기를 얻기 시작했다. 자연스럽게 피카소를 후원하는 사람들이 많아졌고, 피카소 또한 더 이상 원시 예술에서 영감을 얻지 않았다.

　피카소의 미술이 나날이 성장하면서 명성이 높아짐에 따라 그의 자기애도 노골적으로 커지기 시작했다. 새롭게 만나는 여성들은 피카소에게 영감을 불어넣어 주는 기폭제가 되었지만, 그 열정의 기폭제가 모두 타면 그는 또 다른 기폭제가 될 사랑을 향해 달려가길 반복했다. 로맨스는 피카소에게 행복하거나 우울한 그림을 그리게 하는 원동력이었다.

✳ 사랑이라는 이름에 가린 것

피카소에게 여성이란 어쩌면 폴 세잔과 사과의 관계와 같았을 것이다. 세잔이 사과라는 단순한 구형의 다면성을 2차원의 캔버스에 동시적으로 구현했다면, 피카소는 사과 대신 여성을 대상으로 인간의 다면성을 캔버스에 구현하고자 했던 것이다. 그 결과 피카소의 캔버스에는 전후좌우의 모습과 희로애락喜怒哀樂의 표정이 동시에 담긴 여성들의 얼굴이 초현실주의적 화풍과 뒤섞여 창조되었다.

자기애에 흠뻑 취한 피카소는 피사체로서 여성의 외모와 내면의 다면적 특성을 전방위적으로 그려냈다. 그러나 썩었을 때 버려도 괜찮은 세잔의 사과와 달리 피카소의 여성은 살아 있는 인격체라는 점은 심각한 문제였다.

'사랑'이라는 이름으로 포장된 이 미술 의식에서 피카소의 제단에 제물처럼 바쳐졌던 여성들은 끝내는 모두 허물어졌다.

공식적으로 피카소는 두 번 결혼했지만, 연인은 일곱 명 이상 있었다. 피카소의 첫 번째 연인은 프랑스의 모델이었던 페르낭드 올리비에Fernande Olivier였다. 그녀는 피카소의 청색 시대에서 캔버스를 채웠던 파란색을 걷어내고 다시 장밋빛 색상으로 가득 물들이게 한 여성이었다.

올리비에와 헤어진 후 몇 명의 연인을 더 만났던 피카소는 1927년 새로운 연인으로 28세 연하의 프랑스 모델 마리테레즈 발테르Marie-

〈꿈〉, 1932년
The Dream
ⓒ 2024 - Succession Pablo Picasso - SACK (Korea)

Thérèse Walter를 만났고, 이후 프랑스 사진작가였던 도라 마르Dora Maar
를 만났다.

피카소의 미술에 가장 진보적이고 혁신적인 황금기를 함께했던
두 여성은 외모와 성격뿐 아니라 삶의 방식이나 피카소와의 연인관
계에서도 상반된 분위기를 가졌다.

선과 색 그리고 형태의 특징을 활용해 두 여성의 성격, 신체적
특징, 분위기, 자신과의 관계 등을 예리하게 표현한 그의 그림들은
여성의 심리와 사랑의 방식에 관한 '피카소적 고찰'이라 할 만큼 흥
미롭다.

발테르는 피카소가 가장 사랑했던 여성이었다. 러시아의 발레리
나 올가 호흘로바Olga Khokhlova와 공식적인 첫 결혼 생활 중이었던 피
카소는 당시 17세의 미성년자였던 발테르를 지하철에서 발견하고
한눈에 반했다. 피카소는 그녀가 성인이 되던 날 집을 나와 그녀와
함께 생활했다.

피카소에게 발테르는 사랑과 관능의 대상이었고, 주로 화사한
색채와 유려한 곡선, 성적인 상징들을 담았다. 모델의 원래 얼굴을
식별하기 어려운 그의 수많은 여성 그림 중에서 유독 한쪽으로 쓸
어 넘긴 금발 여성의 모습은 그 그림의 주인공이 바로 발테르임을
알려주는 단서다. 입체주의와 초현실주의를 접목한 초상화에서 금
발의 그녀는 책을 읽는 우아한 모습이거나 꿈을 꾸거나 사랑의 환
희에 젖은 모습으로 등장하곤 한다.

마치 잠든 발테르의 내면을 묘사하는 듯한 〈꿈〉은 연인에 대한 피카소의 사랑과 관능적 상징으로 장식되었다. 꿈을 꾸는 듯한 그림 속 여성의 모습은 아름답고 우아하다. 발테르를 모델로 그렸던 다른 그림들처럼 이 그림에서도 그녀는 부드러운 곡선과 둥근 원의 조합, 밝고 화사한 파스텔 톤 색채나 강렬한 원색 등으로 표현되었다.

반면 20세기 초 파리에서 초현실주의 사진작가로 활동했던 마르는 이지적이고 진지한 여성이었다. 그녀는 피카소와 가장 열정적이고 지적인 교류를 했던 여성이었고, 그에게 초현실주의를 소개했으며, 스페인 내전의 참상을 고발하는 〈게르니카Guernica〉의 제작 동기도 부여했다. 마르는 〈게르니카〉 제작 과정을 사진으로 기록하며 긴밀한 관계를 유지했던 예술적 동반자였다.

그러나 피카소가 마르를 두고 "내겐 항상 우는 여인"이라고도 말했을 정도로 마르는 예민했고, 신경증적 긴장 상태에 있었다. 이런 성격은 피카소와의 관계에도 영향을 미쳤다.

늘 갈등과 분노가 따랐던 피카소와 마르의 관계는 충돌하거나 겹치는 점과 선으로 묘사되었고, 마르는 피카소의 그림 속에서 흑발, 화살촉처럼 날카로운 손톱, 직선, 각지고 뾰족한 모서리 등 공격적인 여성성을 상징하는 것들로 채워졌다. 또한 피카소는 주로 검은색과 초록색, 짙은 보라색 등 어두운 색채를 사용해 우울, 질투 등 그녀의 복잡한 내면과 감정을 나타냈고, 마르의 얼굴도 심하게 비틀고 고양된 듯한 표정으로 표현했다.

〈우는 여인〉, 1937년
Weeping Woman
ⓒ 2024 – Succession Pablo Picasso – SACK (Korea)

〈우는 여인〉도 마찬가지다. 마치 깨진 유리 파편들이 모인 모자이크 같아 보이는 여성의 얼굴은 눈물로 젖었다. 유리 조각과 흐르는 눈물은 그림 속 여성의 첨예한 고통을 보는 이에게 전달하기에 모자람이 없다. 선명하게 드러난 치아는 그녀의 격앙된 감정을 강조한다. 파란 꽃으로 장식된 빨간 모자는 초현실주의를 상징하는데, 마르는 그림에서 늘 모자를 쓰고 등장한다. 얼굴은 초록색으로 질렸고, 뒷배경은 노란색과 주황색으로 채웠다.

마르를 모델로 한 그림답게 〈우는 여인〉이 주는 시각적 이미지는 그녀와 함께 작업했던 〈게르니카〉 속 전쟁으로 고통받는 사람들을 떠올리게 한다. 특히 그림 속 여성의 눈동자를 자세히 보면 파란색 비행기가 그려져 있는데, 이는 스페인 내전 당시 시민들의 공포의 대상이었던 콘도르 군단(나치 공군)의 폭격기를 상징한다고 볼 수 있다.

사실 피카소는 불같은 성정으로, 극심한 감정 기복을 가진 사람으로도 유명했다. 공식적인 첫 연인이었던 올리비에와의 관계에서도 그녀를 향한 피카소의 신체적·정서적·언어적 학대는 시간이 지나며 점점 더 노골적이고 빈번해졌다. 연인에 대한 소유욕과 질투도 엄청났던 그는 외출할 때마다 올리비에를 가두어놓기도 했다. 또한 그의 또 다른 연인이었던 프랑수아즈 질로Françoise Gilot가 피카소에게 먼저 결별을 말했을 때 그는 질로에게 폭력을 행사하며 담뱃불로 화상을 입히기까지 했다.

10여 년간 지속된 사랑의 유효기간이 만료된 뒤 마르는 정신병원을 전전하다 사망했고, 발테르는 피카소가 사망한 뒤 4년이 지나 천국에서 그를 돌보겠다며 자살로 생을 마감했다.

이처럼 피카소의 의식에 제물로 바쳐졌던 여성들은 모두 어딘가 부서졌다. 자기만의 철학으로 미술 문법을 모조리 파괴하고 재창조했던 천재가 사실은 강력한 카리스마와 자기애로 무장하고 있었다는 점은 사실 그리 크게 낯설지만은 않다. 천재성은 인간성에 그늘을 드리우는 경향이 종종 있기 마련이다. 그래서 나는 특별한 천재성만큼 자기중심적이고 오만하며, 지나치게 사교적이었던 피카소를 보며 심리학자로서 인간적 결함으로 가득한 나르시시스트 성향의 한 남성을 발견한다.

피카소의 여성 관계와 자기애적 성격장애 사이의 관련성에 대해서는 여러 가설이 제기되었지만, 섣부른 판단은 금물이다. 더 많은 연구와 깊이 있는 이해가 이 문제에 더 정확한 답을 줄 것이다. 하지만 피카소의 과격한 자기애는 분명 이 시대에 만연한 나르시시즘을 생각해 볼 계기를 제공한다.

나르시시스트들에게 타인은 그저 자신을 돋보이게 하고 자신에게 봉사하는 착취 대상일 뿐이다. 자녀의 성취를 자신의 성공과 명예로 여기면서도 속으로는 자녀를 학대하는 부모, 대외적으로 공을 독차지하기 위해 부하직원을 함부로 대하는 상사, 배려와 공감 없이 자신의 자존감을 고양시킬 대상으로서만 연인을 대하는 사람 등 나르시시스트는 곳곳에 존재한다.

✳ 타인의 영혼을 착취하는 사람들

마치 나르시시스트들의 전성시대가 아닌가 싶을 정도로 타인에게 무관심하고, 타인을 자신의 목적을 달성하기 위한 수단으로서 대하는 풍조가 만연한 시대다. 이 나르시시즘이 하나의 유행병처럼 번지게 되면서 사회적 문제도 많이 발생하고 있다.

나르시시스트들은 자신이 우월하다고 믿으며 자기애를 과시하고 타인에 대한 공감 능력이 거의 없는데, 한 시대의 문명을 바꾸어 놓은 탁월한 리더나 천재적인 인물 중에서도 자기애적 성격장애의 특성을 가진 사람을 찾아볼 수 있다. 표면적으로 드러나는 성과가 그들의 성격적 결함을 타당하게 만들면서 결함을 가리기 때문에 대중은 그들의 명성과 카리스마에 쉽게 현혹되는 것이다. 그래서 그들은 그러한 결함에도 사회적으로 굉장한 성공과 명예, 부를 누리는 경우가 많다.

나르시시스트들은 타인을 깎아내릴수록 자신의 가치가 더 높아진다고 생각하기 때문에 완벽주의를 내세우고, 과장된 카리스마를 행사하는 특징이 있다. 보통 자기 잘못을 인정하지 않기에 타인을 함부로 판단하고 평가하며, 권력에 집착한다. 이렇게 겉으로는 의기양양하고 화려한 삶을 추구하는 것처럼 보이는 그들의 이런 언행은 거꾸로 말하면 낮은 자존감과 열등감에서 비롯된 수치심을 가리고, 공허감을 보상받기 위한 시도다.

자신이 가장 중요하고 매혹적인 사람이라 믿는 그들은 아주 작은 비판에도 크게 분노하고 반발하며 적의를 보인다. 물질적으로나 능력 면에서 자신에게 없는 것을 가진 사람을 보면 자신의 우월성을 위협받는다고 느끼는 심리적 왜곡 상태에 있기 때문이다. 그래서 간혹 시기심과 경멸감으로 분출되는 이 폭발적인 감정은 주변 사람들을 불안하게 하고 공포에 휩싸이게 만든다.

나르시시즘적 성향이 병적인 증상에 달하게 되면 의학적 기준에 따라 자기애성 성격장애로 분류된다. 사실 유년기에는 누구나 나르시시즘을 가지고 있다. 이때의 나르시시즘은 '건강한 나르시시즘'으로, 자기를 긍정적으로 인식하는 데 필요한 원동력이다. 그래서 이 시기에 부모는 자녀에게 남을 배려하고 존중하는 태도를 함께 교육하면서 자녀가 올바른 독립적 존재로 성장할 수 있도록 도와야 한다. 그러나 나르시시스트 부모들은 도리어 자녀를 독립적 존재가 아닌 부모의 일부로 여기고 자녀의 수치심을 자극해 자녀가 부모에게 봉사하도록 이용하면서 정신적 독립을 방해한다.

이처럼 초기 유년기에 형성되는 성격 구조가 발달하는 과정에서 그 병리적 특성이 발생하기 때문에 이 장애는 다른 정신질환들과 달리 치료하는 일이 쉽지는 않다. 그래서 이런 사람들이 내 주변에 가족으로, 친구로, 연인이나 직장 상사로 가까이에 있다면 우리는 그들의 내면 풍경은 어떤지 알아보고 스스로 나 자신을 보호하는 방법을 알아두고 있는 편이 좋다.

프랑스의 화가이자 피카소의 연인 중 한 명이었던 질로는 자신의 가치를 스스로 판단할 줄 아는 독립적인 여성이었다. 피카소와 10년 넘게 함께 살면서 슬하에 자녀들도 두었지만, 이미 피카소의 애정 행각 패턴을 파악하고 있었던 그녀는 피카소가 또 다른 연인을 만나자 먼저 결별을 고했다.

피카소의 다른 연인들과 달리 자신의 의지로 단호하게 행동했던 덕분에 질로는 그와 헤어진 후에도 신체적·정신적 고통 없이 살 수 있었다. 또한 화가로서 스스로 가치와 재능이 있다고 믿었던 그녀는 많은 자화상을 그리며 꾸준히 활동했고, 피카소와 함께 지낸 날을 회고록으로도 출간하며 101세까지 장수했다.

질로처럼 자신을 정확히 알고 자신의 가치를 믿는 것은 나르시시스트의 공격에서 자신을 방어할 수 있는 가장 중요한 지혜다. 그렇지 않으면 화려한 언변과 고양된 자존감으로 무장한 그들에게 가스라이팅을 당해 일방적으로 희생하고 봉사하는 관계로 변질되기 쉽다. 내가 나의 자존감을 지켜야 그들의 가스라이팅에서 자신을 보호할 수 있다.

그림과 화가를 살펴보다 보면 피카소처럼 그 그림을 그린 화가의 인간성이나 도덕성이 상식적인 가치 기준과 어긋나는 경우를 어렵지 않게 찾을 수 있다. 그림의 작품성과 화가의 인간성을 엄격하게 구분하기란 어려운 일이다. 그래서 우리는 그림을 감상할 때 종종 예민한 가치판단 문제에 직면하게 된다.

나 또한 심리학자의 시선으로 피카소의 삶과 그림에서 자기애성 성격장애의 특성이 두드러지는 사실에 주목했지만, 지금 이 자리에서 설부르게 피카소를 단정 지어 판단할 수는 없다. 다만 그의 삶을 통해 우리가 명심해야 할 분명한 사실이 하나 있다면, 주변 사람이 나를 판단해서 휘두를 권리는 없다는 것이다.

　자신의 가치는 스스로 판단할 줄 알아야 한다. 앞서 말했듯 나르시시스트의 전성시대라 할 만큼 우리 주변에는 과도하게 팽창된 자기애를 가진 사람들이 많고, 그만큼 가족이나 연인, 직장 상사 등 쉽게 끊어내기 어려운 관계에서 그들을 만나게 될 확률이 높다. 그러니 어렵지만 그들과 공존하는 법을 찾아야 한다. 맞서 싸우며 나의 에너지를 고갈시키기보다 때론 단호하지만 부드럽게 대처하며 자기 자신을 지키는 면역을 키우는 편이 더 효율적인 대처 방법이 될 수 있다. 자신의 진짜 전경을 찾았던 질로처럼 말이다.

수많은
균열을 쌓아
삶의 균형을 완성하다

피에트 몬드리안

Piet
Mondrian
(1872~1944)

처음 만난 사람의 얼굴과 그 표정을 보며 우리는 그 사람이 겪어 왔을 삶의 이야기를 추측하거나 성격을 짐작한다. 그림도 마찬가지다. 시대적 배경과 화가의 개성이 상호작용하며 만들어낸 고유한 생각과 감정을 품고 있다. 한눈에 뚜렷하고 화려한 메시지를 자연스럽게 전달하는 그림이 있는가 하면, 절제와 평화 속에 처절한 자기 검열과 자기부정의 시간을 품고 있는 그림도 있다. 피에트 몬드리안의 그림이 그렇다. 고요한 정적과 안정이 담긴 차가운 추상화로 익숙하지만, 한발 더 가까이서 보면 뜨거운 열정과 시행착오를 거치며 자기 안의 모순과 화해한 사람의 아우라를 담고 있다.

✳ 선과 면이 만드는 균형

피에트 몬드리안의 그림에서 두드러진 요소는 단연 곧게 뻗어나가며 경계와 면을 형성하는 수직선과 수평선이 만드는 안정적인 공간 그리고 그 균형 잡힌 공간을 채우는 색채 블록들이다.

휘어지거나 돌아가기를 거부하고, 적정한 거리에서 서로를 가로지르거나 비켜 지날 뿐인 검은 경계선. 형태의 변덕을 모두 비워낸 미니멀리즘 추상화는 몬드리안이 철저한 원칙주의자였음을 알려준다.

〈빨강, 노랑, 파랑의 구성 C〉를 장악하는 요소들 또한 단연 선과 면이다. 흰색 공간이 만든 환한 여백 사이로 빨간색, 노란색, 파란색 등 원색 면을 감싸는 검은색 선의 변주가 조용히 진행된다. 그림 중심에 정화의 공간으로서 존재하는 흰색 여백과 공손하게 가장자리로 물러난 삼원색 면들의 조화로운 구성이 돋보인다. 어떤 서사나 감정적 동요도 허락하지 않을 것만 같다.

⟨빨강, 노랑, 파랑의 구성 C(NO.Ⅲ)⟩, 1935년
Composition C(NO.Ⅲ) with Red, Yellow and Blue

건조하고 절제된 선과 그를 보완하는 색채의 리듬감이 균형을 만드는 몬드리안의 구성에 친숙해질 때쯤 우리는 자기 안의 모순, 즉 모순되며 대립하는 내면과 화해하는 방법에 대한 힌트를 얻을 수 있게 된다. 빨강, 노랑, 파랑의 삼원색과 검은색 선이 모색한 공생 관계의 해법을 말이다.

몬드리안은 물질주의를 거부하고 정신세계의 질서를 추구하는 자기 절제적인 사람이었다. 고독을 즐기는 은둔자 같은 생활을 추구했던 것으로 유명하지만, 그의 활동 무대는 고향이었던 네덜란드의 암스테르담에 국한되지 않는다. 전쟁을 피해 프랑스 파리와 영국 런던, 미국 뉴욕으로까지 확장되었다.

네덜란드 헤이그 시립미술관의 수석 큐레이터인 한스 얀센Hans Janssen은 2022년 몬드리안에 관한 전기를 출간하며 내성적인 성격 이면에 그가 가지고 있던 활기차고 쾌활한 매력을 강조했다.

얀센은 몬드리안이 우아한 옷차림을 하고 활기찬 재즈에 맞춰 춤추는 것을 즐기는, 친절하고 매너 있는 사람이었다고 묘사한다. 그의 내면에는 은둔하는 원칙주의자와 열정적인 낭만주의자가 동시에 존재했던 것이다.

몬드리안만이 상반된 두 개의 자아를 품고 있는 것은 아니다. 내면에서 일어나는 소리 없는 전쟁, 화해하지 못하는 두 갈래 마음으로 갈등하지 않는 사람이 어디 있으랴.

우리는 누구나 모순적인 바람과 그에 갈등하는 마음을 저 깊은 곳에 눌러둔 채 별일 없다는 듯 태연한 얼굴로 살아간다. 눈을 뜨면 매일같이 벌어지는 이런 전투들로 가득한 삶은 마치 총성 없는 전쟁터와 같지만, 적어도 겉으로는 마찰음을 내지 않으려 애쓰며 살아가고 있을 뿐이다.

✳ 적정 거리의 미학

내 안의 모순을 잠재우고 또 다독이며 누군가는 기도문을 읊듯 매일같이 '잘될 것이다, 이 또한 지나가리라' 하고 주문을 건다.

나의 삶이 그러하듯 멀리서 보았을 때 평화롭고 때로 화려해 보이기까지 하는 타인의 삶 또한 가까이서 들여다보면 크고 작은 결점과 상처투성이이다. 영국의 배우 찰리 채플린Charles Chaplin이 말했듯 인생은 정말 멀리서 보면 희극이고, 가까이서 보면 비극인지도 모른다. 그러니 우리의 인생을 희극과 비극 사이 적정한 어디쯤에 위치시킬 수 있도록 눈의 초점을 조절하는 힘이 필요하다.

안정된 기하학적 구조가 균형과 절제를 만들어낸 몬드리안의 그림들 역시 마찬가지다. 멀리서 보면 그저 단정하고 정지된 것 같지만 가까이서 들여다보면 그 표면은 소리 없는 아우성이다.

눈 위를 지나는 발자국 같은 선명한 붓질 자국과 폭풍이 지난 자리처럼 거칠게 쌓이고 또 흘러내린 가장자리의 물감 자국은 그가 쏟은 인고의 시간을 증명한다. 뜻대로 되지 않아 다시 하거나 돌아가야 했던 시행착오의 흔적과 소나무 껍질 같은 그림 표면의 균열은 시간의 주름이다. 때로 그것은 온몸에 실금을 만드는 고온을 견뎌낸 도자기 표면과도 닮았다. 한 사람에게서 풍기는 아우라가 그렇듯 모든 시행착오와 인내의 흔적에서 진품의 아우라가 뿜어져 나온다.

어느 한순간의 단면을 흉내 낸 복제품은 결코 가지지 못할 진품의 아우라는 매일의 실행과 착오의 흔적이 응축된 틈 사이에서 뿜어져 나오는 것이다. 인고의 시간을 겪어내고 당당히 일어선 사람의 깊어진 눈빛처럼 말이다.

상승과 발산의 기운을 품은 수직선과 안정과 고요의 기운을 품은 수평선이 캔버스를 가로지르며 공간을 나누고 경계와 면을 만들어낸다. 그렇게 생겨난 몬드리안의 격자 공간에서 우리는 인간관계의 은유도 유추할 수 있다.

수직선과 수평선은 서로서로 견딜 수 있는 적정한 거리에서 만나거나 비켜 간다. 적정 거리가 주는 안정과 균형은 서로를 존중하는 예의, 타인의 경계를 침범하지 않는 지혜, 자기 통제의 힘에서 비롯된다.

몬드리안의 그림 속에서 원색의 면들은 개성과 활력을 발산한다. 그러나 검은색 경계선을 벗어나지 않으며, 오히려 그림 가장자리로 물러나기도 한다.

사람과 사람 사이에는 분명한 경계가 있고, 침범당하고 싶지 않은 자기만의 공간인 '퍼스널 스페이스personal space'가 있다. 하지만 때때로 사람들은 자신과 타인의 경계를 혼동하고 또 무심히 침범해 들어오며, 심지어는 자신의 욕망을 투사하기까지 한다. 비극은 바로 이 지점에서 시작된다.

내가 가장 사랑하는 사람이 나를 가장 아프게 하는 이유는 그 사람이 나만의 공간과 영역을 쉽게 침범해 들어올 수 있는 위치, 즉 나와 가장 가까이 존재하기 때문이다. 이는 일종의 폭력이 될 수 있고, 그 폭력이 남긴 마음의 상처는 몸에 난 상처보다 오래간다.

그러니 비움의 미학과 완충지대를 함축한 몬드리안의 추상화를 보며 마음을 이완하기 위한 연습을 해보면 어떨까? 타인의 영역을 침범하지 않기 위한 자기 검열, 자기 영역을 지키기 위해 적정 거리를 유지하는 지혜, 관계의 균형을 안정적으로 유지하는 법이 무엇인지 몬드리안의 추상화에서 찾아보는 것이다.

✳ 원칙과 질서가 혼란한 마음을 구원하리니

얀센 외에도 벨기에의 화가 미셸 쇠포르Michel Seuphor 또한 동료 화가로서 몬드리안에 관한 전기를 썼다. 그는 몬드리안을 혼자 있기를 좋아하고, 여성을 불편해했으며, 미술과 삶에 대해 강박적일 정도로 엄격하고 기하학적인 태도로 일관했던 금욕주의자로 묘사했다.

실제로 삶의 흔적을 남기고 싶어 하지 않았던 몬드리안은 자신을 함부로 세상에 보여주지 않겠다고 다짐이라도 한 듯 지인들의 서신조차 읽고 나면 불태워 버리곤 했다. 무엇이 몬드리안을 그토록 금욕적이고 엄격한 질서에 사로잡히게 했을까?

　　몬드리안은 1872년 중세 유럽의 정취를 가득 품은 네덜란드의 도시 아메르스포르트에서 태어났다. 영국의 미술사학자 수지 호지Susie Hodge에 따르면 기독교 학교의 교장이었던 몬드리안의 아버지는 광신도적인 칼뱅주의자로 성미가 불같았고 가정을 돌보는 일에도 소홀했다. 몸이 좋지 않았던 어머니를 대신해 두 살 많은 누나가 가정을 돌보았다. 장남이었던 몬드리안도 누나를 도와 부모 역할을 분담하여 어린 동생들을 보살폈다.
　　경제적으로 곤궁했고, 정서적으로도 편치 않았던 가정환경에서 몬드리안은 냉소적이고 대인관계를 어려워하는 내성적인 청년으로 성장했다.

　　몬드리안은 미술교사였던 아버지의 강요로 20세가 되던 해에 미술교사 자격증을 취득했으나 교사가 아닌 화가의 길을 택했다. 그는 전문 풍경화가인 삼촌에게서 그림을 배웠고, 암스테르담에 있는 미술아카데미에 입학해 정식으로 미술을 공부했다.
　　이후 쿤스트리프데라는 미술 단체의 회원이 된 몬드리안은 전시회에 풍경화를 출품하며 당시에 주목을 받았지만, 상업적으로는 성공하지 못했다. 그는 경제적으로 풍족하지 못했던 상황에서 꽃을 그린 정물화나 수채화를 판매해서 생활비를 마련했다. 파리에서 지낼 때도 정물화는 그의 주된 수입원이었다.

그는 자연의 비극성을 혐오한다고 말하곤 했는데, 이때 그가 말한 자연이란 제어되지 않은 상태의 무질서한 본능을 의미했다. 무질서는 힘의 불균형을 부르고, 이 힘의 불균형은 굴종하는 관계와 위계질서를 만든다. 유년 시절의 경험은 관계와 힘의 균형에 관한 그의 예민한 감각을 싹트게 했다.

정신적으로 혼란하고 감정이 마비된 자녀는 부모와 세상을 향한 마음의 문을 닫는다. 특히 가정에서 지배적이고 억압된 관계가 형성되어 있거나 자녀가 가장 역할을 맡게 될 때 자녀는 감정을 억압함으로써 자신을 보호한다. 그리고 그 불안과 혼란의 바다에서 자신을 구원하고 안전한 항구에 정박시켜 줄 견고한 '닻'을 기다린다. 이렇게 혹독한 가정생활에서 비롯된 몬드리안의 고단한 마음은 암울한 시대의 바람을 맞으며 증폭되었다.

두 차례의 세계대전을 겪으며 의미 없는 죽음과 대량 학살을 경험했던 20세기 초반의 유럽은 그야말로 참혹하기 짝이 없었다. 오랜 시간 유럽을 지배했던 왕정이 막을 내렸고, 그에 따라 사회 질서와 구조도 대대적으로 재편되기 시작했다. 가치관이 급격하게 변하며 사람들은 절대적 안정과 불변의 진리를 갈구하게 되었다.

때로 상처 입은 마음은 감정이 배제된 자연 속 수학적·과학적

논리의 정확한 질서를, 자신을 위로하고 잡아줄 견고한 닻으로 삼는
다. 자아를 내려놓고 그 질서의 일부가 됨으로써 감정이 비집고 들
틈이 없게 만든다는 점이 누군가에게는 복잡한 마음을 다스릴 수
있는 조용한 치유 방법이 되어주는 것이다. 몬드리안의 마음이 만든
그의 미학은 유럽인들의 피폐해진 정신과도 맞닿아 있다.

〈달빛 아래 헤인강의 풍차〉는 몬드리안의 그런 관조적 시선이
담긴 그림이다. 네덜란드의 들판과 자연을 그리며 상처받고 스산한
자신의 마음을 치유했던 그는 이 무렵 〈달빛 아래 헤인강의 풍차〉
같은 그림을 즐겨 그렸다.

땅과 하늘이 맞닿은 지점엔 끝없는 수평선이 만들어졌고, 풍차
와 나무들은 그 선 위에 수직선으로 수렴된다. 네덜란드의 평야와
북해가 만든 지평선과 수평선, 하늘을 향해 수직으로 우뚝 솟은 풍
차와 나무들을 담아낸 이 조용한 그림에는 몬드리안만의 우수가 어
려 있다.

삶의 불안정성과 혼란을 벗어나기 위해 비물질적인 단순함을
추구했고, 감정을 배제하는 삶을 살고자 했던 몬드리안은 네덜란드
의 자연을 그리며 그 일부가 되어 상처받고 스산해진 마음을 위로했
다. 그가 가진 원칙주의자적 아우라가 어디서 탄생했는지 이해가 간
다. 그에게 그림이란 시대라는 바다에 가라앉지 않게 해주는 '부력'
이었다.

〈달빛 아래 헤인강의 풍차〉, 1903년경
Oostzijdse Mill along the River Gein by Moonlight

✱ 차가운 추상에 담긴 뜨거운 열망

마음이 불안에 사로잡혔을 때는 안정을 갈구하고, 혼란에 빠졌을 때는 질서와 균형을 갈구하기 마련이다. 몬드리안은 세상의 모든 피상적이고 불안정한 것들을 외면하며, 불변하는 본질과 예측할 수 있는 일관성에 천착했다.

살면서 마주하는 모든 관계에서 힘의 균형과 보편적 평등성을 추구했던 그는 그림을 통해 자신의 이상에 도달하고자 했다. 조형이나 선에 대한 그의 예리한 감각은 폴 세잔의 그림을 만나며 곧 형태의 해체와 비움을 통한 정화의 미학으로 발전한다.

1907년 네덜란드 암스테르담 국립미술관에서 개최된 세잔의 전시회를 방문한 몬드리안은 세잔이 보여준 과감한 덜어냄과 자기부정 세계관에 감동했다. 세상의 모든 형태를 원뿔, 원기둥, 구球로 환원시키며 형형색색의 모자이크로 분해했던 세잔의 그림은 파블로 피카소의 입체주의로도 이어졌는데, 몬드리안은 미분된 피카소의 입방체조차 더 미분하고 싶어 했다.

피상적인 외양을 묘사하는 데서 벗어나 조형의 기본적이고 본질적인 요소에 충실해야 한다고 주장했던 몬드리안에게 남은 요소들이란 수평선과 수직선밖에 없었다. 그는 양적·동적이며 상승의 기운을 갖는 것은 모두 수직선으로, 음적·정적이며 고요와 안정의 기운을 담은 것은 모두 수평선으로 나타냈는데, 두 선이 직각으로

교차하며 만들어내는 공간이야말로 그에겐 가장 균형적인 힘과 질
서가 담긴 안정된 공간이었다.

몬드리안은 이러한 주장을 바탕으로 네덜란드의 화가이자 건축
가였던 테오 판 두스뷔르흐Theo van Doesburg와 함께 1917년《데 스테일
De Stijl》을 발간하며 신조형주의 운동으로 동명의 '데 스테일' 운동을
펼쳤다(앞서 말했던 쇠포르 또한 이 운동에 함께했다). 그는 관계라는
구조에 내재한 팽팽한 대립을 통해 힘의 균형을 찾고, 자연이라는
무질서한 본능을 통제하려는 열망을 '차가운 추상'이라는 추상화로
담아냈다. 마침내 자연의 근본 질서와 패턴을 추상적인 언어로 순수
하게 표현하기 시작한 것이다.

몬드리안이 데 스테일 운동뿐 아니라 신지학에 심취해 구도자
와 같은 생활을 영위했던 것도 아마 이런 이유 때문이었을 것이다.

신지학은 신비주의 철학 사상으로, 19세기 말 종교, 사상, 철학,
과학, 예술 등에서 근본이 되는 하나의 보편적 진리를 추구하며 창
시되었다. 당시 유럽은 자본주의적 탐욕과 물질문명의 폐해가 절정
으로 치닫고 있었고, 파시즘이나 나치즘같이 유토피아를 명목으로
내세운 많은 정치적 야망이 무모한 계획을 진행하려고 했다. 게다가
한편에서는 개인의 자유를 침해하는 모든 권위를 부정하는 혁명가
들의 아나키즘(무정부주의) 운동도 일어나고 있었다.

이런 상황에서 신지학은 물질보다 정신의 우위를 강조하며, 무
절제한 본능이 분출되며 일으킨 세상의 소용돌이를 극복하려면 이

성적 사고와 고행을 통해 우주의 근본과 진리를 깨달아야 한다고 주장했다. 신지학은 기존 가치관이 붕괴하며 비롯된 유럽 사회의 정신적 공황 상태를 벗어날 방법으로 대두되었고, 몬드리안은 이를 자신의 조형 미학의 또 다른 뿌리로 삼았다.

✳ 추상화에 숨겨진 신경심리학적 진실

과도하게 포장된 이미지가 난무하며 너도나도 실체를 호도하는 현대 사회에 지친 우리가 몬드리안의 철학에 동의하는 일은 어렵지 않을 것이다. 물질문명을 벗어던지고 본질적 요소들로 구성된 상태만이 질서와 균형에 대한 감각을 되살린다고 믿었기에 몬드리안은 평등한 관계와 초월적인 사랑을 추구했던 신지학 사상을 그림으로 구현했다.

그의 기하학적인 추상화를 차가운 추상이라고 부르는 이유도 여기에 있다. 감정을 완전히 배제한 채 오직 민낯의 진정성만으로 구도자적 생활을 했던 몬드리안은 절제되고 균형 잡힌 그만의 미니멀리즘을 창조하여 좀 더 믿을 수 있는 평화로운 세상을 만드는 데 기여하고자 했다. 몬드리안과 동시대를 살았던 에드바르 뭉크가 자신의 상처받은 내면을 여과 없이 고스란히 쏟아냈던 것과는 반대되는 모습이다.

파괴되어 가던 자기 자신과 세상을 구원하고자 애썼던 몬드리안의 추상화는 현대인의 일상 곳곳에 스며들어 있다. 20세기 후반의 가장 성공한 디자인이었다 해도 과언이 아닐 정도로 몬드리안은 모더니즘(근대주의)의 대명사가 되어 실내 장식, 옷, 가구, 생활용품 등에서 다양한 디자인으로 활용되었다. 이 정도면 한 사람 한 사람의 마음을 정화함으로써 인류를 그토록 염원하던 고요한 정신세계로 인도하고자 했던 그의 바람이 절반쯤은 성공한 것이 아닐까?

이 '진실의 격자 공간'이 마음을 비워내게 하는 데는 뇌과학적으로도 분명한 근거가 있다. 우리가 그의 그림을 보며 편안함을 느끼고 마음이 정화되는 것이 기분 탓만은 아니다.

우리 눈의 망막에는 외부에서 들어온 빛의 파장을 받아들여 색채를 지각하는 세포인 막대세포와 원추세포가 있다. 이 세포들이 색채 정보를 처리하면 그 정보가 상위 처리 기제인 뇌의 일차 시각 피질로 전송된다. 이곳에서 사물의 선, 방향, 기울기 등 개별적인 형태를 지각하는 세포와 색채 지각 세포들의 활동을 조합하여 사물을 색과 형체를 가진 대상으로서 지각하게 된다.

검은색 선과 삼원색만으로 구성된 몬드리안의 추상화를 볼 때 우리 몸에서는 눈으로 보고 이해하는 시지각에 관련된 최소한의 신경 활동만 일어난다. 즉 망막의 막대세포와 원추세포, 뇌의 일차 시각 피질의 가로선 탐지기, 세로선 탐지기, 모서리 탐지기만 활성화된다.

이와 달리 모호한 형태와 강렬하면서도 풍부한 색채를 가진 그림을 볼 때는 전두엽, 후두엽, 하측두엽, 해마, 편도체 등 감정기억과 관련된 뇌 전반이 자극된다. 그래서 감정기억과 관련된 부위들이 활성화된 결과로 개인적인 기억이나 그에 얽힌 여러 감정을 떠올리게 된다. 다시 말해 우리가 다른 그림을 볼 때보다 몬드리안의 기하학적 추상화를 볼 때 더 편안함을 느끼는 이유는 최소한의 시각적 요소들이 우리 뇌에서도 최소한의 시각적 회로만을 활성화함으로써 뇌의 다른 영역이 쉴 수 있기 때문이다.

＊ 낯선 곳에서 찾은 변화의 시작

1911년 프랑스 파리에서 입체주의를 연구하고 돌아온 몬드리안은 (이때 그는 같은 철자를 쓰는 화가인 삼촌과 자신이 혼동되는 일이 없도록 자신의 이름을 '피에트 몬드리안'으로 스스로 바꾸고, 철자도 Mondriaan에서 Mondrian으로 수정했다) 1919년 제1차 세계대전이 끝난 뒤 마흔을 앞두고 다시 파리로 무대를 옮겼다. 네덜란드에서 쌓은 경력과 안위를, 미술을 향한 열정과 맞바꾼 것이다.

파리에 도착한 그는 몽파르나스역 근처에서 자신의 작업실로 쓰던 스튜디오의 벽을 흰색으로 칠하고, 삼원색을 사용해 장식하여 입체적인 3차원 캔버스를 위한 쇼케이스 공간으로 변모시켰다. 자신의 미학적 논리를 구현한 공간이자 세상을 구하기 위한 그만의 미술을 탄생시키는 구도적 공간이었다.

그의 스튜디오는 많은 예술가와 비평가, 예술 애호가에게 '순례지'로 각광받았고, 주요 미디어에도 자주 소개되었다. 스튜디오를 방문했던 사람 중 영국의 화가 벤 니콜슨Ben Nicholson은 조용한 휴식 공간에서 놀라움을 경험했다고 방문 소감을 언론에 전하기도 했다.

이후 그는 런던에서 뉴욕으로 옮겨가며 새로운 작품을 시작하기 전 그 주제에 맞춰 스튜디오의 장식을 바꾸었다. 몬드리안의 스튜디오는 말 그대로 하나의 입체적인 캔버스이자 자신이 휴식을 취하며 재충전하는 물리적·정신적 공간인 '슈필라움spielraum'이었다.

하지만 제2차 세계대전이 발발하면서 그의 슈필라움은 파괴되고 말았고, 몬드리안은 삶의 터전을 뒤로한 채 떠나야 하는 망명객 신세가 되었다. 런던에 있던 스튜디오가 폭격당하며 그는 미국으로 망명했다. 많은 것을 포기해야 했지만, 그 과정이 몬드리안에게 상실의 의미만 주었던 것은 아니다. 새로운 도시라는 낯선 공간은 오히려 그에게 새로운 영감을 불어넣었고, 그의 정신과 미술을 한층 더 성장시켰다.

뉴욕에 도착한 몬드리안은 전쟁으로 파괴된 유럽과는 완전히 다른 신대륙의 새로운 활기에 매료되었다. 허드슨강과 대서양의 수평선, 하늘을 찌를 듯 솟은 마천루들의 수직선이 3차원적 공간을 구현하고 있었고, 바둑판 모양의 맨해튼 도로는 하나의 거대한 격자 공간으로 이루어진 캔버스와도 같았다.

나아가 재즈 선율이 마천루 위로 울려 퍼지듯 네온 불빛에 흔들리며 잠들지 않는 뉴욕의 밤과 브로드웨이의 생명력은 역동적이고 개방적인 생동감을 발산했다. 그는 그곳에서 이상적 선형으로 가득 찬 미학적 공간을 발견했다. 그의 캔버스에도 생기와 변화의 기운이 감돌기 시작했다.

✳ 시간의 주름으로 완성된 '나'라는 진품

뉴욕에서 접한 재즈의 즉흥성과 자유로움을 향한 몬드리안의 사랑은 결국 그가 질서와 균형에 대한 강박을 극복하게 하고 완벽한 자유와 해방을 선사했다. 몬드리안이 1941년에 그린 〈브로드웨이 부기우기〉는 이 시기를 대표하는 그림으로, 엄격했던 그의 검은색 선들은 원색으로 반짝이는 모자이크의 띠가 되었다.

그러나 몬드리안은 뉴욕에 정착한 지 4년 만에 폐렴으로 지병이 악화해 영면에 들고 만다. 열정을 따라 꽃을 피우던 인생다운 화려한 마침표였다.

지금보다 더 나은 삶으로 가꾸어 나가기 위해선 정신적 충전을 위한 자기만의 공간이 필요하다. 크고 화려한 공간이어야 할 필요는 없다. 요리가 필요하다면 부엌이, 책과 글이 필요하다면 서재가, 식물을 가꿀 작은 공간이 필요하다면 실내의 자투리 공간이라도 그런

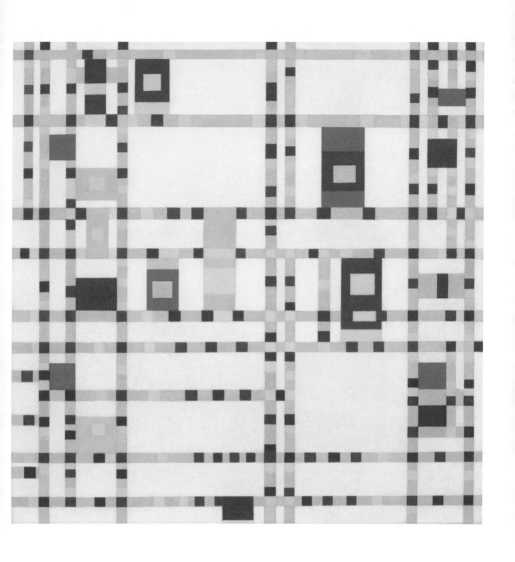

〈브로드웨이 부기우기〉, 1942~1943년
Broadway Boogie-Woogie

공간이 되어줄 수 있다. 자신의 독립적 취향을 담아낼 수 있는 공간이라면 그곳이 어디든지 휴식과 재생의 시간을 허락할 것이다. 몬드리안에게는 수평선과 수직선, 삼원색을 담아낼 수 있는 흰 캔버스가 바로 그런 공간이었다.

이제 우리는 몬드리안의 그림이 그저 미니멀리즘을 구현한 단순한 추상화가 아니라는 점에 동의할 수 있다. 그 담담해 보이는 격자가 만든 담백한 그림에는 인고의 시간을 견디며 깊어진 시선, 뜻대로 되지 않아 고통스러웠을 시행착오의 흔적, 매일 쓰러지고 일어서기를 반복하며 흘린 눈물까지 너무 촘촘해서 보이지 않을 정도의 무수한 균열을 품고 있다. 모든 것이 지금의 몬드리안을 있게 한 시간의 주름이다.

이 모든 흔적이 합쳐졌기에 몬드리안의 그림에서는 수없이 많은 모방품과 복제품에서는 찾을 수 없는 진품의 아우라가 뿜어져 나온다. 마찬가지로 우리의 삶도 한순간의 단면만을 보고 그것을 따라가기 위해 애쓰기보다 매일의 흔적을 켜켜이 쌓아나갈 때 그것이 응축된 틈 사이로 분출되며 온전한 '나의 삶'으로서 진품의 아우라를 가질 수 있을 것이다.

의심하는 마음에
작은 열정을 더하면

베르트 모리조

Berthe Morisot (1841~1895)

마흔쯤 되면 삶이 종종 시속 200킬로미터로 질주하는 열차처럼 느껴질 때가 있다. 가정과 직장에서의 책임이 커지고, 책임에 뒤따르는 요구를 모두 실행하기엔 체력도 시간도 부족하다. 그러니 이 열차에서 내리는 일은 쉽지 않다. 나의 40대는 외국어로 공부하고 일하며, 두 아이의 엄마이자 주부로서 가정을 돌보는 일들의 총력전이었다. 하루 24시간은 산더미 같은 업무와 가사로 소진되었다. '슈퍼우먼'을 꿈꾸거나 대단한 야망이 있었던 것은 아니다. 단지 20대에 내게 했던 약속을 지키고 싶었을 뿐이다. 그러나 선택에 따른 책임은 혹독했고, 그것은 누가 대신해 줄 수 있는 일도 아니었다.

✳ 내가 유능했다면 달랐을까

　나 또한 마흔이 넘어서도 이름 뒤에 따라오는 타이틀을 수집하고, 그것을 유지하기 위해 끊임없이 애썼고 그 시간은 긴장감으로 빨갛게 달아올랐다. 때로는 꿈결에도 엄습해 오는 공황에 눌려 잠이 깨기도 했다. 비록 일과 가정에 대한 책임의 무게는 숨 막혔지만, 분명 아이들은 매일 그만큼의 기쁨을 되돌려주었다. 아이들과 반려견 그리고 집 안팎에 있는 식물들을 키우고 가꾸는 일은 내게 깊은 정신적 포만감을 주었다. 이것들이 바로 내가 혼자서 음미하던 은근한 즐거움의 정체라는 것을 어느 날 불현듯 깨달았다.
　물론 마음 한구석에는 더 힘차게 세상 속으로 걸어가야 한다는 의무감이 엄습해 오기도 했고, 성큼성큼 전진하지 못하는 자신에 대한 불만에 사로잡히는 날들도 없지 않았다.
　'내가 조금 더 유능했다면 일과 가정 사이에서 나를 스스로 몰아붙이던 그 시간이 좀 더 편안하고 아름다울 수 있었을까?'
　그러나 나는 나의 한계를 받아들이고, 나에게 좀 더 너그러울 필요가 있었다.

결혼이 인생의 필수라는 명제는 언제부터인가 설득력을 잃었다. 슈퍼우먼 신화는 효력을 다한 지 오래고, 결혼에 반드시 출산과 육아가 동반될 필요는 없다는 시대의 각성도 커졌다.

아이를 키우는 데는 여전히 '마을' 전체가 필요하지만 마을은 와해가 된 지 오래다. 하지만 결혼과 출산, 육아로 이어지는 '무한 책임'은 여전히 여성들의 몫이다. 이런 상황에서 자발적인 선택이든 아니든 1인 가구가 늘고 있는 현상은 삶의 방식에 관한 사회의 자유도가 증가한다는 의미일 것이다. 이 무한 책임 앞에서 나를 위해 독신의 삶을 선택하고, 또 자기 삶의 주제를 다하는 것과 미래의 가정을 만드는 것을 맞바꾸는 데 주저하지 않는 사람들이 많아졌다.

물론 전업주부와 사회적 역할을 가진 여성 사이 삶의 질과 정신 건강을 비교한 여러 결과를 두고 여전히 갑론을박이 있지만, 그 어떤 선택에도 빛과 그림자는 존재하는 법이다. 그러니 나의 선택이 나에겐 최선이었다는 사실만 결과로 증명하면 된다. 나의 삶은 나의 선택이 만든다. 자신의 열정을 따르며 스스로에게 솔직한 삶이 중요하다.

프랑스 파리의 인상주의 화가였던 베르트 모리조는 여성에 대한 공적 교육이나 사회적 활동이 모두 제한되던 19세기를 살았다. 그러나 그녀는 화가로서의 경력뿐 아니라 가정도 성공적으로 일군 보기 드문 여성이다.

사실 모리조가 가정과 일의 균형을 유지하며 꾸준히 활동할 수 있었던 이유는 환경적 여건이 충족되었기 때문이다. 모리조는 부르

주아 집안에서 태어나 가족의 후원과 남편의 든든한 지원을 받으며
활동을 펼쳤던 '운 좋은' 여성이었다.

그러나 환경적 뒷받침만으로 대가가 될 수는 없는 법이다. 오늘
날 우리가 아는 모리조가 탄생할 수 있었던 근본적 이유는 일평생
그림에 대한 애정을 놓지 않았던 그녀의 지속적인 열정, '그릿grit'이
있었기 때문이다. 더불어 그 열정 이면에는 끊임없는 자기 의심에서
비롯된 자기 극복 의지도 있었을 것이다.

하지만 뛰어난 인상주의적 화풍을 선보였던 모리조도 당시에는
클로드 모네Claude Monet와 피에르 오귀스트 르누아르Pierre-Auguste Renoir
같은 동료 남성 화가들의 그늘에 가려져 있었고, 21세기가 되어서야
재조명받기 시작했다.

✳ 인상주의의 여성 화가

2019년 봄 첫 책이었던 『미술관에 간 심리학』이 출간된 후 미국
휴스턴으로 돌아온 어느 주말, 댈러스미술관에서 모리조의 순회 전
시를 한다는 소식을 듣고 네 시간을 달려갔다.

전시장 입구에서는 붓과 팔레트를 든 20대의 모리조가 관객을
반기고 있었다. 함께 화가의 길을 가기로 약속했던 언니 에드마가 그
려준 초상화였다. 초상화 속 모리조는 캔버스를 뚫을 듯 진지한 눈
빛으로 작업 중이었다.

그림 속에서 모리조는 소녀에서 여성으로, 또 아내에서 어머니로 변해갔다. 차분한 일상의 정경은 빛을 따라 흔들리거나 바람을 타고 흩어지고, 부서지는 빛줄기가 되어 그림을 훑어내렸다. 녹음을 즐기는 아버지와 어린 딸, 다시 소녀에서 숙녀로 성장해 가는 딸의 모습 등 그림에 담긴 삶의 순간들은 모리조만이 아닌 우리에게도 익숙한 풍경이었다.

모리조의 생애를 기록한 그림은 우리에게 삶이 기록을 통해 가치를 보전하고 빛이 날 수 있다는 사실을 알려주었다. 그리고 동시에 모리조는 묻고 있었다. 당신은 자신에게 했던 약속을 잊지 않고, 자기 삶의 주제를 한결같이 가꾸고 기록해 가는지 말이다.

당시 부르주아 여성들이 단순한 취미로 그림을 그리는 일은 흔했다. 하지만 로코코 미술의 거장 장오노레 프라고나르Jean-Honoré Fragonard의 증손녀뻘이었던 모리조 자매는 취미에서 그치지 않고, 전문 화가가 되겠다는 포부를 품었다.

자매는 독특한 풍경화를 구축한 바르비종파의 장바티스트카미유 코로Jean-Baptiste-Camille Corot를 비롯해 유명 화가들에게 그림을 배웠다. 성인이 되어서는 프랑스 루브르박물관에서 거장들의 그림을 모사하면서 공부했는데, 이때 에두아르 마네를 만났다. 두 사람은 서로의 매력에 감탄하며 빠르게 멘토와 멘티의 관계로 발전했다. 열정적이었던 모리조는 어머니의 에스코트를 받으며 마네의 화실에서 그림을 배웠다.

마네와 만나면서 그녀의 화가로서의 삶도 본격적으로 시작되었다. 마네는 이 시기 모리조를 모델로 한 그림을 즐겨 그렸고, 그녀에게 열네 점이나 되는 초상화를 선물했다. 그중 까만 코트와 까만 모자를 쓴 〈제비꽃 장식을 단 베르트 모리조Berthe Morisot with a Bouquet of Violets〉가 가장 유명하다.

1864년 당시 23세였던 모리조는 파리 살롱전에 두 점의 풍경화로 입선한 이후 32세가 되던 1873년까지 꾸준히 그림을 출품하며 실력을 다졌다. 그림에 전념하며 결혼을 미루던 그녀는 당시로서는 상당히 늦은 나이인 33세에 마네의 동생과 결혼했다.

인상주의 화가들은 미술 문법을 혁신했던 사람들이지만, 미술사에서 종교-역사-인물-정물-풍경으로 이어지던 위계를 전복시켰다는 또 다른 업적이 있다. 특히 모리조의 그림은 여성 화가만이 표현할 수 있었던 부르주아 집안의 생활상과 여성들의 숨은 심리적 면면을 그림의 영역으로 확대했다는 점에서 중요한 의미가 있다.

먼저 〈요람〉을 살펴보자. 이 그림은 모리조가 인상파전에 처음으로 출품했던 그림으로, 사랑스러운 조카가 잠든 모습과 그를 지켜보는 언니가 함께 있는 평화로운 정경을 담았다. 단순한 색과 잘 계산된 대칭 구도가 안정감을 연출한다.

인상파전은 같은 미학적 지향을 가진 화가들이 모여서 개최했던 독립전시회로 심사와 선발 과정은 따로 없다. 이미 권위 있는 파리 살롱전에서 입선했을 뿐만 아니라 그 뒤에도 여러 번 출품해 온

〈요람〉, 1872년

The Cradle

경력이 있었던 모리조도 결혼 후 초대 인상파전부터 그림을 출품하기 시작했는데, 그녀는 아이를 출산했던 37세의 해를 제외하고는 꾸준히 출품했다.

모리조가 첫 인상파전에 〈요람〉을 비롯해 그림 네 점을 출품했을 때 비평가 알베르 볼프Albert Wolff는《르 피가로》기사에서 "대여섯 명의 '미치광이'들이 전시를 개최했는데, 그중 한 명은 여성이다"라고 말하며 엄청난 호평을 내놓았다.

그러나 정작 〈요람〉 속 에드마의 얼굴에는 채워지지 않은 허전함이 어려 있다. 모리조 자매는 프랑스 전역을 여행하며 함께 그림을 그리곤 했는데, 에드마는 모리조보다 실력이 뛰어났음에도 화가의 꿈을 고이 접고 부모의 뜻을 따라 결혼해 가정을 꾸렸다.

어린 시절 동생과 약속했던 꿈을 접고 가정의 안주인 그리고 한 아이의 엄마가 된 에드마의 현실과 그런 언니를 바라보는 모리조의 복잡한 심경이 한데 얽힌 것이었을까? 그래서 그림 속 에드마의 표정이 더 허전해 보이는 것은 아닐까?

모리조가 빛과 반사의 유희를 그려내는 데 통달했음을 보여주는 〈실내〉도 비슷한 맥락에서 살펴볼 수 있다. 유리창과 하얀 커튼을 통해 실내로 쏟아져 들어오는 빛의 정경을 그렸다. 하지만 모리조는 무미건조한 일상과 정체된 공기를 탈피하고 싶은 소리 없는 갈망을 포착한 것은 아니었을까?

〈실내〉, 1872년

Interior

〈실내〉에 숨겨진 내밀한 이야기는 커튼을 열고 발코니 밖을 내다보는 두 사람과 의자에 앉아 자기 안으로 침잠한 듯한 여성의 표정에 있다. 19세기 부르주아 집안의 아내와 딸들은 남편과 아버지가 바깥세상을 즐기며 세상과 교류하는 동안 집에 남아 있어야 했다. 바깥세상을 향한 호기심이 가득했던 것은 여성들도 마찬가지였고, 이를 잠재울 길은 없었다.

그림 속 무표정한 여성은 모리조 집안의 장녀인 이브를, 발코니 밖을 내다보는 두 사람은 이브의 딸과 에드마를 모델로 그린 것으로 짐작된다. 부르주아 여성들의 생활을 담담하게 기록한 모리조의 그림은 오늘날에도 여전히 현실에 발 묶인 많은 여성의 마음에 무언가 호소하며 조용한 속삭임을 건넨다.

✳ 색과 빛으로 가득한 화가의 작업실

동료 화가이자 화상이었던 남편은 모리조의 성취를 인정하고 격려하며 아낌없이 지원해 주었다. 서로의 동반자 같은 결혼 생활을 유지했던 덕분에 모리조는 후기 활동에서 표현주의적 화풍으로 전환하며 다양한 시도를 할 수 있었다. 그녀의 감수성도 시간이 지날수록 점점 더 현대적이고 세련되어졌다.

흐릿한 공기로 만들어내는 미묘한 여성적 분위기에도 일부러 예쁘게 장식하기 위한 군더더기가 없었고, 날카로운 필선에도 여러 색

〈다이닝룸에서〉, 1886년
In the Dining Room

채가 섞이며 오히려 그림은 전체적으로 더 부드러워졌다. 모리조의 후기 그림들에선 따뜻하고 풍부한 그녀의 감각을 엿볼 수 있다.

삶이 성숙해지며 더 풍부해진 모리조의 색채와 사각거리는 빛은 〈다이닝룸에서〉라는 그림에서 정점에 이른다. 그녀는 매혹적인 색채와 개성 있는 붓질로 인상주의 화가로서의 기량을 한껏 발휘했다. 다이닝룸에서 역광을 받으며 서 있는 우아한 여성의 아우라가 그림을 꽉 채운다.

모리조는 결혼 후 따로 작업실을 두지 않고 다이닝룸에서 작업했다. 20세기 영국의 작가 버지니아 울프Virginia Woolf는 자기만의 창작 공간이 중요함을 강조했지만, 19세기 부르주아 여성 화가였던 모리조는 자기만을 위한 작업실을 따로 두지 않았다. 그러므로 이 그림은 다이닝룸에서 작업 중인 모리조의 자화상이다.

모리조는 역동적이면서도 속도감 있는 힘찬 붓질로 작업복인 하얀 앞치마를 그렸다. 옷의 풍성한 실루엣은 그녀의 당당함을 더욱 돋보이게 한다. 거침없는 날카로운 붓질에서 모리조의 풍부한 기량과 자신감도 엿보인다.

창으로 든 햇살이 그녀의 등 위로 떨어지며 머리와 어깨, 전신의 가장자리 실루엣을 타고 흘러내린다. 빛이 떨어지는 앞치마 끝단에서 명랑해 보이는 개가 그녀를 향해 뛰어오르려는 자세를 취하며 꼬리를 흔들고 있다. 개의 푸른 그림자와 바닥에 드리워진 모리조의 그림자가 어우러져 서늘한 느낌을 준다.

이후로도 모리조는 꾸준히 활동하며 열정적으로 그림을 그렸다. 50세가 되어서 첫 개인전을 개최했지만, 예상치 못한 급성 폐렴으로 54세에 세상을 떠나고 말았다. 그녀에게 몇 번의 개인전을 더 열 수 있는 시간이 허락되었다면 우리는 모리조의 미적 감수성에 조금 더 깊이, 조금 더 일찍 다가갈 수 있지 않았을까?

✳ 예쁜 그림이 아닌 열정적인 끈기를 그려낸 사람

인생이 단거리 달리기를 위한 스퍼트가 아니라 장거리 마라톤이고, 목표 지점에 도달하려면 지능보다 끈기가 더 중요하다는 사실은 새롭지 않은 이야기다. 탁월한 순발력으로 한순간 빛을 발하고 사그라드는 사람보다 천천히 가더라도 좋아하는 일에 대한 애정을 놓치지 않고 끝까지 가는 사람이 결국 이긴다.

미국 펜실베이니아대학교 심리학 교수인 앤절라 더크워스Angela Duckworth는 꾸준한 열정과 끈기를 그릿으로 정의하며, 비슷한 재능과 지능을 가진 사람들 사이에서 성공을 판가름하는 요인이 바로 그릿에 있다고 말했다.

더크워스 교수는 기업의 신입 영업 사원들, 미국 아이비리그의 대학교에 재학 중인 학생들, 미국 육군사관학교 신병 훈련소에 입소한 사람들까지 다양한 집단을 대상으로 성공의 결정적 요인이 무엇인지를 연구했다. 그리고 그 성공의 열쇠가 바로 타고난 지능과 능력이 아닌 역경에도 굴하지 않고 묵묵히 자기 길을 가는 꾸준한 열정과 끈기였다는 사실을 밝혀냈다. 삶을 성공으로 이끄는 비결은 꾸준한 노력에 달렸다는, 보편적인 삶의 지혜이자 가치를 체계적인 데이터 분석을 통해 증명한 것이다.

그러므로 자신이 화가로서 성장하고 발전해 가는 과정뿐만 아니라 아내와 어머니로서의 개인적인 일대기도 담았던 모리조의 그림들은 우리에게 열정적인 끈기, 즉 그릿이 무엇인지를 보여준다.

물론 모리조가 '인상주의의 여성 화가'로 활동하며 당시 독보적인 존재였던 것도 사실이다. 하지만 여성의 사회 활동에 제약이 많았던 그 시대에도 모리조는 여성으로서 수행해야 하는 전통적인 역할과 화가로서의 삶 사이에서 균형을 유지해 나갔고, 그녀만의 세계를 창조했다. 모리조가 19세기보다 21세기에 이르러 더 큰 명성을 얻게 된 이유는 시공간을 초월한 그녀의 그릿이 빛을 발한 결과다.

모리조의 진가가 21세기에 재평가된 이유도 그녀가 화려한 부르주아 여성으로서 예쁜 그림을 그렸기 때문이 아니라 멈추지 않고 자기만의 세계를 꾸준히 발전시켰던 노력 덕분이었다. 부르주아 여성에게 요구되는 역할과 화가라는 자신의 꿈 사이의 균형을 유지하며, 조용하지만 강하고 또 퇴색되지 않은 모리조만의 감수성은 그 가치를 더해간다.

보통 어떤 과제나 주제에 대한 열정이 완전히 연소했을 때 우리는 새로운 목표를 찾아 나서거나 다른 목표를 향해 눈을 돌린다. 그러나 그릿이라는 열정적인 끈기는 '내일은 지금보다 더 나은 결과를 만들 수 있을 것'이라는 믿음에 기반한다. 이것은 사실 거꾸로 말하면 현재 내 실력과 상태에 만족하지 못하는 것과 같다. 아마도 이런 마음이 우리를 앞으로 나아가게 하는 그릿의 이면은 아닐까?

모리조에 관한 책을 몇 권 출간했던 미국의 미술사가 앤 히고넷 Anne Higonett은 겉으로 드러나지 않았던 모리조 내면의 결핍, 즉 불안과 긴장에 대해 말한 적이 있다. 히고넷은 모리조가 자연과 고요한 일상을 그림으로 그려냈지만, 그것이 그녀가 누린 현실이었다기보다 닿고 싶어 한 어떤 지향점 같은 것이었다고 조심스럽게 설명했다. 즉 모리조도 자기 그림에 만족하지 못했고, 그녀의 내면 또한 자신과의 투쟁, 불안 등에 시달리고 있었던 것이다.

마네를 설득해 야외에 나가 그림을 그려보라고 제안하고, 동료 남성 화가들 사이를 능숙하게 중재하며 인상주의 화가들 가운데서 존재감을 발휘한 모리조였지만, 남성 중심 사회에서 동료 화가들의 강한 자아와 겨루며 자신의 실력을 증명하는 일은 그녀에게도 분명 담담하고 평화로운 일만은 아니었을 것이다.

모리조의 어머니는 부르주아 여성으로서 대단한 심미안을 가진 사람이었고, 딸들의 미술교육도 적극적으로 지원했다. 그럼에도 모리조가 세간의 주목을 끄는 화가로 성공할 자질을 갖추었다고 믿지 않았고, 이런 생각을 큰딸 에드마에게도 편지로 전하곤 했다.

그런 어머니를 의식했던 것일까? 모리조는 자신이 가진 능력을 확신하거나 자신이 이룬 성취를 쉽게 인정하지 못했고, 끊임없이 자신을 채찍질하면서 한계를 뛰어넘으려 애썼다. 그래서인지 강단과 결기에 가까운 힘이 서려 있는 붓질에는 안절부절못하고 날카롭게 긴장된 마음이 분출된다. 이 같은 모리조의 상황과 그 마음이 낯설지만은 않다.

✳ 자신을 공정하게 대하는 법

모리조는 한평생 화가로 살았음에도 독립된 작업실을 마련하지 않았고, 공식 서류를 작성할 때도 무직으로 기록했다. 심지어 묘비에도 직업을 표기하지 않았고, 그 흔한 자서전이나 화가로서의 성장 과정을 토로한 이야기 하나 남기지 않았다. 동시대를 살았던 또 다른 여성 화가 수잔 발라동이 꼼꼼한 비망록을 남긴 것과는 대조되는 모습이다.

살롱전과 인상파전에 꾸준히 출품하며 자신의 화풍을 발전시키는 일도 게을리하지 않았던 그녀가 화가로서의 정체성이 미약했다고는 볼 수 없다. 그렇다면 자신을 화가라고 밝히지 않았던 그 마음, 그림 외에는 다른 어떤 것도 남기지 않겠다는 그 침묵은 어떻게 이해할 수 있을까? 모리조는 단지 겸손한 여성이었던 것뿐일까?

멘토였던 마네와 든든한 남편이 자신을 적극적으로 지지해 주었지만 결국 창작은 홀로 치러야 하는 자기와의 전투다. 전위적인 동료 화가들 사이에서 실력을 증명해야 했던 유일한 여성 화가도 잠들지 않는 자기 의심에 시달렸던 것일까? 우리에게 익숙한 '가면증후군'을 그녀도 겪고 있었던 것은 아니었을까?

자기 능력이나 자신이 이룬 객관적인 성취를 과소평가하며 자기를 의심하고 두려워하는 자기 파괴적 불안 상태를 가면증후군이라고 한다. 영어로 '임포스터 신드롬imposter syndrome'이라고 하는데, 미국의 임상심리학자 폴린 클랜스Pauline R. Clance와 수잰 임스Suzanne A. Imes가 이 상태에 대해 연구하기도 했다.

이 두 심리학자는 1970년대에 성공한 전문직 여성 150명을 인터뷰하며 당시 상대적으로 드물었던 고학력 여성들과 사회적으로 성공한 여성들이 자신의 성공을 운이 좋았기 때문이라고 여기거나 성과가 과장되었다고 여기는 경향이 있음을 발견했다.

가면증후군은 1970년대 여성에게만 두드러졌던 현상이 아니라 오늘날에도 많은 사람의 마음을 잠식하는 원인 중 하나다. 직장인 중 70퍼센트가 한 번쯤 이 증후군을 겪을 정도인데, 특히 전문직에서 이런 심리 상태가 두드러진다. 경쟁이 심한 사회일수록 이러한 경향은 심해지는데, 아마 모리조 역시 그랬을 것이다.

하루 대부분을 자기 작업에만 몰두하다 보면 자신이 알고 있는 내용을 다른 사람들도 모두 알고 있을 것이라 착각하게 된다. 결국

가면증후군은 점점 자신의 실력과 능력을 대수롭지 않다고 생각하게 되면서 생기는 결과다.

그래서 가면증후군을 구성하는 감정에는 순환 주기가 있다. 작업이 배정될 때나 새로운 프로젝트를 시작할 때 심각한 불안과 자기 회의감으로 힘들어하며 감정적 이유로 일을 질질 끌거나 미루다가 막상 일을 시작했을 때는 완벽주의에 매몰된다.

우리는 누군가의 떠들썩한 성공과 성취 소식을 접할 때면 은연중에 처지를 비교하면서 나의 모자란 부분까지 슬그머니 비교하게 된다. 하지만 이는 타인의 최고치와 나의 최저치를 비교하는 것이다. 그러니 나에게 얼마나 불공정한 처사인가.

경쟁이 치열할수록 불안감은 높아진다. 경쟁 대열에서 나만 뒤처진 듯한 생각에 사로잡히면 한없이 위축된 마음이 나를 심리적 고립 상태로 가두어놓기 십상이다. 당신만 이런 생각에 사로잡히는 것은 아니다. 앞에서 말했듯 열 명 중 일곱 명이 그런 함정에 빠질 정도로 현대인 다수가 겪는 심리 상태이다. 때로 사회인으로서 뒤처지지 않을지 걱정하며 생기는 불안감은 최선을 다해 전력으로 질주하기 위한 심리적 연료가 되기도 한다. 그 과정에서 중요한 것은 균형을 어떻게 잡느냐이다.

우리는 자신을 조금 더 객관적으로 바라보며 너그럽게 대해주어야 할 필요가 있다. 모리조 역시 자신에게 너그러워야 했다. 나만이 아는 주관적인 약점과 결점을 타인이 알 수 없듯 내가 얼마나 애를 썼는지, 얼마나 공을 들였는지 또한 나만 안다. 그러니 스스로 격려하고 자축하며, 나의 노력을 내가 기억해 주어야 한다. 그것이 자신을 공정하게 대하는 방법이다.

✳ '나'라는 가장 든든한 후원자

2022년 타계한 미국 전 외무부 장관 매들린 올브라이트Madeleine Albright가 미국 텍사스대학교 오스틴캠퍼스에서 했던 강연을 들은 적이 있다. 그 자리에서 올브라이트 장관은 화려한 정치 경력 내내 겪었던 내면의 불안과 자기 의심에 대해 털어놓았다. 그녀가 진솔하게 꺼낸 이야기는 어쩌면 모리조나 지금을 사는 우리 모두 겪고 있는지도 모를 가면증후군의 실체에 관한 고백이었다.

올브라이트 장관은 남성으로 가득한 정치계에서도 노련한 외교술의 대명사로 불리던 사람이다. 그러나 그날 강연에서 그녀는 공직자로서 첫 업무가 주어진 순간부터 은퇴하는 그날까지, 늘 자기 능력에 대한 의심에 시달렸다고 고백했다.

'내가 이 자리에 합당한 실력을 갖추었나'라는 자기 회의적인 질문에 스스로 "그렇다"라고 답하기 위해 사력을 다했다는 그 고백은 미래의 리더들을 위한 진심 어린 조언이었다. 그리고 내겐 눈물이 찔끔 날 만큼 공감 가는 말이었다.

마흔을 위한
치유의 미술관

어떤 임무나 과제를 앞에 두고 자기 능력이나 자격을 자문하는 것이 과연 올브라이트 장관뿐이었겠는가. 남성과 동등한 교육을 받고, 사회에 진출할 기회가 열린 지금을 사는 여성이라면 그 정도는 더 심할 것이다.

가면증후군은 비현실적인 자기 비하로 마음을 좀먹는 환영을 만들어내는 위험한 심리 상태다. 가면증후군에 사로잡힌 마음은 세상이 주는 기회를 스스로 거부하며 끊임없이 자신을 인정하지 않는 마음과 맞서 싸워야 하는 '마음의 올무'를 만든다. 올브라이트 장관의 고백처럼 많은 사람이 찬사받아 마땅한 능력과 자격이 있음에도 자신에 대한 확신을 갖지 못해 자신을 한계 상황으로 내몬다. 모리조가 자신을 드러내지 않고 침묵했던 이유가 가면증후군 때문인지는 단언할 수 없다. 그러나 여전히 올브라이트 장관을 포함해 많은 여성(특히 남성이 압도적으로 많은 환경에 놓여 있는 여성이라면)이 가면증후군에 발목 잡힐 수 있는 위험에 노출되어 있다.

자신을 속박하는 마음의 올무에서 풀려나는 방법은 그런 마음을 숨긴 채 위축되어 지내는 것보다 문제를 밖으로 터놓는 것이다. 그러니 내 안에도 가면, 즉 임포스터가 존재함을 고백해야겠다. 내가 좋아서 선택한 일에 사력을 다하고, 그 성취에 대해 긍정적인 평가가 쏟아져도 내 마음에는 나만 아는 나의 비밀이 있다. 내 실력은 별것 아니고, 그저 운이 좋았을 뿐이며, 그 운이 언젠가 사라질 것이라는 내면의 우울한 속삭임이 그것이다.

일궈낸 일의 성과가 자기애를 북돋는 으쓱함이나 자랑스러운 뿌듯함이 되면 좋겠지만, 슬프게도 나는 지금 이룬 이 성과들을 마땅히 그렇게 되어야 할 당연한 일로 치부하고, 그래서 아직도 내 삶이 여러모로 미진하다는 생각에서 벗어나기 어렵다. 결국 모자람을 채우기 위해 무언가를 궁리하고 한 발 더 내딛기를 반복하며 미진하다는 생각을 떨쳐내기 위해 그 일에 다시 한번 사력을 다한다. 내 능력과 성취를 폄훼하는 이 내면의 우울한 속삭임은 그 어떤 성취의 기쁨에도 찬물을 끼얹는다. 모리조 역시 그렇지 않았을까?

이 세상은 사실상 적으로 가득하다. 간단한 업무 회의에서조차 내가 실수하기만을 바라는 사람들이 가득하다. 누구 하나 제대로 편드는 사람 없는 이 일상 속 전투에서 나조차 나를 믿지 못하면 누가 나를 믿고 응원해 줄 것인가. 내 귀에 시시때때로 부정적인 이야기를 속삭이는 '감정 괴물'의 정체를 파악하고 이름을 붙여주는 것만으로도 절반은 이긴 것이다. 나도 당신도 스스로에게 최고의 지지를 보내는 후원자가 되어주어야 한다.

ADHD,
찬란한 재능이 되다

수잔 발라동

Suzanne
Valadon
(1865-1938)

미국에서 박사과정을 시작했을 때 나는 왕복 세 시간이 넘는 거리를 운전해 학교에 다니며 강의실과 연구실, 캠퍼스 밖의 클리닉 두 곳, 교육청을 숨 가쁘게 오갔다. 두 아이의 엄마였던 나는 수업이 끝나면 다시 한 시간 반을 달려 아이들을 픽업한 뒤 운동 수업을 보냈다. 이런 하루를 6년간 지속하며 박사과정을 성공적으로 마쳤다. 미국 기준으로 박사 학위를 취득하기 위해서는 평균 7년이 걸린다는 사실에 비하면 나는 정말 빛의 속도에 가깝게 '전쟁'을 끝낸 것이다. 그러나 박사 학위와 함께 유사 ADHD 증상이 덤으로 딸려 왔다.

✳ 나도 혹시 ADHD?

나 역시 그랬지만 무한 경쟁사회의 일꾼으로 사는 많은 사람이 엄청난 피로감과 얼마간의 자괴감에 짓눌려 있을 것이다. 세월과 함께 각자에게 부여되는 다양한 역할과 그 책임감의 무게가 어깨를 누르다 보면 어느새 정신적 에너지까지 모두 고갈되기 마련이다. 에너지가 바닥을 치니 자연스럽게 기억력이 희미해지고, 건망증도 심해지며, 무언가 결정을 내리는 일도 어려워진다.

우리의 인지 자원은 제한되어 있는데, 여러 일을 동시에 처리해야 하는 경우에는 행동도 부산스럽고 일 처리에도 실수가 잦아진다. 이런 상태가 지속되면 '세상이 나한테 왜 이래'라는 생각에 점차 분노와 억울함이 커지면서 감정 조절도 뜻대로 되지 않는다.

이렇게 슬그머니 공허감이 찾아오고, 자신감이 한없이 낮아지며 결국엔 사는 것마저 회의감이 들거나 덫에 걸린 것 같은 기분에 압도당하는 어느 날, 한번쯤 문득 이런 생각을 해본 적 있지 않을까? '혹시 나도 ADHD인 건 아닐까?' 하는 의문 말이다.

최근 들어 아동 ADHD(주의력결핍과잉행동장애)에 대한 관심이 높아지면서, 성인 ADHD를 향한 관심도 높아졌다. 장애를 일찍 발견하면 그만큼 일찍 적절한 치료를 할 수 있기에 이런 변화는 긍정적인 현상이다.

기본적으로 ADHD는 우리 뇌의 일부인 전두엽에서 행동 통제와 충동 조절, 작업기억 능력이 원활하게 발달하지 못해서 나타나는 신경학적 발달장애다. 그래서 남달리 유별난 과잉 행동과 산만함 그리고 주의력 부족으로 학교생활에 적응하지 못하고 학업이 부진한 청소년 중에는 ADHD가 그 원인으로 작용하는 경우가 많다.

전례 없이 높은 수준의 멀티태스킹을 요구하는 오늘날의 생활방식은 정상적인 신경 발달을 거친 성인조차도 ADHD에 가까운 행동을 내보이게끔 한다. 그래서 어느 날 불현듯 한 가지 일에 주의를 집중하기가 어렵고, 행동이 부산하여 일을 끝맺지 못하는 자신을 발견하면 혹시 내가 ADHD가 아닌가 하는 의심에 빠져들기도 하는 것이다.

학창 시절에 별다른 문제가 없는 성실한 모범생이었던 사람이 사회생활을 하다가 이런 증상을 보인다면, 이는 선천적인 신경학적 장애로서의 ADHD라기보다 뇌에 과부하가 걸려 발생한 전두엽의 일시적인 능력 저하일 가능성이 크다. 과도한 업무로 인한 스트레스가 차근히 일을 계획하고, 감정과 행동을 조절하는 능력과 기억력의 저하를 불러오는 것이다.

뇌에는 노트나 포스트잇 같은 역할을 하는 인지 자원이 있다. 보거나 들은 정보를 잠시 기억하여 그 정보들을 자료 삼아 일을 처리해 나가는 작업기억이 그것이다. 신경학적으로 정상인 성인이라 해도 업무나 극심한 스트레스로 정신적 과부하가 걸리게 되면 이 작업기억의 기능이 저하되며, 더 심해지면 평범한 일상도 조금씩 부서지기 시작한다. 이때 나타나는 증상들이 ADHD와 비슷하기에 '내가 혹시 ADHD인 건 아닐까?' 하고 생각하게 되는 것이다.

그러나 이것은 고장 난 전두엽의 신경계를 이제야 발견했다는 뜻이 아니라 지금 당신에게는 에너지를 재충전할 수 있는 충분한 휴식이 필요하다는 의미다. '풀 가동' 중인 뇌의 전원을 잠시 끄고 열을 식히며 재충전하고 나면 당신의 뇌는 다시 멀쩡하게 작동할 것이다. 이 말로 지금쯤 어딘가에서 스스로 ADHD일지도 모른다고 생각하며 가슴을 졸이고 있을 사람들, 열심히 산 대가로 ADHD처럼 행동하게 된 사람들에게 위로를 전하고 싶다.

✳ 몽마르트르의 왈가닥 소녀, 화가가 되다

미술사의 한편에는 척박한 환경에서 들꽃 같은 삶을 살며 자신의 ADHD 성향을 추진력으로 치환해 성공한 화가로 우뚝 선 사람이 있다. 프랑스 파리의 화단을 정복했던 그 화가는 바로 몽마르트르에서 성장한 한 마리 야생마, 수잔 발라동이다. 발라동은 왕성한

〈자화상〉, 1898년
Self-Portrait

호기심과 적극적인 추진력을 날개 삼아 몽마르트르 언덕 위로 날아올랐다.

베르트 모리조와 같은 부르주아 여성 화가가 캔버스를 평화롭고 우아한 일상의 풍경을 비추는 거울로 활용했다면, 야성적 에너지로 가득했던 '거리의 소녀' 발라동은 사회적 제약과 속박을 끊어내고 인생의 민낯을 비추는 거울로 활용했다. 시대의 검열을 무심하게 넘겨버리고 더 당당하게 '나는 나, 내 인생은 나의 것'을 외쳤던 그녀의 그림은 새로운 시대를 여는 포문이 되었다.

먼저 그림을 통해 발라동을 만나보자. 1898년에 발라동이 그린 자화상은 생에 대한 투지로 가득해 보인다. 짙은 윤곽과 뚜렷한 이목구비엔 강인함이 느껴지고, 차분하게 가라앉은 붉은 톤은 언제나 담대하고 자신만만했던 그녀의 성격을 드러내기에 적절해 보인다.

사실 '수잔 발라동'은 그녀가 화가로서 썼던 이름이고, 본명은 마리클레망틴 발라동Marie-Clémentine Valadon이다. 사회적 규범과 관습에서 자유로운 그녀였지만, 그만큼 자신이 원하는 바를 확실히 알고 있었고 목표를 달성하기 위한 로드맵을 설계할 정도로 총명했다.

발라동은 세탁소 종업원으로 일하던 미혼모의 딸로 태어났다. 발라동 모녀는 파리의 몽마르트르 뒷골목에 정착해 살았는데, 당시 몽마르트르는 파리시장이었던 조르주외젠 오스만Georges-Eugène Haussmann 남작이 주도했던 재개발 사업 지역에서 밀려난 외곽 지역이었다. 포도 농장, 석회 광산, 유흥가 등이 발달했던 곳으로, 마치 시간이 비껴간 듯한 공간이었다. 가난한 예술가와 빈민이 붐비던 이 골목에서 발라동은 야생마 같은 어린 시절을 보냈다.

대담한 말괄량이였던 발라동은 학교 건물 벽을 기어오르거나 발코니에 매달리는 등 통제되지 않는 과격한 행동으로 학교를 뒤집어놓기 일쑤였고, 수업 시간에도 학교를 뛰쳐나와 공원에서 춤추며 놀기를 좋아했다. 현대 의학 기준으로 본다면 전형적인 ADHD 증상을 보였다고 할 수 있다.

결국 학업을 이어갈 수 없었던 그녀는 생계를 위해 12세부터 일을 시작했다. 하지만 한 가지 일을 지속하지 못해 세탁부, 재봉사, 웨이트리스 등 여러 직업을 전전했다. 그런 발라동을 사로잡은 일은 당시 유행하던 서커스의 공중 곡예였다. 과도한 활동성과 신체적 에너지가 장점이 될 수 있는, 그녀에게 딱 알맞은 일이었다.

서커스단에 입단한 발라동은 달리는 말 위에서 곡예를 펼치는 것을 좋아했지만, 훈련 중 말에서 떨어지는 바람에 부상을 입었다. 공중 곡예는 위험한 고난도 동작을 수행해야 하고, 넘치는 에너지와 대담함도 충족되어야 했기에 발라동은 결국 부상 후유증으로 서커스단을 그만두었다. 노년에 이르러 그녀는 이때를 회고하며 "부상이 없었다면 서커스단을 나오는 일은 없었을 것"이라고 고백했다.

발라동이 그림을 그리기 시작한 시기는 이때부터다. 낙상 사고를 당한 발라동은 병상에 누워 지내는 동안 고통과 통증으로 가득한 지루한 시간과 싸우며 그림을 그렸고, 곧 그림의 매력에 푹 빠지게 되었다.

병상에서 일어난 그녀는 본격적으로 그림을 공부하기 위해 화가들의 모델로 일하기 시작했다. 빼어난 미모 덕분에 모델로 활발히 활동한 그녀는 어깨너머로 그림을 배울 수 있었다. 이 시기 발라동은 몇 년 동안 인상주의 화가 피에르 오귀스트 르누아르의 모델로 일하면서 그와 연인관계를 맺기도 했다. 하지만 발라동이 화가가 되고 싶다는 자신의 꿈을 고백하며 그동안 그린 화첩을 보여주자 르누아르는 발라동과의 관계를 끝내버렸다.

이렇게 모델 생활을 하던 발라동은 어느 날, 화가들의 캔버스에서 걸어 나와 스스로 자기 몸과 얼굴을 그리기 시작했다. 그림의 대상에서 그리는 주체가 된 그녀는 생존을 위해 그림을 그렸고, 캔버스는 그녀의 야성적 에너지로 가득 채워졌다. 발라동에게 그림은 사회의 밑바닥이라는 우물에서 자신을 밖으로 끌어올려 준 사다리이자 단순한 생계 수단의 의미 그 이상이었다.

✳ 자유로운 어머니와 방치된 아들

발라동은 사랑에도 자신의 ADHD 기질을 발휘하기라도 한 듯 그녀가 여러 예술가와 맺은 복잡다단한 연애사는 유명하다. 그녀를 진심으로 지지하고 후원했던 화가 앙리 드 툴루즈로트레크를 거쳐

〈모리스 위트릴로의 초상〉, 1921년
Portrait of Maurice Utrillo

프랑스의 유명 피아니스트이자 작곡가였던 에릭 사티Erik Satie와의 불 같은 연애까지, 그녀의 연애사는 길었다.

르누아르에게 화가의 꿈을 고백했다가 그와 헤어지게 된 후 발라동은 아들을 낳았다. 이 아들이 바로 몽마르트르의 거리를 즐겨 그린 화가로 유명한 모리스 위트릴로다. 당시 발라동은 18세의 어린 나이였지만 가계를 전담해야 했기에 아들을 어머니에게 맡긴 채 계속해서 모델 일을 했다.

발라동의 연애사에 종지부를 찍은 사람은 프랑스의 변호사이자 은행가였던 폴 무시스Paul Mousis로, 그와 결혼 후 발라동은 13년 동안 안정적인 상태로 그림에 몰두했다. 그러나 어느 날 다시 한번 봄바람 같은 사랑이 그녀를 찾아왔으니, 그 사람은 바로 아들의 친구인 앙드레 위터André Utter였다. 결국 발라동은 위터와의 불꽃 같은 사랑으로 무시스와의 결혼 생활에 종지부를 찍고 마는데, 이때 발라동은 44세였고 위터는 아들과 동갑인 23세였다. 발라동은 사회적으로 많은 비난을 받았지만 굴하지 않고 어린 연인과 공동 전시회를 개최하는 등 열정적인 창작 활동을 이어갔다.

한편 그녀가 타고난 기질대로 보헤미안적 생활을 이어나가는 사이 위트릴로는 방치된 채 자라 술에 취한 채 10대를 보냈다. 그는 자살 소동을 벌이는 등 심각한 정신적 문제들을 겪었다.

당시 프랑스에선 미성년자의 음주를 위험하다고 여기지 않았기 때문에 위트릴로가 난동을 부릴 때면 할머니는 와인을 마시게 해 그를 진정시키곤 했다. 결국 알코올 중독이 심해져 위트릴로가 생사를 넘나들 지경이 되어서야 발라동은 그를 병원에 입원시켰고, 아들의 재활을 위해 드로잉과 스케치를 가르쳤다. 그림이 자신을 신산한 삶에서 구원했듯 '문제 많은 어머니' 발라동은 위트릴로도 그림을 통해 다시 안정적인 상태로 되돌릴 수 있으리라 믿었던 것이다.

그러나 위터와 연인관계로 발전한 발라동의 행태는 간신히 회복된 위트릴로를 다시 한번 정신적 충격으로 흔들어 놓았다. 하지만 예전과 달리 그는 어머니에게 배운 그림을 시작하며 파리 교외와 몽마르트르 거리를 자기 나름의 화풍으로 그렸고, 제법 이름도 알리게 되었다. 중독을 벗어나기 위해 그림을 그렸던 위트릴로가 성공적인 화가가 된 이야기는 미술치료의 또 다른 기적적인 성공 사례로도 볼 수 있다.

한 마리 야생마처럼 자유롭고 격렬했던 발라동의 유년기 성장사와 사랑의 역사를 살펴볼 때면 심리학자로서 한 가지 흥미로운 가설을 생각해 보게 된다. 유난히 사건과 사고가 잦았던 그녀가 만약 지금 학교생활을 했다면 아마도 ADHD 진단을 받았을지도 모른다는 가설이다. 발라동의 다사다난한 유년기를 보고 있자면 정신장애 진단을 위해 내원했던 한 소녀가 떠오른다.

보통 ADHD 발병 빈도는 어린 소년들에게서 높게 나타난다. 그러나 정신장애 진단을 위한 심리 평가를 위해 찾아온 한 아동은 뜻밖에도 대여섯 살가량의 연약해 보이는 소녀였다.

대기실에서 기다리는 동안 소녀는 소파 위로 올라가 점프했다가 다시 뛰어 내려와서는 쿠션 커버를 모두 들어내 바닥에 내동댕이쳤고, 소파 아래로 기어들어 가며 놀았다. 화가 나거나 불만이 있어서 그런 것은 아니었고, 그저 그 행동을 즐기는 것 같았다.

치료실에 들어와서도 그 충만한 에너지는 가라앉을 줄 몰랐다. 내가 보호자와 면담하는 동안에도 소녀는 책상 위로 기어올랐다가 책상 밑으로 다시 기어들어 가기를 반복했다. 태연한 표정으로 무언가 흥밋거리를 찾는 소녀의 행동은 또래의 보통 소녀들에 비하면 무척 예외적이었다.

면담 후 필요한 검사 결과를 종합해 소녀는 ADHD 진단을 받았다. 다행히 언어능력을 비롯한 다른 능력에는 별다른 문제가 없었다. 그러나 부산스럽다는 정도를 넘어선 소녀의 과잉 행동은 매우 염려스러웠고, 이 상태가 계속된다면 다음 내원 때는 아마도 구급차를 타고 올지도 모르겠다는 불길한 예감마저 들었다.

그리고 정말 놀랍게도 다음 주에 소녀는 응급실에 실려와 입원했다. 가족과 나들이를 간 소녀가 부모가 방심한 사이 강물에 뛰어든 것이다. 다행히 생명에는 지장이 없었지만, 소녀는 사고 위험에 노출되기 쉬운 ADHD 환자들의 취약성을 명백하게 보여주었다. 이 일은 내게 발라동이 학교에서 보여준 유별난 행동들과 서커스에서 달리는 말을 타다 낙상했던 일을 떠올리게 했다.

✳ 상처받은 삶을 담담히 그려내다

마침내 발라동이 자기 몸을 솔직하게 그리기 시작했을 때, 그녀는 '수잔 발라동'도 아닌 '마리클레망틴 발라동'으로서 자기 자신을 그대로 드러냈다. 화가가 된 그녀에게 몸이란 자의식을 다지기 위한 도구였고, 나아가 삶을 담담하게 드러내기 위한 도구였다. 생계 수단으로서 생존을 향한 투지와 열정을 풀어놓았던 발라동의 캔버스는 어느새 건강한 여성성과 그녀의 농밀한 개성이 담긴 그림들로 가득해졌다.

〈푸른 방〉 속 여성은 아이비꽃이 인쇄된 천 위에 비스듬히 몸을 기댄 채 세상에 거리낄 것 없다는 편안한 모습으로 담배를 물고 있다. 살도 찌고 억세 보이지만 삶의 고뇌가 고스란히 밴 자기 몸을 여과 없이 드러냈다. 타인에게 잘 보이기 위해 의식하는 기색이 하나도 없는 이 여성은 자기만의 생각에 빠져 있는 듯하다. 이 여성을 보는 사람이라면 그녀가 무슨 생각을 하는지 궁금해할지도 모르겠다.

이 그림에서 발라동은 마치 야수주의 그림을 연상시키는 듯한 강렬한 색채와 굵은 선으로 채색된 여성을 그렸다. 그래서인지 이 여성에게서 생존을 향한 발라동의 투지와 야성적 에너지가 느껴진다. 사물이나 인물을 현실적으로 묘사하기보다 자신의 감정과 상상력을 표현한 〈푸른 방〉은 이름처럼 파란색 배경으로 독특한 분위기와 신비함을 더한다.

발라동의 삶은 가난하고 굴곡도 많은 인생이었다. 미혼모의 사생아로 태어나 본인도 사생아를 낳았고, 사회의 가장 밑바닥에서 시작해 고된 삶을 살아내야 했다. 그러나 그녀는 그림을 동아줄 삼아 자신을 끌어올렸고, 인생의 성찰을 도모했다. 현대 미술치료에서도 자화상을 그리는 일이 중요한 치료 과정인 것처럼 발라동에게도 자기 몸을 그리는 과정은 자신을 극복해 나가는 구원의 과정이었다.

비록 ADHD라는 역경을 가진 사람이라고 해도 어떤 돌파구를 찾아내는지에 따라 과잉 행동과 그 충동성을 발전적 에너지원으로 활용할 수 있다. 주변을 둘러보면 발라동처럼 위기를 기회와 재능으로 전환하는 데 성공한 사례를 적지 않게 찾을 수 있다.

미국의 유명 천체물리학자인 마리오 리비오Mario Livio는 저서 『호기심의 탄생』에서 레오나르도 다빈치Leonardo da Vinci의 왕성한 호기심을 성인 ADHD로 분석했다. 성인 ADHD의 경우 시각, 청각, 후각, 촉각, 미각 등 오감이 동시에 활성화되어 외부 자극에 대한 정보처리가 폭발적으로 진행되는 경향이 있다. 또한 활성화된 에너지를 즉각적으로 분출하기 위해 여러 일을 동시에 진행하는 경우도 많다. 마치 대용량 메모리를 가진 컴퓨터가 여러 프로그램을 동시에 활성화하여 작업하는 것과 같은 이치다.

다빈치가 수학자, 엔지니어, 발명가, 화가, 작가, 음악가, 조각가 등 다방면으로 천재성을 발휘한 것은 그 좋은 예라고 볼 수 있다. 그의 천재성이 담긴 수많은 그림과 메모를 분석한 결과, 스케치를 포

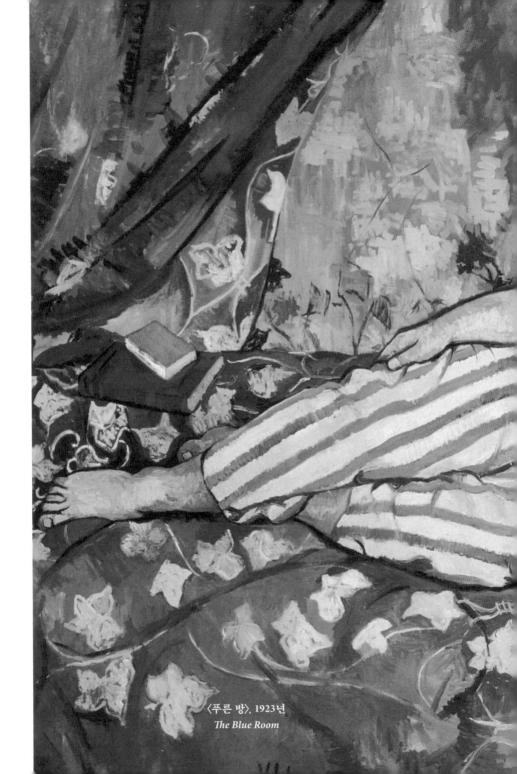

〈푸른 방〉, 1923년
The Blue Room

함한 시작 단계의 그림이 수만 점에 달함에도 완성작이 고작 스물다섯 점에 지나지 않았다는 사실은 이러한 맥락에서 이해할 수 있다.

유명 연예인 중에도 ADHD 사례가 적지 않다. 할리우드 영화배우 짐 캐리Jim Carrey와 라이언 고슬링Ryan Gosling 역시 ADHD 때문에 유년 시절 특수교육을 받았다. 만약 이들이 자신의 넘치는 에너지와 활동력을 연기에 쏟아부을 기회를 얻지 못했다면 아마 직장을 여러 차례 갈아 치우며 이곳저곳 전전하고 있었을지도 모른다.

2016년 통산 스물여덟 개의 올림픽 메달을 미국에 안긴 수영 선수 마이클 펠프스Michael Phelps는 ADHD 증상을 완화하기 위해서 어머니가 권유해 수영을 시작했다. 그 선택이 결국 그의 운명까지 바꾸어 놓은 것이다.

✳ 추리소설가가 된 심리학자

나에게 가장 인상적인 ADHD 사례는 굉장한 멀티태스킹(?) 능력으로 산만하다고 악명 높았던 나의 박사과정 논문 지도교수였다. 나를 포함한 동기들은 모두 암묵적으로 그녀를 성공한 ADHD 사례로서 평가했다. 그녀는 심리학자로 일하며 학생들을 가르치는 일에만 매진하다가 50대가 되어 결혼했는데, 슬하에 자녀는 없었다. 그래서 비교적 가정을 돌보는 일에 자신의 시간을 쪼개가며 할애하지 않아도 되는 사람이었다.

어느 주말 저녁, 자정이 가까운 시간이었는데 모르는 사람에게 SNS를 통해 메시지가 왔다. 느닷없이 내 이름을 부른 이 낯선 사람이 누구인지 궁금해하며 글을 읽던 중 나는 그 사람의 정체를 알게 되었다. 내게 메시지를 보내며 말을 건 사람은 추리소설 시리즈를 출간한 소설가였는데, 인터뷰 기사에 실린 얼굴이 다름 아닌 나의 지도교수였던 것이다.

강의 준비와 논문 지도, 거기다 임상 실습을 위한 슈퍼비전(치료에 대한 지식과 경험이 풍부한 전문가가 부족한 전문가를 도와 치료 능력 발전을 촉진해 주는 활동)에, 자신의 논문을 쓰고 저서까지 출간하느라 정신이 없었을 텐데 밤에는 또 추리소설 작가로 활동하다니, 나의 지도교수는 성공적인 ADHD의 전형이었다.

이렇게 나는 그녀가 'ADHD적 진가'를 발휘해 '슬기로운 이중생활'을 하고 있음을 눈치채게 되었다. 정말 말 그대로 완벽한 이중생활이었다.

그녀는 이름 뒤에 여러 전문가 타이틀을 줄줄이 붙이고 있던, 미국 심리학계에서는 꽤 비중 있는 인사였다. 나 또한 그녀와 함께 논문 및 저서 작업을 몇 차례 한 적이 있는데, 분명 그녀의 일하는 방식이 일반적인 방식과는 달랐다.

보고서나 논문에 대한 그녀의 피드백은 그렇게 완성도가 높진 않았다. 그러나 지도학생과 해야 할 업무가 산더미였던 그녀는 여러 과제를 가볍게 속전속결로 검토하는 과정을 반복하면서 피드백과 과제의 완성도를 높이는 방식으로 일했다. 이런 방식은 자신의 짧은 주의력과 산만함을 멀티태스킹 능력으로 치환해 강점으로 만든 꽤 괜찮은 전략이었다.

우리는 누구나 남에게 말하거나 내보이지 않은 얼마간의 결함이나 문제를 가지고 살아간다. 그 결함과 문제를 어떻게 인지하고 보완하여 무난하게 기능해 나갈 것인가 하는 점이 관건이다. 개인이 가진 강점과 취약점을 면밀히 분석하여 취약점을 문제로 정의하고, 장점으로 그 취약점을 보완할 때 내가 무난하게 기능할 수 있는 주변 환경도 조성할 수 있다. 그리고 이를 기반으로 결함에도 무난하게 사회적 역할을 수행하는 삶을 살 수 있다. 성공한 ADHD로서 좋은 사례였던 나의 지도교수는 자기 결점의 보완 대책을 마련할 줄 아는 전문가였다.

＊ 결함이 만든 찬란한 재능

체계적인 미술교육을 받지 못한 비주류 화가라는 제약을 뛰어넘은 발라동은 1894년 여성 화가로는 최초로 프랑스 국립예술원의 전시에 참여했고, 국립예술원 최초의 여성 회원이 되었다. 그녀가 남긴 수많은 그림은 현재 프랑스 파리 퐁피두센터, 그르노블 시립미술관, 미국 뉴욕의 메트로폴리탄미술관을 비롯한 전 세계 여러 미술관에 전시되어 있다.

그녀가 아들 위트릴로와 함께 사용했던 작업실은 프랑스 몽마르트르박물관으로 재단장해 대중에게 공개되었고, 어머니와 살았던 예쁜 분홍색 집인 '장미의 집'은 아직 몽마르트르 골목 그 자리에 남아 존재감을 발하고 있다. 드라마보다 더 드라마 같은 일생을 보낸 발라동은 시공간을 넘어 여전히 우리에게 스스로 삶을 개척해나가는 태도, 즉 '내 삶의 주인은 나'라는 사실을 보여준다.

다빈치의 천재성이 그랬고, 펠프스의 수영이 그랬고, 고슬링과 캐리에게 영화배우라는 직업이 그랬고, 지도교수의 추리소설이 그랬듯 넘치는 에너지와 활동력, 충동성을 주체하지 못하고 거친 생활을 했던 발라동에게 그림은 자신의 에너지를 분출시킬 수 있는 출구였다.

특히 ADHD 특성은 발라동을 화가로 거듭나게 하고, 자신을 구원할 수 있도록 했다. 이뿐만 아니라 그녀 스스로 미술치료 효과를 경험한 뒤 아들을 살려내고 날개를 달아주는 데도 성공했다. 말년에 경제적 성공을 이룬 두 모자는 국가로부터 미술계에 기여한 공로를 인정받는 명예도 누렸다. 발라동의 위대한 승리는 미술이 특정계급의 전유물이 아니며, 정신적 유희나 유흥을 위한 미학적 대상으로만 기능하지 않는다는 사실을 함께 보여준다.

자신을 지켜내기 위한 삶의 투쟁은 곧 어떤 형태로든 예술이 될수 있다. 당신의 삶이 소통하는 예술이 된다면 그 삶과 작품은 타인에게 엄청난 공명과 공감을 선사할 것이다.

3부

✳ 버티고 견디는 삶에

나를 잃어버린 것 같은 날에

삶이라는
질문에 대한
사과라는 대답

폴 세잔

Paul Cézanne
(1839~1906)

큰 재능과 잠재력을 가졌지만 실패에 대한 두려움과 불확실성에 대한 불안 때문에 자신의 행동반경을 안전한 울타리 안으로 한정 짓는 사람들이 있다. 그 울타리가 내 안의 거대한 잠재력을 펼쳐보지도 못하고 숨죽이게 가두는 장벽이 될지라도 말이다. 안락한 삶에 젖다 보면 새로운 것을 배우고 도전할 때의 시행착오들을 성장으로 여기기보다 자존심 상하는 장애물로 여기기 쉽다. 성장 기회를 실패 위험으로 받아들이고 심리적 안전지대인 울타리 밖으로 벗어나길 주저하다 보면 너무 많은 기회와 다양한 경험을 잃고 만다. 그러기에 세상은 너무 넓고 생은 너무 짧다.

✳ 평범한 사과에 집착한 외골수

불확실한 미래에 대한 도전과 그에 따른 성장통 등 낯설고 두려운 것들을 피해 확실한 것들을 좇으며 남들보다 일찍 안정적인 삶을 택한 것이 자랑스러울 수도 있다. 그러나 삶이 안정기에 접어드는 40대를 넘어서면서 누군가는 무언가를 놓치고 산 것 같은 미진함을 느끼게 될지도 모른다. 무모해 보였던 시도를 마다 않던 동료들이 지금은 훨씬 더 성공했다는 소식을 접할 때면 왠지 불편한 마음이 드는 사람도 있을 것이다.

한때 실패와 실수에 대한 두려움과 불안이 불확실성에서 자신을 지키는 보호막이라 생각했지만, 사실은 안전지대 밖에 놓인 무한한 가능성에서 자신을 차단하는 장벽이었음을 알게 되는 날이 언젠가는 오게 된다. 그런 사실을 문득 깨달을 때쯤이면 몸을 사리느라 놓친 기회가 아쉽고, 안정적이지만 뚜렷한 성과가 없는 삶이 과연 나의 전부인지에 대한 후회가 밀려들지도 모른다. 우리에게는 무언가가 더 필요하다.

세상에는 남들이 좋다고 하는, 부러워할 만한 주류 가치에 순응해 사는 '안전제일주의자'들이 있는 반면, 자기만의 가치를 추구하며 소신을 굽히지 않는 '외골수'들도 있다. 그런 외골수들은 끝까지 가는 힘으로 때로 굉장한 혁신을 내어오기도 한다.

21세기의 오늘날도 그렇지만, 19세기의 프랑스도 마찬가지였다. 당시 파리 미술계는 고전적 가치에 순응하는 화가들로 가득했지만, 그 반대편에서 독자적 가치를 추구하는 천재적인 외골수 또한 적지 않았다. 그리고 그런 사람들 중엔 '세상을 바꾼 세 번째 사과'의 주인공 폴 세잔이 있다.

사실 생전 세잔의 경력은 그리 성공적이지 못했다. 그가 세상의 인정을 받기 시작한 것은 세상을 떠난 이후의 일이다. 그는 역사화나 성화聖畵 같은 대단한 주제를 담은 그림이나 권력자들의 초상화같이 환영받는 그림을 그리기보다 보잘것없는 사과나 오렌지 따위를 그렸다. 어째서 세잔은 그토록 집요하게 그것들을 그렸을까? 쉽게 주목받을 수 있는 주제의 그림들을 그렸더라면 훨씬 더 일찍 성공하여 명성을 얻을 수 있었을지도 모르는데 말이다.

세잔이 활동했던 19세기의 프랑스는 이미 정치적 혁명의 소요騷擾가 가라앉고 산업혁명으로 인한 사회 변화가 절정으로 치닫던 시기였다. 사람들의 삶의 방식과 더불어 사고방식도 바뀌고 있었는데, 특히 운명이 이미 결정되어 있다는 결정론은 근본적으로 재고되고 있었다.

이렇게 사회적 가치와 인식이 급격하게 진보하고 있었음에도 미술계는 역사적 영웅이나 권력자의 초상화 등을 최고의 가치를 담은 그림으로 인정하며, 여전히 전통적 관념과 가치를 고수했다. 정물화는 미적 가치를 인정받지 못하던 시대였으나 세잔은 정물화를 줄기차게 그렸다. 그것은 프랑스 미술계를 오랫동안 지배했던 미술의 형식과 주제, 가치체계에 대한 세잔의 현대적 도전이자 전통과 관습적 사고방식에 대한 반항의 의미였다.

✻ 열등감이 가득했던 예민한 천재

프랑스 남부에 위치한 엑상프로방스에서 태어난 세잔은 은행가였던 아버지의 바람과 달리 화가가 되길 원했고, 프랑스 국립미술학교인 에콜 데 보자르에도 지원했지만 고배를 마셨다. 결국 그는 비공식 미술학교인 아카데미 스위스에서 클로드 모네, 알프레드 시슬레Alfred Sisley, 피에르 오귀스트 르누아르 등 다양한 아방가르드(전위주의) 화가들과 교류하며 독자적으로 공부했다.

당시 프랑스 화가 외젠 들라크루아Eugéne Delacroix나 귀스타브 쿠르베Gustave Courbet의 영향을 받았던 세잔의 초기 그림들엔 매우 어둡고 우울한 분위기가 가득했다. 때로는 폭력적이고 에로틱한 환상도 담겼다. 무엇보다도 세잔은 언제나 화가로서 기교와 재능이 부족하다는 열등감을 가지고 있었다.

〈자화상〉, 1875년

Self-Portrait

세잔은 1863년부터 파리 살롱전에 매해 출품했지만, 1866년 신문을 읽는 자신의 아버지를 그린 《레벤느망》을 읽고 있는 화가의 아버지The Artist's Father, Reading 《L'Événement》로 입선한 것을 제외하고는 별다른 성과를 거두진 못했다.

세잔이 남긴 몇 점의 자화상에서 우리는 개성 강한 그의 성격을 느낄 수 있다. 손질하지 않고 내버려둔 덥수룩한 머리와 얼굴의 절반을 빽빽하게 덮은 검은 수염에 가린 얼굴이 강렬한 인상을 준다. 그러면서도 수줍음이 많고 은둔적인 화가의 자의식도 드러난다.

1875년에 그린 자화상에서 시선을 사로잡는 것은 바로 아치형으로 솟은 눈썹 그 아래에 형형하게 빛나는 외골수의 고집 센 눈빛이다. 사과 한 알을 그리는 데도 상투적 표현법을 배제하고, 여러 각도에서 본 시점을 재현하고자 했던 그가 결코 편한 성격의 소유자는 아니었을 것이다. 실제로 세잔은 열등감뿐만 아니라 수줍음 많고 비사교적인 예민한 성격을 가진 사람이었다.

젊은 시절 절친한 친구였던 프랑스 작가이자 미술비평가인 에밀 졸라Émile Zola와의 절교 사건에서 세잔의 강한 자의식을 엿볼 수 있다. 당시 인상주의를 열렬히 지지했던 졸라는 자신의 소설 『작품』에서 클로드 랑티에라는 인물을 주인공으로 내세웠는데, 미술에 실패해 자살한 랑티에를 보고 자신을 묘사했다고 오해한 세잔은 그 충격이 컸던 것인지 다시는 졸라를 만나지 않았다. 그만큼 세잔은 자의식이 강했다.

사실 랑티에는 졸라가 세잔을 비롯해 에두아르 마네, 모네 등 깊게 교류했던 인상주의 화가들의 일화를 조합해 창조한 가상의 인물이었다. 졸라의 같은 소설을 읽었던 모네가 랑티에와 자기의 공통점이 있었는지 눈치조차 못 챘다고 말했던 것에 비하면 세잔은 얼마나 예민한 사람이었는지를 알 수 있다.

✳ 우리가 실제로 감각하는 세상이란

세잔이 파리의 아방가르드 화가들, 인상주의 화가들과 함께 전시를 개최하고 새로운 시도를 선보였을 때 그에겐 비난 세례가 쏟아졌다. 그는 파리를 비켜나 인근 도시들과 자신의 고향인 엑상프로방스를 옮겨 다니며 독자적인 미학 체계를 발전시켜 나갔다.

세잔이 파리에 정착하지 않았던 건 타인의 시선과 비판에 무심해서가 아니었다. 그 또한 누구보다 성공하고 싶어 했고, 자신이 찾아낸 방식으로 세상에 다면성의 진실을 알리고 싶은 열망도 가지고 있었다. 20대부터 파리와 고향을 오가며 활동하던 세잔은 1880년대에 들어서는 아예 파리를 떠나 고향집 2층에 작업실을 마련해 은거하며 본격적으로 자기 세계관을 확립해 나갔다.

세잔은 200여 점의 정물화를 그렸는데, 특히 그가 말년에 그린 〈사과와 오렌지〉는 그중 가장 화려한 생동감과 현대적 감각이 돋보이는 그림이다.

〈사과와 오렌지〉, 1899년

Apples and Oranges

그림을 보면 흰 천에 놓인 과일들이 곧 굴러떨어질 듯 아슬아슬하다. 왼쪽의 기울어진 접시는 위에서 내려다본 시점으로 그린 반면 오른쪽의 굽다리 접시와 항아리는 측면에서 본 시점으로 그렸다. 전통적인 정물화가 정면에서 포착한 한 장의 스틸 컷만을 보여주었다면 세잔의 정물화는 여러 각도에서 찍은 스틸 컷을 한자리에 모은 셈이다.

단일 시점으로 그린 전통적 정물화가 익숙한 사람에게 세잔의 정물화는 어수선하고 어색해 보일 수 있다. 르네상스 이후 화가들은 자연을 아주 사실적으로 재현하는 것에 중점을 두었는데, 이를 위해 입체감을 표현하는 데 집중했다. 그러기 위해서는 그림의 모든 직선을 하나의 소실점으로 수렴시키는 원근법이 최선의 방식이었다.

그러나 우리의 시선은 한 곳에 고정되어 있지 않고, 사과 또한 한 면만 볼 수 있는 것이 아니다. 세잔은 하나의 고정된 자리에 앉아서 사과를 관찰하기보다 이리저리 움직이면서 여러 각도에서 관찰하고 그 결과를 한 장면으로 재현했다. 즉 단일 소실점이라는 기존 전통적 문법을 파괴하고, 복수의 소실점이라는 새로운 문법을 도입한 것이다.

복수의 소실점이 등장하는 세잔의 정물화는 좌표를 달리하면 보이는 현실의 다면성을 함축하고 있다. 세잔은 이상적인 예쁜 사과의 도식이 아니라 그가 실제로 눈으로 관찰한 사과의 구체적 즉물성卽物性을 표현하고 싶었던 것이다.

마흔을 위한
치유의 미술관

그동안 고전적인 역사화와 성화는 기억 속 인식에 박제된 대상과 물상의 원형, 즉 도식을 표현했다. 그러나 세잔에게 그림은 자연과 대상의 인지적 원형이나 이상을 재현하는 일이 아니라 자신이 눈앞에서 경험한 실제의 감각과 지각을 기록하는 작업이었다. 결국 세잔의 시도는 원근법과 단일 소실점이라는 전통 문법과 틀을 깨는 인식의 확장이자 미술의 새로운 문법이었다.

✳ 사과가 전하는 삶의 진실

프랑스 상징주의의 거장 모리스 드니Maurice Denis는 세잔이 그린 사과를 두고 "잘 그리기만 한 사과는 입에 군침을 돌게 할 뿐이지만, 세잔의 사과는 마음에 말을 건넨다"라고 말했다. 또한 영국의 작가 데이비드 허버트 로런스David Herbert Lawrence는 단일 소실점에 대한 고정관념을 단번에 뛰어넘은 세잔의 혁신성과 근본적인 미적 체험에 관한 그의 주관을 일컬어 '세잔의 사과성appleness'이라고 말했다.

우리가 사물을 정면뿐 아니라 뒤, 옆, 위에서도 볼 수 있는 것처럼 현실 역시 한 자리에 고정된 스틸 컷이 아니라 전방위적인 다이내믹한 움직임, '역동'적인 것이다. 개인의 삶에도 그리고 사람들과의 관계에도 세잔의 사과성이 적용된다. 어떤 현상이나 상황은 한 지점에 붙박이로 고정된 것이 아니라 360도 입체 공간에서 움직인다. 현상이나 상황을 다른 각도에서 바라보면 또 다른 진실이 보인다.

복수의 소실점이 어지럽게 등장하는 세잔의 정물화를 감상하다 보면 끝없는 삶의 문제를 발견하고 해결해 나가는 과정을 생각해 보게 된다. 해답에 도달하기 위한 경로는 단 하나만 있는 것이 아니다. 정답도 하나만 있는 것이 아니라 여러 가지로 존재할 수 있다. 세잔은 우리에게 그 사실을 보여주는 것이다.

내가 가진 재능이나 잠재력 또는 내가 세상을 보는 각도가 주류의 가치관과 달라도 괜찮다. 나의 개성이나 재능이 세상의 가치와 동떨어졌다고 해도 괜찮다.

어색한 구도로 보잘것없는 사과와 오렌지 따위를 그린 세잔의 정물화가 미술의 문법을 바꾸었듯 세상의 가치와 기준 역시 시간이 흐르면서 변하기 마련이다. 내가 가진 재능과 생각, 가치관을 외면한 채 세상이 원하는 가치에만 맞춰 산다는 것은 절반의 삶을 사는 것과 마찬가지다.

이러한 논리는 관계에도 적용된다. 우리는 숱한 관계에 둘러싸여 살아가고, 그 관계는 역동적일 수밖에 없다. 그러므로 우리의 관점 역시 변화와 역동성에 부응하는 유연성을 가져야 할 것이다. 하지만 현실에는 일방적이고 경직된 사고방식과 주관적 견해로 상대방을 재단해 버리는 일이 비일비재하다.

흑백 논리, 과잉 일반화, 인지적 오류, 근거 없는 감정적 추론과 추측 등 쉽게 대상을 단정 짓는 사고방식은 결국 당면한 문제를 단일 소실점의 관점으로 바라보는 것과 같다. 현실은 전방위적인 역동인데, 굳어진 생각과 고정된 사고방식에 갇혀 있다면 관계는 막다른 골목에 다다를 수밖에 없지 않겠는가. 이때의 해답은 대상과 나의 관계 안에 존재하므로 내가 관점을 바꾸어 보는 것만으로도 다른 해법을 발견할 수 있다.

세잔의 기우뚱한 사과와 오렌지에서 유추할 수 있는 지혜는 바로 이런 것이다. 삶이든 인간관계든 바라보는 각도에 따라 그 답은 여러 가지로 존재할 수 있다. 하지만 제도권의 주류 화가들의 시각에 '사과 한 알의 진실'을 추구하는 세잔은 이해하기 어려운 존재였을 것이다.

✳ 당신의 사과는 무슨 색인가

그림에 복수의 시점을 도입했던 세잔의 이 실험은 사물의 기본 형태와 요소를 파악하기 위한 노력으로 이어졌다. 그는 규칙과 질서를 중요하게 여겼고, 변화하는 빛과 색채의 유희에서 감각적인 진실을 찾고자 했던 인상주의가 형태를 무시했던 것에는 동의하지 않았다. 하지만 사물의 형태는 색채의 명암에 따라 결정된다는 프랑스의 인상주의 화가 카미유 피사로Camille Pissarro의 조언은 받아들였다. 그 결과 세잔은 풍경을 그릴 때 안정적인 구도와 빛의 세밀함을 붓질로 표현하는 데 주력했다.

〈생트빅투아르산〉, 1887년경
The Mont Sainte-Victoire with Large Pine

세잔 이전의 신고전주의 그림들은 마치 컬러복사기로 뽑아낸 듯 빈틈없이 매끈하고 구석구석 꽉 차 있었다. 그래서 화가가 붓질을 어떻게 했는지, 이 그림이 어떤 식으로 그려졌는지 대체로 과정을 알기 어려웠다. 그러나 세잔은 드로잉과 색채가 구별되는 것이 아니라 드로잉이 충실할 때 색채도 풍부해지며, 색을 칠하면서 드로잉도 견고해진다고 믿었다. 그래서 그는 소실점을 대신해 오직 색채만으로 풍경의 원근감을 표현했다.

1881년 고향으로 돌아온 세잔은 생트빅투아르산을 반복해서 그렸다. 색채의 차이로 원근법을 표현하는 실험을 진행했던 그는 이같은 실험으로 풍경화를 60여 점 이상 남겼다. 사물의 구조와 형태가 색채라는 모자이크로 구성되었다고 파악한 세잔은 엷은 색채 모자이크로 정물을 채색했다. 그래서 하나하나 중첩된 붓질로 색채를 덧입혀 입체감을 표현한 그의 풍경화에는 색이 덜 칠해졌거나 두껍게 덧칠된 부분, 심지어는 색이 칠해지지 않은 부분도 있다. 붓질이 덜 되어 완성 여부가 의심스러운 그림도 흔하다.

고정된 사과의 한 면은 균일한 빨간색으로 이루어지지 않았다. 분별하기가 쉽진 않지만, 몇 가지 빨간색 모자이크로 구성된 면이다. 사과를 떠올릴 때 우리는 대체로 '빨간' 사과를 떠올리지만 실제로 그 빨간색의 농도와 채도는 조금씩 다른 색의 모자이크로 이루어져 있다. 이런 사과의 진실을 파악하는 것은 색의 농도와 채도가 달라지는 경계를 찾아내는 일로 가능하다. 그러므로 사과의 표면은 몇 가지 다른 빨간색으로 이루어진 모자이크다.

대상이 가지고 있는 진실은 관점에 따라서도 달라지지만 해상도에 따라서도 달라진다. 그러니 특정 부분이 서로 다른 색임을 분별하는 예리한 시각과 색의 경계에서 일어나는 미약한 변화를 탐지하는 섬세함이 필요하다. 진실을 알기 위해서는 상황과 현상을 다층적으로 관찰하고, 한 걸음 물러서서 천천히 그리고 반복해 살펴야 한다.

인간관계나 삶도 마찬가지다. 흐린 눈으로 바라보는 대상은 혼돈이다. 그러나 또렷하게 해상도를 높여 바라보면 숨겨진 대상의 진실이 모습을 드러낸다. 나와 상대방의 좌표는 동일하지 않기에 서로가 바라보는 진실에는 언제나 편차가 있다. 이런 사실을 감안하면 세잔의 사과성을 항상 염두에 두는 일이 곧 성공적인 관계를 만드는 비결이라는 데 동의할 수 있을 것이다. 상대방의 좌표에서 바라본다는 것은 관점을 조망하는 일이고 공감의 시작이다. 관점의 유연성이 우리를 자유롭게 하며, 나아가 관계의 마찰음과 파열음을 잠재울 것이다.

✳ 실패란 새로운 가능성을 찾을 기회

세잔이 우리에게 남긴 또 다른 유산은 완성된 그림을 향해 끝없이 붓질하던 과정에서 발견한 진실이다. 바로 아이디어를 시각적으로 풀어내고 수정 작업을 거치는 그 모든 과정에서 생겨나는 점진적 변화와 그에 따른 성장 과정을 즐기는 것이다.

현재 결과물이 이전 결과물보다 더 훌륭하다고 해서 이전의 것을 실패라고 단정할 수 있을까? 창작 과정의 즐거움과 그 중요성은 삶에도 적용되는 진실이다. 우리의 삶은 실패와 성공을 반복하며 조금씩 더 나아지고 향상된다. 스스로 과제와 문제를 포기하거나 중단하지 않는다면 해결 가능성은 언제나 열려 있다. 심리학에서는 그것을 '성장 마인드셋'이라고 한다.

성장하는 사람들은 고정된 관점이 아닌 다각도로 열린 관점을 가지고 있다. 세잔은 자신의 그림에 대한 확신이 있었지만, 대중의 비판에 초연해질 만큼의 담대함은 없었다. 그럼에도 그가 사과와 오렌지 등을 계속해서 그렸던 이유는 그 과정이 전방위적 진실, 즉 '현상의 360도'를 파악해 가는 과정이라 믿었기 때문이다.

조금 다른 각도와 위치에서 대상을 바라보며 그가 다른 진실을 하나씩 마주한 것처럼 산 정상이 하나일지라도 오르는 방법엔 여러 가지가 있고, 수학 문제의 정답이 하나일지라도 그를 찾는 방식엔 여러 가지가 있을 수 있다. 각각의 방법에 장단점이 있을 뿐이다. 그러므로 우리가 삶의 난관에 봉착했다면 그것은 실패가 아니라 문제를 해결하기 위한 여러 경우의 수에서 한 가지 수가 맞지 않음을 확인한 것과 같다.

한 영역에서 능숙해지거나 전문가가 되는 것은 축적된 경험과 시간의 총합이 결정한다고 해도 과언이 아니며, 그 총합에는 성공 사례뿐 아니라 실패 사례도 포함된다. 그러니 한 분야에서 전문성을 갖는다는 것은 문제 해결을 위해 가능한 경우의 수와 불가능한 경우의 수를 경험으로 체화하고 발전시켜 간다는 의미일 것이다.

실패에 대한 인내심이나 내성을 갖추었을 때 우리는 난관과 실패를 막다른 골목이 아닌 개선의 여지로 받아들일 수 있다. 그럴 때 또 다른 가능성의 문이 열린다. 목표를 향하는 과정에서 즐거움을 느끼고, 대안을 기꺼이 받아들이는 열린 마음이 성공에 필요한 결정적인 마음가짐이다.

✲ 삶이란 나에게 맞는 해법을 찾는 과정

세잔은 자신을 인정해 주지 않는 파리 미술계를 등지고 자기만의 철학이 담긴 미학을 지속적으로 추구했다. 이는 그가 실패에 대한 남다른 인내심과 내성을 가진 성장 마인드셋을 소유했던 덕분이다. 세잔은 실패한 곳에서 다시 대안을 찾아 세계관을 쌓아 올린 혁신적인 '아웃사이더'이자 외골수였다.

그가 에콜 데 보자르 입학에 실패하지 않았더라면 그는 주류 미술계의 비슷비슷한 화가 중 한 사람으로 남았을 것이고, 우리는 그의 이름을 기억하지 못했을지도 모른다. 외롭고 고독하지만 묵묵히 성장이라는 길을 걸었기에 세잔은 기존 세계관과 보수적인 틀에 갇힌 미술계에 혁신을 가져올 수 있었고, 인류의 인식 또한 한 단계 올려놓을 수 있었다.

실패는 성공을 향해 나아가는 학습 과정이고, 삶은 이 같은 학습 과정의 연속이다. 이 사실을 받아들인다면 세상이 더 이상 성공과 실패로 양분되는 곳이 아니라 성취를 향해 나아가는 즐거움을 누리는 곳이라는 데 동의할 수 있다. 게다가 내일이 실패가 아닌 성공 가능성으로 한발 더 나아간 희망적인 시간이 될 것임도 틀림없다.

만일 세잔이 사과와 오렌지를 그리는 자신을 실패자라고 규정했다면, 그 과정이 그에게 즐겁지 않았다면 같은 일을 반복할 수 있었을까? 고향의 산을 수십 번 그리면서 스스로 성장한다고 느끼지 못했더라면 그토록 한 가지 일에 집요할 수 있었을까? 세잔이 예술적 성장보다 대중적 성공을 원했다면 그는 수백 개의 사과 그림이 아닌 좀 더 대중에게 사랑받을 수 있는 그림을 그렸을 것이다.

이 땅에 잠시 세 들어 살다 가는 우리에게 주어진 육체의 시간은 유한하다. 그러나 치열하게 쌓아 올린 시간의 흔적은 어떤 형태로든 가시적인 성과가 되어 오래도록 남는다.

세잔은 사후 1년이 지난 뒤에야 파리에서 열렸던 회고전에서 재조명받기 시작했고, 현재는 '현대 회화의 아버지'로 자리매김하고 있다. 현대미술의 대명사이자 미술사에서 가장 유명한 천재 화가인 파블로 피카소와 앙리 마티스Henri Matisse도 자신들의 아버지는 세잔이라고 입을 모아 말하기도 했다.

그러니 우리가 현실에서 간혹 아웃사이더나 외골수를 만나거나 실패를 반복하는 누군가를 만나더라도 혹은 그것이 나일지라도 모두 다른 방식으로 해법을 찾는 중임을 명심하자. 현재 모습만을 보고 판단하기보다 창대해질 미래를 보는 통찰력으로 격려와 지지를 보내는 것은 어떨까?

기꺼이
미움받을 용기

에두아르 마네

Édouard
Manet
(1832~1883)

21세기 문명의 변화가 가속도를 내면서 우리가 존중해 오던 가치들이 한 해가 다르게 구시대의 낡은 가치로 밀려나고 있다. 이러한 변화에 뒤처지지 않으려 쏟아지는 최신 정보를 뒤쫓다 보니 금방 숨이 가빠진다. 지식과 기술을 놓치지 않기 위해 각종 모임에 꼬박꼬박 참여하다 보면 내가 가는 길이 맞는 것인지 틀린 것인지, 오히려 여러 갈래로 생각이 흩어질 때도 있다. 잠깐이라도 방심했다간 방향을 잃고 낙오될 것만 같은 초조함이 뒷덜미를 사로잡는다. 그럴 때면 마치 내가 대양에 부유하는 한 조각 부표 같다. 쫓아가기엔 벅차고, 그냥 있으면 뒤처질 듯한 불안함 속에서 우리는 어떻게 마음을 가다듬어야 할까?

✳ 화가가 되고자 했던 명문가 장남

숨 가쁘게 치열한 일상을 살다 보면 누구나 불안과 긴장을 느끼는 순간이 찾아온다. 세상에 좋은 것들이 많지만 다 가질 수는 없는 일이다. 그럼에도 종종 뒤처지지 않을까 하는 불안감에 사로잡혀 발버둥을 치다 보면 때로 외부에서 날아드는 비난의 화살을 받을 때도 있다. 그럴 땐 내 인생의 우선순위와 절대 양보할 수 없는 원칙은 무엇인지 다시 한번 확인하며 일상의 질서를 재정립해 보자. 내 인생에서의 선명한 가치가 무엇인지 잊지 않고, 원하는 목표와 성취를 위해 나아가는 방법을 확실히 알고 있다면 내부의 불안과 외부의 비난이나 오해는 나를 가로막지 못한다. 자기 내면의 질서를 따르는 자기장 같은 자기 확신의 힘을 지닌 사람들은 압력에 맞서 자신을 방어하고, 쓰나미처럼 밀려드는 정보들과 매일매일 다른 시류의 변화에도 휩쓸리지 않고 삶을 안정적으로 유지할 수 있다.

사실 이 같은 자기 확신의 힘은 하루아침에 생기지 않는다. 현실을 오래 관찰하며 자신을 비판적으로 사유함으로써 얻어낸 결론만

이 스스로를 확신할 수 있는 힘을 갖게 한다. 미국 시카고대학교 심리학 교수 샨 베일록Sian Beilock은 정신을 혼란하게 만드는 여러 생각을 잘라낸 사람들은 자기 확신이 있는 상태에서 최고의 성과를 만든다고 주장한다.

19세기 프랑스 화가 에두아르 마네가 그런 사람이었다. 그가 진지하게 사회의 도덕적 타락에 비판을 제기한 그림들은 외설 논란에 휩싸이며 엄청난 모욕을 받았지만, 강력한 자기 확신이 있었던 그는 주류 화단과 대중의 비난에 굴하지 않고 오히려 '미움받을 용기'를 택했다.

그의 그림 중 당시 세상을 풍자하고 조롱한다고 악명이 높았던 〈올랭피아Olympia〉는 사실 고전 미술의 모티프를 차용해 당대의 도덕성과 사회문제에 이의를 제기하려 했던 마네의 시도였다. 그는 고전 미술과 현대미술의 경계에서 핀 꽃과 같았다.

마네는 부르주아 명문가에서 장남으로 태어났다. 프랑스 법무부의 고위 공직자였던 아버지는 그가 가업을 이어 법관이 되길 원했으나 마네는 아버지의 기대를 저버리고 화가의 길을 택했을 만큼 예민한 감수성을 가졌던 사람이었다.

마네는 법관이 되기 싫어 해군사관학교 입학시험에도 두 번이나 응시했지만 모두 낙방했다. 그 후 남아메리카 항로를 오가는 르아브르호의 수습 선원으로 일하는 등 나름의 방황을 거친 뒤 20대 중반이 되어서야 미술교육을 받으며 그림에 투신했다.

마네의 스승이었던 토마 쿠튀르Thomas Couture는 프랑스 국립미술학교인 에콜 데 보자르의 교수직을 박차고 나와 독립적으로 미술을 가르치던 사람이었다. 당시 파리의 미술학교들은 낭만주의와 신고전주의를 결합한 화풍을 가르쳤는데, 마네도 에콜 데 보자르의 교수였던 쿠튀르 덕분에 6년간 전통적인 미술 문법을 교육받았다.

쿠튀르는 자신의 제자들에게 전통을 답습하기보다 자기만의 미술 언어를 개발하라는 독려를 아끼지 않았던 열린 사람이기도 했다. 마네의 초기 그림들이 파리의 성적 문란함과 사회적 위선에 일침을 가하는 내용을 담았던 것은 아마도 쿠튀르의 가르침과 무관하지 않았을 것이다.

✷ 우박처럼 쏟아지는 비난을 견디며

19세기 중반까지도 유럽 화가들의 주요 데뷔 무대는 국립미술학교인 아카데미 데 보자르가 주최한 파리 살롱전이었다. 유럽과 미국 등지에서 여러 화가가 이 살롱전에 모여들었다. 마네도 29세에 자신의 부모를 그린 〈마네 부부의 초상Portrait of Monsieur and Madame Manet〉과 〈스페인 가수The Spanish Singer〉로 호평을 받으며 살롱전에 입선했다. 마네는 스페인 화가 디에고 벨라스케스의 화풍을 모방하여 이 그림들을 그렸다.

이듬해에 개인전을 개최한 마네는 1863년 파리 살롱전에 〈풀밭

〈풀밭 위의 점심 식사〉, 1862~1863년
The Luncheon on the Grass

위의 점심 식사〉를 출품했으나 낙선한다. 당시 프랑스 황제였던 나폴레옹 3세는 살롱전에 낙선한 그림들을 따로 모아 낙선전을 개최하도록 했는데, 먼저 낙선전에 전시되었던 마네의 〈풀밭 위의 점심 식사〉를 감상해 보자.

그림 속 두 남성은 앉거나 반쯤 누운 자세로 열띤 대화를 나누고 있다. 오른쪽 남성은 마네의 두 동생 외젠과 귀스타브를 조합해 그렸고, 왼쪽 남성은 그의 처남이자 네덜란드 조각가 페르디난드 린호프Ferdinand Leenhoff다.

한편 누드 여성이 미소 띤 얼굴로 그림 밖 사람들을 빤히 응시하고, 또 다른 여성이 그림 원경의 냇물 속에 서 있다. 이 '문제적' 그림의 구도와 모티프는 르네상스 시기 이탈리아의 화가 조르조네Giorgione의 그림과 라파엘로 산치오의 〈파리스의 심판The Judgement of Paris〉을 모방한 라이몬디Raimondi의 판화에서 빌려 왔다.

그러나 이 그림의 문제는 누드로 등장해 사람들을 정면으로 응시하는 여성이 파리시민들에게 매춘부로 알려진 빅토린 뫼랑Victorine Meurent이라는 여성을 모델로 기용해 그렸다는 데 있었다. 그녀의 등장은 대중에게 적잖이 당혹스러웠지만, 이 그림은 마네가 던지는 파리시민들의 도덕성에 대한 질책이자 관념적이었던 주류 미술계에 대한 도전이었다.

마네의 〈풀밭 위의 점심 식사〉를 관람한 나폴레옹 3세는 점잖음에 대한 모욕이라고 말하며 이 그림을 매우 언짢아했고, 격분한 대중도 이 그림을 향해 우산을 휘두를 정도였다. 이 사건을 시작으로 마네는 이후 20년 내내 비판에 시달렸다. 이때 그는 유명한 시인이자 미술비평가였던 절친한 동료 샤를 피에르 보들레르Charles Pierre Baudelaire에게 쓴 편지를 통해 자신에게 우박처럼 모욕이 쏟아진다고 말하며 참담한 심정을 고백했다. 뛰어난 시인이자 절친한 보들레르가 자신을 옹호해 주길 원하는 마음을 표현했던 것이다.

당시에는 체계적인 교육을 받은 주류 화가들이 신화 속 여신들의 누드를 숱하게 그렸기 때문에 파리에서 누드화는 문제가 아니었다. 그러나 주류 미술의 누드화는 시대를 초월한 이상적인 아름다움, 즉 '여성적인 미'에 대한 은유적 표현일 뿐이었다. 다시 말해 그들이 담은 여성들과 대중 사이에는 추상적인 관념과 실제 현실 사이의 안전거리가 확보되어 있었다. 그러나 마네는 현실 속 실제 여성인 뫼랑을 그 자리에 앉힘으로써 그 추상적 관념과 실제 현실 사이의 안전거리를 허무는 도발을 감행했고, 그 도발이 대중을 당혹하게 만든 것이다.

과거 화가들이 기억에 남아 있는 지식과 도식적 스키마, 즉 상상을 그렸다면 마네는 과거의 지식에 근거한 상상이 아닌 '지금-여기'에서 자신이 보고 느끼는 현상과 경험의 실체, 즉 즉물성을 표현하고자 했다. 다시 말해 마네는 작업기억과 감각기억에 의지해 자신이 주관적으로 느끼는 피사체와 경험, 현상 등을 그린 것이다. 바로 이 점이 마네의 그림이 가진 현대성이다.

그렇지만 최선을 다해 진지하게 그렸는데 세상이 이를 오해하고 비판한다면 얼마나 좌절감을 느끼겠는가. 인정받고자 했으나 계속해서 모욕만 당한다면 또 얼마나 억울하고 분하겠는가. 이런 경우 선택은 대체로 세 가지 중 하나가 될 것이다. 주류 가치에 부응해 자기 노선을 수정하거나 세상에 등 돌린 채 자기 노선을 유지하거나 아니면 자기혐오에 빠져 모두 포기하는 것이다.

　　이때 무엇을 선택할 것인지는 자기 확신의 유무에 달려 있다. 자기만의 확고한 미학을 가지고 있던 마네는 논란 한가운데서 세상과 정면으로 대결하는 쪽을 택했다. 찰나의 현대적 순간과 그 감성, 즉 즉물성을 표현하고자 했던 마네의 미학은 신학과 알레고리(은유적으로 의미를 전달하는 표현 기법) 미술을 주로 다루던 당시 주류 화가들과 상충했다. 하지만 그는 관성과 타성을 답습하기보다 사회적 통념을 비판하고 새로운 대안을 제시하는, 미움받을 용기를 선택했다. 그는 새 시대에 맞는 미술을 창조하고자 묵묵히 걸어갔다.

　　물론 보들레르에게 보낸 편지에서 고백하듯 마네 또한 외부의 비난에 몹시 큰 상처를 받기도 했다. 그럼에도 그는 '그들의 몫은 그들의 몫으로 두었고, 자신의 가치를 추구해 나가는 데 흔들리지 않았다. 마네가 우리에게 남긴 심리적 유산은 이것이다. 외부 압력과 시대의 주류적 가치로부터 자신만의 독자성을 지켜내고, 자신이 정한 원칙과 질서를 따르는 자기장 같은 아우라를 만들어가는 일 말이다.

파리는 1850년대 들어서야 지금과 같은 세련된 모습으로 변모하기 시작했다. 나폴레옹 3세와 당시 파리의 시장이었던 조르주외젠 오스만 남작의 주도하에 중세의 어두운 면모를 벗은 파리는 철저한 기하학 질서를 갖춘 도시로 탈바꿈했다. 오늘날 우리가 만나는 파리는 아름다운 건축물과 편리한 교통으로 이루어진 도시를 꿈꿨던 나폴레옹 3세가 제왕적 권력으로 구현한 것이었다.

반세기 넘게 지속된 혁명의 소요가 지나고 도시가 정비되며 '벨 에포크Belle Époque(사회·경제·기술·정치의 발전으로 프랑스가 가장 번성했던 시기)' 시대로 접어든 19세기 후반의 파리는 유럽의 수도라는 이름에 걸맞게 화려한 모습으로 재탄생했다. 성공적인 재개발로 파리가 세계적인 관광도시로 발돋움하면서 1867년 개최된 파리 만국박람회에는 무려 1000만에 가까운 인파가 몰려들기도 했다.

당시의 많은 화가와 문인은 도시의 유흥을 즐기며 구석구석을 배회하는 방랑객이었던 '도시 산책자'들 속에 섞여 곳곳에 스며든 채 파리를 관찰했다. 마네는 보들레르와 함께 도시를 탐험하며 도시 부르주아들의 일상적 풍경을 묘사하는 데 집중했다. 화가들은 극장, 발레, 고급 의상, 휴가, 여행 등 상업화된 최신 유흥의 현장 풍경을 묘사하는 것을 즐겼다.

그러나 주변부로 밀려난 사람들의 좌절과 불행은 화려한 파리와 대조되었다. 당시 파리의 화가들은 사물과 현상을 남다른 시각으로 바라보는 사람들이었지만, 그중에서도 파리의 현대성을 포착한 마네의 전위성은 특히 돋보인다. 보들레르가 파리의 화려한 외양 아래 숨 쉬는 우울과 불안, 악행을 고발했다면 마네는 파리의 현대적 외양과 파리시민들의 내면 풍경을 담담히 관조적으로 포착했다.

벨 에포크 시대 파리의 카페 분위기는 오늘날 우리가 카페에서 느끼는 감성과 흡사했다. 누군가에겐 일터이고, 누군가에겐 여흥의 공간이었던 이곳에서 파리시민들은 각자의 목적에 충실하게 할 일을 하거나 여가를 즐기거나 토론하며 생각에 빠져들었다. 마네는 그 같은 카페에서의 찰나의 순간과 파리라는 도시의 감성을 그림에 담았다.

〈카페 콩세르에서〉에는 파리시민들의 유흥과 삶의 애환이 한자리에 녹아 있다. 웅성거리는 소리와 음악 소리로 가득 찬 것 같은 이 공간은 사람들로 빼곡하지만, 같은 공간에 앉은 사람들의 시선은 서로 비켜간다. 그리고 그림 중앙에는 각자의 생각에 빠져든 두 사람이 있다.

광택이 도는 높은 실크해트를 쓴 부르주아 남성과 나란히 앉은 여성은 다른 곳을 쳐다보며 각자의 생각에 빠져 있다. 긴 하루의 노동을 마친 듯 지쳐 보이는 여성의 손끝에서 담배 연기가 피어오른다. 마네는 검은색이 가진 아름다움을 보여주려는 듯 이 남성의 외투와 모자를 온통 검은색으로 채색했다. 모자를 쓴 남성의 무심함과 여성의 공허한 표정은 프랑스 화가 에드가 드가Edgar Degas의 〈압생트The Absinthe Drinker〉나 미국의 화가 에드워드 호퍼Edward Hooper의 고독한 그림들과 맥을 같이한다.

두 사람 뒤로 바삐 움직이던 웨이트리스가 잠시 멈춰 허리에 손을 얹고 맥주로 목을 축이는 모습이 마치 한 장의 스틸 컷 같은 느낌을 연출한다. 역동성이 느껴지는 그녀의 자세와 거칠고 속도감 있는 붓질로 그려진 앞치마가 감각적이다. 한편 뒤쪽 벽에 걸린 거울에 화려한 무대 공연 중인 가수가 보인다. 카페를 가득 메운 사람들은 파편적인 신체 부분만 보이며 그저 존재의 익명성을 강조하고 있을 뿐이다.

마네가 도시인들의 무미건조한 마음을 보여주며 '도시 생활의 심리학'을 그림에 담았다면, 20세기 초 독일의 사회학자 게오르크 지멜Georg Simmel은 예리한 언어로 도시 생활과 정신건강 사이의 관계를 분석했다. 지멜은 인구 밀도가 높은 도시인들이 익명의 낯선 이들과 물리적으로 부대끼며 살아가기 때문에 과도한 정보와 감각적인 자극에 압도되지 않기 위해 스스로를 방어한다고 지적했다. 결국 도시인들의 냉담함과 개인주의는 일종의 방어기제로 볼 수 있는 것이다.

마네가 그린 또 다른 그림 〈폴리 베르제르의 술집〉 속 종업원의 영혼 없는 표정이 그 같은 도시인의 심리를 대변한다.

〈카페 콩세르에서〉, 1879년
The Café-Concert

〈폴리 베르제르의 술집〉, 1882년

A Bar at the Folies-Bergère

〈폴리 베르제르의 술집〉은 당시 가장 유명한 '나이트클럽'이자 연예장이었던 술집 폴리 베르제르의 저녁 풍경이다. 와인과 맥주, 꽃병, 오렌지를 담은 유리 접시 등이 놓인 대리석 테이블 뒤로 화려한 옷을 입은 종업원이 서 있다. 술집의 법석대는 분위기와는 대조되는 그녀의 영혼 없는 표정이 낯설지만은 않다. 사람들에 부대껴 지친 그녀의 마음은 이 답답한 공간을 벗어나 다른 곳을 서성이는 듯 보인다.

그녀 뒤로 빛나는 샹들리에와 벽기둥 위에서 빛을 발하는 둥근 전구 아래 자리를 가득 메운 사람들은 실제가 아니라 모두 거울에 비친 모습이다. 실제 풍경은 그녀의 앞에서 펼쳐지고 있을 것이다. 그렇다면 거울 속 풍경을 보자.

그림 맨 오른쪽에 종업원의 뒷모습이 비치고, 그 앞에 모자를 쓴 남성이 그녀와 대화라도 나누려는 듯 혹은 술을 청하려는 듯 몸을 기울이고 있다. 마네는 이 그림에서 거울이라는 장치를 가져와 공간에 대한 상상력을 확장했는데, 이 남성이 누구인지는 여전히 수수께끼로 남아 있다.

〈카페 콩세르에서〉나 〈폴리 베르제르의 술집〉 같은 그림들은 도시 생활에 관한 '마네의 심리학 보고서'라고 보아도 좋을 것이다. 화려한 유흥과 그 번잡함 속에서 고독, 우울, 소외 등의 풍경이 교차하는 그림들엔 앞서 언급했던 마네의 현대성이 진하게 담겨 있다.

파리의 거리는 삶이라는 연극이 펼쳐지는 무대이며, 거리 속 인파는 배우다. 타인에 대한 느긋한 관조와 관찰을 기꺼이 허락하는 파리의 카페는 여전히 우리들을 매혹한다. 파리의 화가들은 삶에 좌절하는 순간이 와도 거리를 바라볼 수 있는 카페테라스의 의자에 앉아 인파의 물결 속에 좌절을 던져보곤 했다.

마네도 동료 화가들과 함께 파리의 어느 카페테라스에 앉아 자신을 향해 날아드는 모욕과 비난을 털어내고, 앞으로 자신과 미술이 나아가야 할 길에 대해 고민했다. 타인의 차가운 시선에 용감할 수 있었던 마네의 열기는 황폐한 도시인들의 마음속 풍경을 과감히 그려낼 수 있게 했다.

✳ 예술가는 예술가의 일을 하겠다

영국의 위대한 미술사가 언스트 곰브리치Ernst Gombrich는 그림이 우리의 정신을 단련한다고 말하며, 때로 화가들은 관객에게 정신적 충격을 선사함으로써 그 목적을 달성한다고 했다. 그런 점에서 마네의 직설적인 그림은 전통적인 관습과 타성에 젖은 프랑스 미술계를 충격에 빠뜨리는 데 성공했다. 거친 붓질과 과감하고 혁신적인 마네만의 화풍, 시대의 변화를 관조하는 주제 의식과 시선, 도발적인 행보에 아방가르드 화가들은 열띤 지지를 보냈다.

그러나 마네는 주류 화가들의 미움을 받는 것을 두려워하지 않고 그저 독자적인 미술을 추구했을 뿐이었다. 자신을 추앙하는 무리에게 존재감을 확인받으려 하지 않았고, 자신을 특정 그룹으로 범주화하지도 않았다. 우박처럼 쏟아지는 모욕에 깊은 상처를 받을지언정 대중의 구미에 맞추기보다 자신의 주제를 고수한 것이다.

사실 모든 혁신은 전통과 주류의 가치에 대한 저항에서 탄생하지 않는가. 자신의 미학적 가치를 굽히지 않았던 마네의 미술 또한 같은 맥락에서 이해할 수 있다. 그는 렘브란트 하르먼손 판레인 Rembrandt Harmenszoon van Rijn, 프란시스코 고야Francisco Goya, 벨라스케스가 이룩했던 전통에 대한 존중을 기반으로 자기가 사는 지금 시대의 사정을 살피며 다음 시대의 미술을 도모했다.

현실과 이상의 차이를 인정하고, 나와 타인의 역할을 분명하게 인식할 때 우리는 과도한 욕망이나 세상의 평가에서 자유로울 수 있다. 주위의 비난과 평가가 우리를 기죽일 때가 얼마나 많고, 교묘한 가스라이팅에 흔들리며 주저하기란 또 얼마나 쉬운가.

"대중의 몫은 대중에게 남기고, 예술가는 예술가의 일을 다하겠다"라고 말했던 마네는 묵묵히 자신의 행보를 지속했다. 그것은 새 시대를 이끄는 선구자이자 자기 삶의 주인으로서 사는 것과 같았다. 외부의 압력과 주류의 가치에서 벗어나 독자적으로 서기 위해서는 마네가 그랬던 것처럼 자신이 추구하는 가치를 선명하게 인식할 수 있어야 하고, 자신에 대한 확신이 뒷받침되어야 한다.

자신감은 자기 확신에서 비롯된다. 그러므로 타인의 판단이나 비판에 흔들리지 않고, 내가 나를 가장 잘 아는 것이 중요하다. 그러나 자기 확신이 현실을 무시한 무모한 도전이나 요령부득한 소통 불가 상태를 말하는 것은 아니다. 외부 세계를 향한 지속적인 관찰과 분석, 자신에 대한 냉철한 비판적 사유를 통해 길러낸 결론이 자신에 대한 확신을 다지게 한다. 이 같은 과정에서 스스로에 대한 믿음과 확신의 힘을 얻은 다음에라야 세상이 내게 등을 돌린다고 느낄 때에도 우리는 좌절하거나 위축되지 않고 자신을 지킬 수 있다.

미움받을 용기는 세상이 세운 가치판단이 아닌 '내가 세운' 내 삶의 가치체계를 따르는 것이다. 그럴 때 우리는 타인의 속도가 아닌 자신의 속도대로 삶을 운영할 수 있다. 그리고 마침내 자유로워질 수 있다.

무채색 영혼을
물들이는
색채의 마법

바실리 칸딘스키

Wassily
Kandinsky
(1866~1944)

우리는 삶이라는 강을 건너는 동안 예기치 않은 급류에 휘말리며 몇 번의 위기를 만난다. 누군가는 사랑하는 가족과 때 이른 이별을 하는 아픔을 겪고, 또 누군가는 잠복하던 불행의 함정에 걸려 넘어진다. 비통함에 얼어붙거나 실패에 좌절하고 다시 일어서는 일을 반복하다 보면 마음엔 굳은살이 박여 딱딱해진다. 굳은살이 박인 마음을 어딘가 풀어놓고 싶을 때, 비통함에 얼어붙은 마음을 내려놓고 싶을 때엔 미술관을 찾아가 보자. 시간이 멈춘 듯한 공간을 거닐다 보면 문득 나를 불러 세우는 그림 하나쯤 마주할 것이다. 그림 속으로 침잠하며 대화를 나누다 보면 관성과 타성에 굳어진 마음이 다채로운 색채의 공기를 호흡하게 될 것이다.

✻ 예술의 쓸모

미디어에서는 연일 자녀 교육, 재테크, 커리어, 자기계발을 주제로 '불안 마케팅'을 펼치며 우리의 아드레날린을 자극한다. 지금 당장 이것을 하지 않으면 성공하지 못할 거라고 불안을 자극하는 채찍과 이것이 성공의 지름길이자 비결이라는 당근 같은 속삭임 사이에서 마음은 숨이 가쁘다. 어디 그뿐인가. 경제적·정치적 논리에 휘둘리며 일상에서 상식과 비상식의 경계가 무너지고, 내 마음처럼 되지 않는 일들과 힘겨루기를 지속하다 보면 자아도 희미해져 간다.

그러다 어느 날, 거울을 들여다보니 영혼 없는 표정의 한 사람이 서 있다. 거울 속에서 마주하는 굳은 표정의 자신이 낯설기만 하다. 건실한 생활인으로 전쟁 같은 일상을 살다 보면 삶에 대한 예리한 감각을 잃어버리고 타성과 관성에 기대어 살아가는 자신을 발견한다.

우리 마음에 정서적 수혈이 필요한 시간, 미술관에서 만나는 편안한 색채와 유려한 선형의 그림은 굳은살이 박인 마음을 부드럽게 이완시켜 줄 것이다. 음악처럼 마음에 스미는 바실리 칸딘스키의 그림이라면 더욱 좋다.

색채의 화음으로 가득한 칸딘스키의 추상화를 감상하는 데는 거창한 서사도 복잡한 지식도 필요하지 않다. 화가, 음악가, 작가 등 예술가들이 작품을 창작하는 이유는 관객들의 마음에 공명을 일으키고, 그 마음에 집을 한 채 짓기 위해서다. 어떤 형식이든 우리 마음에 이야기를 건네는 예술작품은 언어와 국경을 초월한 여행으로 우리를 초대한다. 그러므로 예술작품은 우리의 영혼과 화가의 영혼이 시공간을 초월해서 만나는 통로다. 그중에서도 미술관은 결국 그림이라는 통로가 가득한 공간이고, 하나의 그림이 곧 하나의 책이라고 봐도 무리가 없을 정도다. 예술가의 생각과 표현에 공감하는 시간이 쌓여가면서 우리의 자아도 성장한다.

우리에게 말을 건네는 그림을 만날 때 종종 카타르시스를 느끼곤 한다. 그리고 예술과 친해질수록 부정적인 감정도 좀 더 긍정적인 감성으로 변한다. 예술의 힘으로 우리의 마음이 밝아진 만큼 세상이 더 나은 곳으로 변하기를 기대해 볼 수 있지 않을까?

마음을 어루만지는 그림 한 점으로도 내 삶은 한결 부드럽고 좋은 것으로 채워질 수 있다. 예술의 중요성을 믿고 아름다움의 가치를 발견하기 위해 노력하는 사람, 예술이 삶에 활력을 가져다줄 수 있다고 믿는 사람은 그렇지 않은 사람보다 더 행복한 삶을 살아간다. 이것이 바로 '예술의 쓸모'이다. 그리고 그 화가의 영혼이 누군가에게 공명을 일으켜 그의 삶을 변화시킨다면 그것이 바로 '예술의 승리'라 할 것이다.

예술을 향해 열린 마음엔 행복이 깃들고, 그림은 정신을 더 건강하게 가꾸어 준다. 예술가가 되지 않더라도 예술가의 시선을 닮으려는 시도와 호기심을 잃지 않는다면 우리는 자신도 지킬 수 있다.

✳ 이 그림이 당신의 영혼에도 스며들기를

아마 우리가 가장 쉽게 접할 수 있는 예술은 음악일 것이다. 음악은 형태나 물성이 없고, 가사나 이미지를 가지고 있지 않은 경우도 많지만 마치 물이나 공기처럼 자연스럽게 우리의 감정에 스민다. 아기들조차 슬픈 선율을 들으면 입을 삐죽이며 울음을 터뜨리고, 경쾌한 선율에는 몸을 흔들 정도니 말이다.

조금 더 예를 들면 이탈리아 바로크 시대의 음악가 안토니오 비발디Antonio Vivaldi의 〈사계〉를 들을 때 우리는 사계절의 순환을 느끼며, 화창하던 하늘에 변덕스러운 비바람이 쏟아지던 여름 정경을 눈앞에서 보는 것 같은 기분을 느낀다. 프랑스 음악가 클로드 아실 드뷔시Claude Achille Debussy의 〈바다〉를 들을 때면 어떤 곳에 있든 그 서정적이고 시각적인 선율에 밀려오는 파도, 폭풍, 잔잔한 바다 등의 풍경을 자연스럽게 떠올린다.

이처럼 음악이 감정을 위로하고 정신을 고양시키는 힘은 어느 예술 장르보다도 강하다. 그림에 관한 칸딘스키의 이론은 바로 그

지점에서 출발했다. 그는 특정 음악의 선율이 슬프고 기쁜 감정을 불러일으키는 것처럼 특정 색채가 특정한 감정을 자극한다고 믿었다.

칸딘스키는 모든 자연 존재의 고유한 본질을 시각적으로 표현하는 사람이 화가라고 생각했다. 그러기 위해서 그는 음악처럼 자연스럽게 관객의 정신에 스며드는 그림을 그리고 싶어 했다. 음악의 추상성을 그림으로 구현하기 위해 그는 형태를 사실적으로 묘사하는 대신 색채의 하모니가 음악적 화성처럼 이루어지는 추상화를 선택했다. 그래서 칸딘스키의 그림에선 선과 색이 서로 어우러지며 조화를 이루거나 대립하고 충돌하는 화성적 구성을 연출한다.

그는 섬세한 사람들의 영혼은 화가가 엮어낸 색채의 화성에 공명할 수 있다고 믿었다. 그의 추상화들이 악곡 형식과 같은 제목을 가진 것도 바로 그런 이유에서 비롯되었다.

평범한 러시아의 법학자였던 칸딘스키의 영혼을 두드린 것은 클로드 모네가 그린 프랑스 지베르니 들판의 건초 더미였다. 빛과 대기의 변화에 따라 변화무쌍한 색채를 연출하는 빈 들판의 건초 더미를 묘사한 '건초 더미' 연작은 모네의 새로운 미술 실험이었다.

그 누구와도 닮지 않은 그림을 그린 모네의 혁신적인 시도는 칸딘스키에게 큰 울림으로 다가왔다. 법학을 가르치던 칸딘스키가 스스로 만족하는 삶을 살고 있었는지는 알 수 없지만, 모네의 혁신적인 그림에 감화된 그는 망설임 없이 화가로 전향해서 음악처럼 사람들의 영혼에 스며들 수 있는 추상화의 세계를 개척했다.

✳ 노란색은 트럼펫, 파란색은 첼로

모네의 미술 실험에 이끌린 칸딘스키는 러시아 모스크바대학교의 법학 교수직을 미련 없이 사직했다. 그 후 독일로 건너가 뮌헨의 미술학교를 졸업한 뒤 1901년 팔랑스미술학교를 설립해 학생들을 가르쳤다.

이 당시 유럽을 무대로 적극적으로 활동하며 여러 차례 전시회에 참가했던 그는 1905년에는 살롱 도톤의 회원으로 활동했다. 이후 1912년 독일의 음악가 헤르바르트 발덴Herwarth Walden의 슈투름갤러리에서 첫 개인전을 열었고, 1913년 미국 뉴욕에서 최초로 개최되었던 국제 현대미술전인 아머리 쇼에서는 가장 급진적인 추상화를 선보이기도 했다.

칸딘스키의 화풍이 결정적으로 발전할 수 있었던 시기는 제자였던 독일의 여성 화가 가브리엘레 뮌터Gabriele Münter와 함께한 때였다. 연인이 된 두 사람은 1908년부터 독일 바이에른 지역의 작은 마을인 무르나우에서 함께 생활하며, 후기인상주의의 점묘법이나 야수주의 화가들 같은 색채 조합을 실험했다.

칸딘스키의 그림에 전환점을 가져온 '우연한 통찰의 순간'은 이 무렵 1910년의 어느 날 오후에 일어났다. 일과를 마치고 자신의 작업실에 들어선 칸딘스키는 한쪽 벽에 세워진 무척 아름다운 그림을 발견하고 강한 호기심이 발동했다. 그런데 가까이 가서 확인해 보니

〈교회가 있는 무르나우 Ⅰ〉, 1910년
Murunau with Church Ⅰ

그 그림은 거꾸로 세워놓은 자신의 그림이었다. 거꾸로 세워진 그림이 오후의 햇살을 반사하고 있어서 다르게 보였던 것이다.

이 일은 낯선 종류의 새로운 미적 감성을 발견하는 계기가 되었다. 칸딘스키는 형태를 재현하는 것만이 미적인 감동을 불러일으키는 것이 아님을 발견했고, 때로는 사물의 외형이 오히려 그 아름다움을 방해할 수도 있음을 확신하게 되었다. 그러면서 형태를 사실적으로 재현하는 대신 선과 색채가 서로 조화를 이루거나 충돌하고 간섭하며 휘몰아치는, 완전히 새로운 형태의 추상화 세계로 빠져들었다.

이처럼 칸딘스키는 서사나 역사적 사실 혹은 자연의 사실적 외양을 묘사하지 않고도 색채로 구성된 미학에 설득력이 있음을 발견했다. 그해에 칸딘스키는 〈교회가 있는 무르나우〉를 두 점 그렸다. 그중 하나인 이 그림은 구상화에서 추상화로 변모하던 당시의 그림으로, 밝고 화사한 색채의 화성이 무척 아름답다.

화가의 생각과 감정은 꼬리에 꼬리를 물고 나타나 자유롭게 떠다니며 역동적인 그림을 구성했다. 언덕 위 하얀 종탑과 빨간 지붕이 있는 교회가 그림 중앙에 반추상으로 그려져 있다. 아래에는 마을에 있는 가로수 풍경이 상징적으로 표현되고 있다. 이 언덕 위에는 뮌터와 함께 가꾸던 집이 있었는데, 칸딘스키와 뮌터는 주변 환경과 자연에서 영감을 받아 풍경화를 그리는 것을 즐겼다.

생각과 감정을 자유롭게 쏟아낸 칸딘스키의 그림은 다채로운 색상 조각들로 가득한 만화경처럼 보이기도 하고, 때로는 자유 연상을 시각적으로 풀어놓은 이야기책처럼 읽히기도 한다. 열정적이고 자유로이 표현된 칸딘스키의 '따뜻한 추상'은 그의 열린 생각과 유연성을 닮았다. 그래서였던지 그의 이 같은 실험들은 전 세계인에게 보편적인 공감과 동의를 얻어냈다.

그렇게 새로운 형식의 추상화를 발전시켜 나가던 중 제1차 세계대전이 발발하자 칸딘스키는 러시아로 잠시 귀국했다. 1918년 러시아혁명이 끝난 뒤 모스크바 미술아카데미 교수직을 제의받게 된 그는 러시아 체류를 결심했다.

하지만 그의 감성적 추상미술은 당시 러시아 공산당의 정치적 지향을 담은 미술과는 양립하기 어려웠고, 권력 다툼에서 불리한 처지에까지 놓이게 되었다. 이때 독일의 건축가 발터 그로피우스Walter Gropius가 독일 바이마르에 조형학교 바우하우스를 설립하고 그를 교수로 초빙했다. 그 덕분에 칸딘스키는 이 곤란한 시기를 타개하며 다시 독일로 돌아올 수 있었다.

칸딘스키는 바우하우스에서 스위스의 화가 파울 클레Paul Klee를 비롯한 동료 화가들과 모더니즘 예술운동을 전개하며 바우하우스를 유럽 예술과 디자인의 산실로 키워 나갔다. 그러나 20세기 미술사에 막강한 영향력을 발휘했던 이 전위적인 학교는 나치당에 의해 1933년 폐교당하고 말았다.

이후 그로피우스를 포함한 학교의 핵심 구성원들은 미국으로 건너가 활동을 계속했다. 하지만 프랑스로의 망명을 택한 칸딘스키는 유럽에 남아 활동을 이어나갔다.

    유목민 같은 삶을 살았던 칸딘스키는 유럽 전역에서 모여든 화가, 음악가, 시인 등 다양한 예술가들과 교류하며 폭넓은 지적 영감을 얻었다. 그는 그들과 다채롭고 풍부한 비전을 공유하면서 독자적이고 풍부한 자기만의 미학을 심화시켜 나갔다. 그 결과로 청기사파가 결성되었다.

    1911년 칸딘스키는 뮌터와 클레를 포함해 독일의 화가 프란츠 마르크Franz Marc, 러시아의 화가 알렉세이 폰 야블렌스키Alexej von Jawvlensky, 미국의 작곡가 아널드 쇤베르크Arnold Schönberg 등과 함께 청기사파를 결성했다. 정신의 유토피아를 향한 갈망과 미래지향적인 믿음을 한데 모은 '예술가 모임'이었다.

    칸딘스키는 파란색을 물질주의에 대항하는 정신을 상징하는 색으로 생각했고, 동료 화가였던 마르크는 말이라는 동물이 순수한 영혼성을 상징한다고 생각했다. 결국 청기사파라는 이름은 두 사람의 지향점이 결합해서 탄생한 것이다.

    청기사파는 문예지를 발간하고 전시회를 개최하는 등 4년 정도 활동했다. 활동 기간은 짧았지만 그들이 미술에서의 정신성을 고찰하고, 내면의 감정과 다양한 문화적 표현을 강조하며 추상화 탄생에 공헌한 바는 지대하다.

칸딘스키가 색채가 심리에 미치는 영향을 집중적으로 파고들면서 본격적으로 논리 정연한 이론들을 제시했지만, 그 이전에도 이와 관련된 다양한 연구가 있었다. 그 초석을 마련한 사람은 독일의 작가 요한 볼프강 폰 괴테Johann Wolfgang von Goethe다. 괴테가 10여 년간의 연구를 집대성해 발표한 색채론은 현대미술의 색채 이론에 토대가 되었다.

영국을 대표하는 화가 조지프 말러드 윌리엄 터너Joseph Mallord William Turner는 괴테의 색채론을 적극 실험했고, 특히 빈센트 반 고흐는 색채가 정서에 미치는 영향을 극대화한 다채로운 그림을 그렸다. 이 화가들의 색채에 관한 전통에 이어 칸딘스키는 구체적이고 체계적인 자기 나름의 색채론을 확립했다.

예를 들면 따뜻한 계열인 노란색은 트럼펫의 고음처럼 수직으로 상승하며 흥분되고 예민한 감정을 표현한다고 보았고, 그와 보색 관계인 파란색은 첼로의 중저음처럼 보는 이에게서 멀어져 침잠하며 수평적 움직임과 고요함을 표현한다고 보았다. 그리고 빨간색은 무한한 따뜻함과 강렬한 힘을 가졌다고 보았다.

결국 칸딘스키는 그림의 본질이란 자연을 모방하는 사실주의적 재현을 벗어나 화가가 색채의 화성을 구성해 관객의 영혼에 울림을 준다고 재정의한 것이다. 그리고 이 색채가 가진 심리적 효과를 적극 이용해 사람들의 영혼을 고양하고 정신을 발전시키는 일이 화가의 의무라고 생각했다.

✳ 유연하고 열린 사고의 힘

　칸딘스키가 활동하던 시대의 예술가들은 예술을 종교의 경지로 끌어올리려 했다. 예술을 통해 인간의 정신을 감화시키려는 노력과 움직임이 활발했고, 음악이건 미술이건 문학이건 어떤 형식이 되었든 예술의 최종 목적은 곧 정신을 고양시키는 일이었다. '위대한 정신성의 시대'가 도래할 것이라고 믿었던 칸딘스키는 추상화가 사람들에게 물질을 초월한 사고를 훈련시킴으로써 정신성의 시대를 준비하는 내면 정신의 표현이라고 주장했다.

　1911년 에세이 『예술에서의 정신적인 것에 대하여』를 발표하며 그는 이 같은 자신의 미학을 설명했다. 그는 이 책에서 "인간의 영혼은 색채의 건반으로 구성된 피아노"이고, "색채의 화성을 작곡해 감정과 영혼을 연주하는 것은 화가의 손"이라고 비유했다. 그러므로 그의 논리에 따르면 미술이란 "화가의 내면의 소리와 영혼이 울리는 화성을 색채로 옮겨놓은 것"이었다.

　칸딘스키는 법학 교수라는 안정된 삶을 미련 없이 내려놓고, 열정이 이끄는 삶을 새로 시작할 만큼 결단력과 추진력이 있는 사람이었다. 그리고 전에 없던 미술 형식을 세상에 내보이며 자기 예술의 근거를 설득하기 위한 뛰어난 논리력도 있었다.

　칸딘스키가 어느 오후에 마주한 우연한 통찰의 순간에서 색채의 본질을 추구하는 추상미술로의 전환을 이끌어낼 수 있었던 것은 그가 이 같은 결단력, 추진력, 논리력에 더해 예술적 직관과 거침없는 개방성까지 갖추고 있었기 때문이다.

천착한 문제를 해결할 단서를 제공하는 우연한 통찰의 순간은 누구에게나 한번쯤 찾아온다. 하지만 그 짧은 순간의 직관적 통찰의 지혜에서 현실의 문제를 개선하기 위한 추진력을 내어오는 것은 결국 유연하고 열린 사고의 힘이다. 칸딘스키의 과감한 행보를 보면서 한번쯤 자문하게 될지도 모른다. '나는 통찰에서 얻은 지혜로 삶을 바꾼 적이 있는가' 하고.

칸딘스키가 새로운 길을 찾아 삶의 전환을 결심했던 것처럼 다른 방식의 삶에 대한 갈망은 누구에게나 있을 것이다. 햇살 가득한 세상을 민들레 홀씨처럼 가볍고 자유롭게 유영하던 마음은 온갖 일상을 살다 보면 어느새 젖은 솜처럼 납작해지곤 한다. 이런 순간이 온다면 그때가 바로 칸딘스키를 만날 시간이다.

✳ 감각과 감각이 공명할 때

마치 상자 속에 갇힌 것만 같던 일상을 벗어나기 위해 '새로운 출구를 모색하던' 어느 겨울날이었다. 나는 뉴욕에 있는 구겐하임미술관의 카페에 앉아 창밖 거리를 바라보고 있었다. 싱그러웠던 계절과 숲, 북적대던 관광객이 모두 썰물처럼 빠져나간 1월의 뉴욕은 흑백 사진처럼 을씨년스럽기조차 했다.

나는 색채도 소리도 사라진 삭막한 풍경을 뒤로한 채 칸딘스키의 색채 향연이 펼쳐지는 미술관 실내로 들어갔다. 나선형 오르막의 구조를 가진 구겐하임미술관의 실내는 칸딘스키의 부드러운 곡선과 나선형, 원과 잘 어우러졌다. 깊고 푸른 울트라마린색과 몇 가지 색들이 모자이크된 그림 〈세 가지 소리〉가 나를 불러 세웠다.

　〈세 가지 소리〉는 칸딘스키가 바우하우스에서 활동하던 전성기 때의 그림으로, 정갈하고 단순한 기하학적 형태의 질서와 리듬이 돋보이는 그림이다.

　대지를 상징하는 검은색 수평선 위에 초록색 삼각형을 쌓아 올린 형태는 러시아의 타이가와 툰드라 지대의 침엽수림 그리고 호수를 형상화했다. 러시아 출신이었던 칸딘스키에게는 익숙한 고향 풍경이었을 것이다. 평생 유럽을 떠돌았음에도 그의 정신적 근원은 결국 고향 러시아의 문화와 정서였던 듯 러시아의 풍경을 점, 선, 면 그리고 색채의 화성으로 추상화했다.

　한낮의 하늘빛 공간을 감싼 짙푸른 울트라마린색 배경은 밤하늘 또는 어두운 우주를 닮았다. 풍경을 지나는 사계절의 색, 쏟아질 듯한 별들을 품은 우주가 절묘하고 아름답다. 그림 오른쪽 위의 체스보드 같은 사각형 격자무늬는 인간이 인위적으로 나누어 놓은 시간의 배열을 의미하고자 한 것은 아니었을까 싶다.

　칸딘스키가 그림에 풀어놓은 '세 가지 소리'는 과연 무엇이었을까? 칸딘스키는 음악을 들으면 색채가 눈앞에 펼쳐진다고 하던 공

〈세 가지 소리〉, 1926년
Three Sounds

감각의 소유자이기도 했다. 그의 말처럼 감수성이 예민한 사람이 이 그림에 빠진다면 바람이 숲을 흔드는 소리와 호수를 스치는 소리, 계절이 지나가는 풍경의 소리를 들을 수 있을지도 모른다. 그의 이론대로라면 푸른 첼로 소리도 그림을 타고 묵직하게 흐르고 있을 것이다.

우리는 보고, 듣고, 피부로 느끼고, 냄새를 맡고, 맛을 보는 다섯 가지의 감각 기능을 갖고 있다. 그런데 예술가 중 감각이 뛰어난 사람들 사이에서는 하나의 감각이 활성화되면 다른 하나의 감각이 동시에 활성화되는 경우가 있다. 이처럼 하나의 감각이 다른 하나의 감각과 공명을 일으키는 현상을 '공감각'이라고 한다. 이를테면 음악을 들을 때 각각의 음계에 상응하는 색채를 본다거나 음식 맛을 느낄 때 특정한 색을 보는 경우가 그렇다. 칸딘스키 역시 음악을 들을 때 눈앞에 색채가 펼쳐지는 공감각자였다.

그는『예술에서의 정신적인 것에 대하여』에서 1896년 모스크바의 볼쇼이극장에서 리하르트 바그너Richard Wagner의 오페라 〈로엔그린〉을 보았을 때를 회상했다. 그는 바그너의 음악에서 모든 색깔을 보았으며, 살아 있는 원초적 색과 미친 듯이 휘갈겨지는 선이 자신의 눈앞에서 그려지고 있었다고 말하면서 소리가 색채를 일깨우던 체험을 기록했다.

칸딘스키가 음악을 듣고 그린 또 다른 그림 〈구성 8〉을 보자. 공감각적인 이 그림도 그가 유럽 예술과 디자인의 산실이었던 바우하우스에서 재직하던 전성기에 탄생했다.

〈구성 8〉, 1923년
Composition VIII

〈구성 8〉은 우리에게도 익숙한 독일의 음악가 요한 제바스티안 바흐Johann Sebastian Bach의 〈토카타와 푸가〉를 시각화했다. 바흐의 오르간곡 중 가장 유명한 곡인 〈토카타와 푸가〉는 두 부분으로 구성된 악곡 형식이다. 바로크 시대에 등장한 새로운 기악 형식인 '푸가fuga'는 앞선 곡의 연주 형식을 모방하여 반복해 들려주는 형식이다.

그림 왼쪽 위에 보라색 원을 둘러싼 검은색 원과 분홍색 동심원은 〈토카타와 푸가〉의 도입부에 흐르는 오르간의 묵직한 저음 같아 보인다. 이어서 칸딘스키는 빠르게 쏟아지며 점진적으로 상승하는 오르간 건반의 전개를 수평선과 반원 패턴으로 나타낸 것으로 보인다. 격자 구조의 직선과 채색된 사각형들은 희고 검은 건반과 그 수학적 진행을 연상시킨다.

색채와 형태가 서로 충돌하고 간섭을 일으키며, 직선과 곡선이 체계적으로 배열되어 형상화한 이미지는 단계적으로 진행되는 음계를 닮았다. 여러 악기의 소리가 합쳐지거나 각자의 선율과 리듬으로 각각의 소리를 내듯 색채와 형태 또한 서로 충돌하고 얽혀서 휘몰아치고 있다.

공감각에 관한 논의는 칸딘스키가 활동하던 당시인 20세기 초반에도 활발히 진행되었지만, 그 실체에 관한 연구는 1980년대 들어서 진행되었다. 그중 주목할 만한 연구로 1987년 영국 케임브리지대학교의 심리학 교수 사이먼 배런코언Simon Baron-Cohen의 연구팀이 진행했던 연구를 소개한다.

배런코언 교수 연구팀은 특정 단어에서 특정 색채를 보는 공감 각자들을 모집해 그들에게 100개의 단어를 제시하며 그 단어가 각각 촉발하는 색을 말하도록 했다. 그런 뒤 1년 후 그들을 다시 불러 동일한 실험을 진행했는데, 실험 참여자 중 90퍼센트 이상이 1년 전 첫 실험 때와 동일하게 대답했다. 반면 공감각자가 아닌 일반인들에게 같은 과제를 2주 간격으로 실시했을 땐 20퍼센트만이 동일하게 대답했다.

배런코언 교수 연구팀은 뇌 영상 촬영을 추가로 진행해 공감각이 일어날 때 뇌에서는 어떤 물리적 현상이 일어나는지 그 실체를 확인했다. 뇌 영상을 촬영한 결과 소리와 색채를 함께 느끼는 공감각자들은 소리를 들을 때 동시에 뇌의 시각 영역이 활성화됨을 보여주었다.

적게는 2000명 중 한 명, 많게는 300명 중 한 명꼴로 공감각자들이 존재할 것으로 추정한다. 풍부한 공감각적 감수성을 지녔던 칸딘스키가 경직된 법률과 그 문장의 세계에 안주하기란 쉽지 않았을 것이다. 칸딘스키처럼 시각과 청각이 동시에 공명하는 공감각자라면 그의 그림을 보는 동안 바흐의 오르간곡이나 쇤베르크의 현대음악을 들을 수 있을 것이다. 칸딘스키는 미술이 대상을 사실적으로 재현하는 단순한 소묘를 넘어서 화가의 내면세계를 구현함으로써 보는 이의 정신과 교감하는 통로가 되기를 바랐다.

＊ 우리의 머릿속엔 거울이 있다

화가와 우리의 영혼이 서로를 향해 드나드는 통로가 그림이라면 일상적인 인간관계에서 마음은 언어와 표정, 제스처 같은 비언어적 경로를 통해 공명한다. 이렇게 한 사람의 마음이 다른 사람의 마음과 공명할 때 우리는 그것을 '공감'이라고 부른다.

프랑스의 철학자 모리스 메를로퐁티Maurice Merleau-Ponty가 "나는 타인의 표정 속에 살고, 그들은 나의 표정 속에 산다"라고 말했다. 우리가 자연스럽게 타인의 표정을 읽어 감정을 헤아리고 공감하는 행동을 할 수 있는 이유는 우리 머릿속 거울세포라는 뇌 속 신경망이 작동하기 때문이다. 그런 의미에서 타인은 우리의 '거울'이다.

부지불식간에 마주 앉은 사람의 표정을 모방하는 반사 행동 역시 상호 공생을 위한 사회적 배려이자 타인을 향한 관심의 증거이다. 이렇게 생각지도 못한 사이에 긍정적이든 부정적이든 상대방이나 타인의 행위를 서로 모방하는 현상을 카멜레온 효과라고도 하는데, 이는 거울세포에서 발생하는 전기 신호와 화학 신호의 조합이 만드는 신경학적 공명이 행동으로 나타난 현상이다.

이 세련되고도 정교한 뇌세포 덕분에 우리는 사랑하는 사람과 서로 닮아가기도 하고, 언어를 배우는 것도 가능하며, 타인이 말하지 않아도 그들의 우울과 불안을 감지하며 공감할 수 있다. 그런데 왜 우리 주변엔 공감하지 못하는 사람들이 그렇게나 많은 것일까?

생물학적으로 능력을 타고났어도 사용하지 않으면 퇴화하기 마련이다. 타인에게 공감하는 능력 또한 사용하지 않으면 퇴화한다. 다른 사람들의 감정에 공감하는 능력이 제대로 발휘되기 위해서는 우리 생의 초기 경험에서 보호자와의 애착 관계, 가족과 친구 관계 등을 통해 감정을 주고받는 사회화 과정이 매우 중요하다.

특히 생애 초기에 감정 교류 경험이 결핍되면 다른 사람에게 공감하기 어려운 성인으로 성장할 가능성이 커진다. 부모가 자녀의 감정에 무심하거나 억압적인 경우 또는 애착의 끈을 제대로 형성하지 못한 경우라면 공감 능력은 제대로 발달하기 어렵다. 사람들은 관계 안에서 성장하며 자신이 공감받는 경험을 통해 타인에 대한 공감도 할 수 있고, 존중받는 경험을 통해 타인을 존중할 줄도 알게 된다.

사회적 요인도 역시 중요하다. 공감 능력이 발휘되기 어려운 또 다른 이유는 공감이 선택적 감정이기 때문이다. 우리는 사랑하는 사람이나 친하게 지내고 싶은 사람에게는 더 많이 공감하지만, 경쟁자에게는 자연스럽게 대립하며 적대적인 감정을 더 키운다. 다시 말해 생존 능력으로서의 공감 능력을 타고났음에도 내가 잃으면 타인이 얻는다는 제로섬 분위기가 팽배한 현대사회에서는 공감이 제대로 발휘되기 어렵다. 감정적 표현을 억압하고, 대립과 경쟁이 가득한 사회에서 타인과 감정적 교감을 주고받는 마음의 근력이 커지기 어려운 것은 자연스러운 현상이다. 공감 능력은 생득적 능력이지만 문화적 맥락에 따라 발휘할 수 있는 정도가 달라지기 때문이다.

상대방의 어려운 처지나 고통에 공감하지만, 공감을 표현할 언어나 대처 행동을 찾지 못하는 경우도 적지 않다. 어린 시절 우리는 느끼고 생각하는 대로 감정을 여과 없이 표현했지만, 사랑받는 사람으로 성장하기 위해 분노를 억제하며 상처와 슬픔을 내색하지 않는 법을 배웠기 때문이다.

자녀는 부모의 비난이나 부모가 받아들여 주지 않는 감정을 억누르는 법을 배우며 성인이 되어서는 타인과도 똑같은 감정 표현을 주고받는다. 학교생활에서 교사의 메시지 또한 사회적 자아를 형성하는 데 고스란히 영향을 준다.

용납되지 않는 감정을 억압하는 우리는 성장하며 실패에 대한 두려움을 숨기거나 육체적 즐거움, 짓궂은 장난에 대한 욕망을 감추게 된다. 두려움, 질투, 원망, 수치심, 깊은 슬픔을 기밀문서로 처리해 마음속 깊은 창고에 가둬놓는다. 시간이 흐르면서 이렇게 우리가 억누른 감정들은 '망각의 강'을 건너며 타인의 감정을 공유하는 방법과 함께 잊혀간다. 공감 능력과 공감을 표현하는 언어 역시 그 과정에서 억압당하거나 지워질 수 있는 것이다. 특히 남성의 경우 감정을 표현하는 것을 곧 약하다는 의미로 인식하는 경향이 있기 때문에 정서를 표현하는 언어가 더 빈약해지기 쉽다.

뜻밖에도 많은 사람이 생각과 감정을 잘 구분하지 못하는 경향이 있다. 감정과 생각, 사실과 상상 혹은 추측이 뒤섞여 있다면 그것을 구분하는 연습이 필요하다. 자신의 감정을 명확하게 인식하지 못

하는 데서 오는 어려움은 성인이 된 후 겪는 문제 중 하나다. 결과적
으로 자신의 감정에서 스스로 소외되어 감정 표현 언어가 빈약해질
뿐만 아니라 타인의 감정을 위로하는 언어도 빈약해진다. 자기 공감
의 결핍이 타인에 대한 공감의 결핍으로 이어지는 것이다. 우리 주
위에 공감 능력이 떨어져 보이는 사람과 공감적 배려가 부족해 보이
는 사람들이 많은 이유 중 하나다.

　　자신의 감정을 정확하게 인식하지 못해 타인의 감정도 인식하지
못하며, 심리적 고통을 신체적 통증으로 인식하게 되는 상태라면 감
정 표현 불능증에 가깝다. 1970년대 미국 심리학자 피터 시프니스
Peter Sifneos가 심인성 통증을 호소하는 환자들에게서 발견한 공통된
성격적 특성이다.

　　희로애락을 비롯해 공포, 놀람, 혐오 등의 감정을 경험할 때 아드
레날린이 분비되며 신체는 흥분된 상태에 놓인다. 심박수가 증가하
고, 손에 땀이 나며 힘을 꽉 준 주먹, 확대된 동공 등 자연스러운 생
리적 각성이 동반된다. 이런 상태에서의 감정이 무엇인지 이름을 붙
이기 어려울 때 사람들은 복통, 두통, 위장장애, 과민성 대장염 등 신
체적 증상으로 표현하는 경향이 있다.

　　공황장애 환자 중 45~65퍼센트는 감정 표현 불능증으로 진단
할 수 있고, 강박장애 환자들에게서도 감정 표현 불능증은 높은 비
율로 발생한다. 감정의 정체를 명확하게 파악하여 이름을 붙일 수
있도록 '정서적 문해력'을 기르는 일이 중요한 이유다. 그러니 감정과

기분을 표현하는 단어를 하나씩 늘려가며 구분하는 연습은 공감 능력을 잘 기르고, 잘 표현하기 위한 출발점이 될 수도 있다.

＊ 색채를 통한 영혼의 치유

칸딘스키가 모네의 도전적이고 실험적인 그림에서 충격을 받았던 이유는 시대적 상식과 고정관념에 구애받지 않는 새로운 표현 방식의 가능성을 보았기 때문이다. 모네의 미술 실험이 그의 삶을 송두리째 바꾸었듯 칸딘스키 역시 새로운 형식의 그림을 창안해 많은 사람의 정신에 울림을 주고자 했다. 시각과 청각이 공명하는 풍부한 감각을 경험하던 칸딘스키는 사람들의 영혼에 음악처럼 스미는 그림을 창작하고, 그를 통해 감정과 정신을 고양하고자 했다.

칸딘스키의 정신적 가치에 대한 이 같은 믿음은 유럽을 지탱하던 전통적 가치가 무너지던 20세기 초반의 정신적 혼란에서 시작된 예술운동의 한 부분이기도 했다. 피에트 몬드리안이 자신의 정신적 지향점을 격자 구조라는 엄격한 질서로 담은 작업과 일맥상통하는 것이었다.

정신적 세계를 추구하는 칸딘스키의 추상화는 철 지난 이상주의가 아니라 와해가 된 공동체 속에서 파편화된 삶을 사는 현대인의 마음에 실질적인 울림을 주는 그림이다. 유연한 사고를 풀어놓은 시각적 음악 같은 칸딘스키의 그림과 색채의 미학은 우리의 미적 감성을 일깨우고 억눌린 감정을 이완시킨다.

음악처럼 스미는 듯한 그의 그림을 감상하는 동안 억눌렸던 감정이 풀려나며, 마음을 열고 나와 타인의 감정을 대하는 연습을 시작할 수 있을 것이다. 그러다 보면 감정에 대한 인식이 선명해지고 타인의 생각과 감정에 공감할 수 있는 여유가 생길 것이다.

내 감정과 생각을 타인과 공유하는 일 그리고 타인의 기분과 생각을 받아들이는 일은 일상생활과 행복을 유지하는 데 필수적이다. 어떤 형식이든 예술은 작가와 관객의 마음이 어우러지는 공감을 위한 통로이며, 자아가 확장되는 계기를 마련한다. 특히 그림을 보며 우리는 상상력을 동원하게 되는데, 이를 통해 과거를 이해할 수 있고 타인의 감정과 생각에도 공감할 수 있다. 이해함으로써 존중할 수 있게 되는 것이다.

진솔한 감정과 열정을 따랐던 칸딘스키가 새로운 미술의 시대를 개척할 수 있었듯 그의 풍요로운 색채의 미학을 감상하다 보면 우리의 굳어버린 감성을 되살릴 수 있을 것이다. 아울러 예술을 가까이하는 풍요로운 정서 생활을 통해 우리의 삶도 새롭게 열리리라 기대할 수 있다. 세상이라는 강을 건너는 대가로 억눌렀던 감정을 돌보고 해방하여 당신의 자아도 활짝 필 수 있기를.

나와 타인의
세상을 이해하는 일

디에고 벨라스케스

Diego Velázquez
(1599~1660)

우리는 혼자일 때 미약한 존재이지만, 함께일 때는 큰 힘을 발휘한다. 두 사람이 기대고 서 있는 형상인 '사람 인人' 자는 인간의 공생 관계, 즉 더불어 사는 삶의 본질을 형상화한 문자다. 우리의 인격과 자아는 공생하는 관계에서 성장한다. 그러므로 안정적인 관계를 형성하고 소속감을 유지하는 일은 자아를 형성하는 데 매우 중요하다. 교육을 받고 사회생활을 하면서 상대방의 입장에서 생각하고, 느끼고, 배려할 줄 아는 공감 능력을 기르는 일이 가장 중요한 이유다. 그런데 과연 공감한다는 말의 의미는 대체 무엇일까? 반면에 공감 능력이 없다는 말의 진정한 의미는 무엇일까?

✳ 공감이라는 생존 기술

　　대학교에서 컴퓨터 공학을 전공하고, 관련 업계로 취직한 은진 씨(가명)를 살펴보자. 은진 씨는 오늘도 도저히 말이 통하지 않는 상사 때문에 진이 빠진다. 상사는 은진 씨가 제안한 아이디어를 완전히 무시하기 일쑤고, 실패할 위험이 분명해 보이는데도 대안 없이 자신이 원하는 대로만 결정한다. 게다가 은진 씨가 업무상 어려움에 놓일 때도 일말의 도움도 주지 않고, 은진 씨의 상황을 이해하려 하지도 않는다. 공감 능력이라고는 하나도 없는 상사 때문에 은진 씨는 팀에서 느끼는 소외감이 점점 더 커진다. 인간적인 면을 찾기 어려운 이 사람과 함께 일을 해나갈 수 있을지 고민이 깊다.

　　은진 씨의 이야기가 특별한 이야기는 아니다. 대화가 통하지 않고 마음이 맞지 않는 사람들은 직장뿐만 아니라 어디에든 존재한다. 그만큼 언젠가부터 타인을 배려하며 공생을 도모하기보다 점점 더 노골적으로 자기중심적 언행을 보이며 극단적으로 치닫는 사람들로 가득해진 것 같다.

가족, 직장, 사회, 국가의 일원으로 성장하며 우리는 사회적 관계의 그물망을 확장한다. 그리고 자신의 감정과 욕구를 정확하게 표현하는 동시에 타인의 그것도 정확하게 이해하고 조율하는 법을 배워나간다. 이 과정은 사실상 생존의 문제이기도 하다. 더불어 사는 삶, 즉 생존을 가능하게 하는 힘은 바로 사람들 사이에서 일어나는 마음의 공명과 감정의 교류에서 나오기 때문이다. 그리고 그 힘을 공감 능력이라고 한다.

공감은 기쁨이나 슬픔, 분노, 공포와 같이 거의 반사적으로 일어나는 일차적 감정과는 달리 조금 더 복잡한 메커니즘을 가진 이차적 감정으로, 심리학자들은 공감이 일어나는 방식을 세분하여 정의한다. 다른 사람의 기분과 생각을 인지하거나(인지적 공감) 타인의 감정을 함께 느끼거나(정서적 공감) 어려운 처지나 고통을 덜어주는 행동적 배려(공감적 행동)라는 세 가지 방식으로 표현한다. 이렇게 인식, 감정, 행동 차원에서 일어나는 공감 능력은 공동체를 유지하고 관계의 동심원을 확장하는 원동력이다.

한편 사람들은 자신이 친해지고 싶거나 사랑하는 사람에게는 더 많이 공감하는 반면 싫어하는 사람에게는 덜 공감하거나 아예 공감하지 않는 경향이 있다. 우리는 나와 타인을 하나로 묶어주는 공감 능력을 타고난 동시에 나와 타인, 즉 '우리'와 '그들'을 편 가르는 성향인 부족주의 또한 타고났다. 부족주의는 또 다른 생존 본능이자 경쟁 관계에 놓인 적들과 투쟁해서 승리하게 하는 힘이다. 타인을 관계의 동심원 속으로 포용하는 구심력을 공감이라 한다면, 관계의 동심원 밖으로 밀어내는 원심력은 혐오다. 결국 공감은 선택적 감정인 것이다.

일상에서 나와 너를 편 가르는 마음, 즉 부족주의가 심해지면 상대방과 서로 대립하며 반목하게 되고, 결국은 혐오 감정에까지 이른다. 안타깝게도 오늘날 사회 도처에서는 계급과 지위, 성별, 세대, 지역, 정치 성향 등 갖가지 이유가 만든 차이로 인한 대립으로 반목을 넘어선 혐오의 목소리가 커지고 있다. 거기에 더해 치열한 경쟁과 디지털 생활 방식이 상호 접촉의 기회마저 줄어들게 한다. 이런 이유들로 사람들 사이 마음의 거리는 점점 더 멀어지고, 타인을 차근히 이해해 보려는 시도도 점차 희박해진다. 세상은 점점 더 차갑고 서로에게 무관심한 곳으로 변해가는 것만 같다.

우리의 눈길이 미치지 않는 곳엔 여전히 상상하기 어려울 정도로 큰 고통과 비애를 안고 사는 사람들이 많다. 서로를 향해 공감하려는 노력보다 반목과 혐오의 목소리를 키우는 시대에 바로크 미술의 대가인 디에고 벨라스케스가 그려낸, 불운을 안고 태어난 사람들의 초상화는 특별한 울림을 준다. 서민과 장애인, 사회적 약자를 주인공으로 한 그의 그림들은 흐려져 가는 공감적 연민의 감정을 되돌아보게 한다.

✳ 작은 행동이 만드는 커다란 온기

벨라스케스는 17세기 스페인 합스부르크 왕조의 궁정화가로 일하며, 일생을 국가 권력자들과 교황의 최측근으로 살았다. 유럽에서 가장 뛰어난 궁정화가였던 그는 왕과 왕비, 교황을 비롯한 권력자들의 초상화를 전담했고, 그 덕분에 우리도 그 옛날 스페인 왕과 귀족들, 교황의 얼굴을 또렷하게 알 수 있게 되었다.

궁정의 전속 화가로서 왕실과 귀족들의 초상화를 그리며 궁정 살림까지 돌보아야 했던 벨라스케스의 삶은 무척 바빴다. 그래서 그가 남긴 그림은 130여 점에 지나지 않는다. 그러나 그중에서도 벨라스케스는 〈세바스티안 데 모라의 초상〉〈칼라바시야스Calabacillas〉〈후안 데 파레하의 초상〉과 같은 난쟁이, 광대, 노예 등의 초상화를 열 점가량이나 남겼다. 그는 궁정의 비천한 광대와 난쟁이, 노예의 몸으로 귀족들의 웃음거리이자 화풀이 대상으로 살아야 했던 그들의 불운한 처지를 애처롭게 여겼던 것이다.

인간을 향한 공감적 연민과 평등에 대한 감수성이 남달리 예민했던 벨라스케스는 이 '불운'을 타고난 사람들의 초상화를 그려서 그들 역시 인간적인 존엄을 가진 사람들임을 증명해 보였다. 그것은 궁정화가가 궁정의 안쓰러운 존재들에게 보여줄 수 있는 최대의 공감적 행동이었다. 근엄한 화풍에 숨겨진 화가의 공감 어린 시선은 우리가 잃어버린 '측은지심惻隱之心', 즉 약자를 향한 연민의 감정이 무엇인지를 되돌아보게 한다.

마흔을 위한
치유의 미술관

〈세바스티안 데 모라의 초상〉, 1644~1645년
Portrait of Sebastián de Morra

벨라스케스가 그린 열 점가량의 광대, 난쟁이, 노예의 초상화 중 단연 눈길을 사로잡는 그림은 〈세바스티안 데 모라의 초상〉일 것이다. 미국 드라마 〈왕좌의 게임〉에 출연한 영화배우 피터 딘클리지 Peter Dinklage와 꼭 닮았기 때문이다. 초상화 속 모라는 검은 머리와 짙은 눈썹 아래로 깊은 서러움과 분노를 억누른 강렬한 눈빛을 발산하고 있다. 애처롭게 주먹을 꽉 쥔 채 정면을 응시하는 눈에서는 금방이라도 눈물이 떨어질 것만 같다.

모라는 스페인 국왕 펠리페 4세의 장남이었던 발타사르 카를로스Baltasar Carlos의 광대였는데, 카를로스가 일찍 죽은 뒤 금으로 장식된 옷과 사냥용 칼 등의 유품을 물려받았을 만큼 그의 총애를 받았다. 그림 속 모라는 카를로스에게 받은 화려한 옷을 입고 한껏 멋을 냈지만, 오히려 화려한 의상이 짧은 팔다리와 주먹 쥔 손과 대조되며 그의 애처로운 처지를 부각시킨다.

왕의 화가가 그려준 자신의 초상화를 받아 든 모라는 어떤 기분이었을까? 누가 바쁜 일정에도 시간을 쪼개 나를 그려준다면 나는 어떤 기분일지 상상해 보자.

간혹 내 힘든 속마음을 눈치채고 누군가가 무심하게 건넨 위로 한마디에 얼어붙었던 마음이 녹아내릴 때가 있다. 스치듯 건네는 그 한마디 격려에도 우리는 뜻밖의 위로와 힘을 얻기도 한다. 그런 경험은 누구에게나 한번쯤은 있을 것이다. 그러니 왕실 최고 실력자가 내 마음을 읽어주고, 거기다 뜻밖의 초상화까지 그려주었을 때

이를 보고 감동하지 않을 수 있었을까?

모라는 궁정화가가 진심을 담아 그려준 초상화에 감동했고 또 행복해했다. 그는 궁정화가가 그려준 자신의 초상화 덕분에 설움과 울분을 잠시나마 해소할 수 있었을 것이다.

위로와 격려가 필요한 날, 벨라스케스처럼 내가 먼저 다른 누군가에게 가벼운 격려와 응원을 보내는 것도 좋은 방법이다. 위로와 격려를 받고 싶은 마음을 다른 사람에게 먼저 표현함으로써 내 마음도 가벼워지고 힘이 나는 기분을 느낄 수 있다. 우리는 서로를 비추는 마음의 거울이기 때문이다. 그러니 긴장과 경쟁으로 지친 마음을 잠시 내려놓고, 나의 '거울'에 비친 누군가의 기쁨을 동감하고 슬픔을 위로하는 것은 결국 나 자신을 기쁘게 하는 일이고 내 슬픔을 더는 일과 같다.

✳ 고단한 시간이 만든 진솔한 삶에 대하여

17세기 유럽은 미술사상 최고의 전성기를 구가했다. 플랑드르에서는 렘브란트와 페테르 파울 루벤스Peter Paul Rubens가 미술의 황금기를 이끌었고, 르네상스 시기 이탈리아에서 재조명된 고대 그리스의 인문학 지식과 이성이 유럽 각지로 퍼져나가며 종교의 권위를 대체했다. 그러나 이러한 시대적 흐름에서 스페인은 다소 동떨어져 있었다. 가톨릭 교회를 등에 업은 스페인 왕실은 종교적 명분을 앞세운 실속 없는 전쟁을 벌여대다가 정치적으로 고립되었고, 경제적으로 도 파산 직전에 놓였다. 그럼에도 왕실은 이교도들의 개종을 강요하 며 유대인들을 추방하고, 종교재판을 벌이며 국민들을 압박했다.

벨라스케스는 이런 시대에 스페인 남부의 번창한 도시 세비야 에서 태어났다. 세비야는 전통적으로 이슬람교와 가톨릭교가 혼재 하며 인종 구성 역시 다양한 대도시였다. 유대인 공증인이었던 그의 아버지는 지식인들과 가깝게 교류하며 자녀 교육에 열정적이었고, 어머니는 스페인의 하급 귀족이었다. 이러한 환경에서 성장한 벨라 스케스가 어려운 처지에 놓인 가난하고 핍박받는 사람들에 대한 연 민과 민감한 감수성을 키웠던 것은 자연스러운 일이었다.

일찍부터 뛰어난 재능을 보였던 그는 12세에 스페인의 전직 궁 정화가이자 인문학자였던 프란시스코 파체코Francisco Pacheco의 제자 가 되었다. 종교재판소의 미술 검열관이기도 했던 파체코는 그에게 가톨릭 교리와 신념을 강조하는 종교 미술을 가르쳤다. 하지만 벨 라스케스는 천상의 종교적 이상을 재현하는 데 힘쓰기보다 지상의 곤궁한 현실에 연민을 느끼며 보데곤을 그리는 데 열정을 쏟았다.

선술집을 뜻하는 스페인어 '보데가bodega'라는 단어에서 파생된 보데곤은 장르화라고도 하는데, 선술집, 부엌, 거리 모퉁이 등에서 벌어지는 평범한 삶을 그린 그림이 주를 이룬다. 벨라스케스 그림의 정수이자 그가 궁정화가가 되기 전인 19세에 그린 보데곤 두 점을 감상해 보자.

〈계란 프라이를 하는 노파〉, 1618년
Old Woman Frying Eggs

세비야의 시장에는 계란을 요리하는 노점상을 운영하는 노파도 있었다. 초기의 벨라스케스는 당시 유행하던 강렬한 테너브리즘(빛과 어둠을 극적으로 대비시킴으로써 주제를 부각하는 바로크 미술 기법)을 사용하여 〈계란 프라이를 하는 노파〉에서도 인물을 하이라이트로 부각하고, 배경을 암흑으로 처리해 노점의 풍경을 집중력 있게 묘사했다.

그림 속 노파의 굴곡진 얼굴과 깊은 주름, 마디가 불거진 두 손은 그녀의 고단한 삶을 암시한다. 그럼에도 노파는 배려하는 친절한 모습을 잃지 않았다. 노파는 고단했을 삶에도 품위를 잃지 않은 채 인품이 돋보이는 듯한 표정을 짓고 있다.

암흑의 배경 위로 시간이 정지한 것 같은 소년의 모습은 다소 어색하지만, 소년의 손톱과 손에 쥔 유리 플라스크의 반짝임만큼은 생기가 가득하다.

전체적으로 아름다운 그림이지만, 붉은 도자기 그릇 속에서 익어가는 계란 프라이와 그릇에 반사된 반짝이는 별이 시선을 사로잡는다. 마치 타임 랩스 동영상을 한 장짜리 스틸컷으로 압축한 듯 투명한 액체 상태였던 계란이 익으면서 점차 형체와 색을 띠는 묘사가 이 그림의 진수다.

반짝이는 계란, 소년이 든 멜론과 유리 플라스크, 놋그릇들의 광택, 접시 위 나이프와 그 그림자, 테이블 위 어지럽게 널린 조리도구들의 사실적인 묘사가 마치 손에 잡힐 듯 실감난다.

계란을 요리하는 노파를 사실적으로 묘사했던 그의 화풍은 한 물장수의 모습을 담은 〈세비야의 물장수〉로 이어진다. 그림 속 남루하고 지친 모습의 물장수는 일상의 투쟁을 담담하게 받아들인 표정이다. 그의 생계 수단인 질박한 물 항아리는 조선의 백자 달항아리를 연상시키는데, 항아리 표면에 맺힌 물방울에서는 청량감까지 느껴진다. 그는 투명한 잔에 물을 채워 소년에게 건네며 좋은 향이 나도록 무화과 한 알을 담는 것도 잊지 않았다.

물장수에게서 잔을 받은 소년과 물장수 사이에 물을 들이켜 마시는 희미한 그림자가 있다. 아마도 소년의 미래이자 물장수의 과거를 은유하고자 했던 이미지가 아니었을까? 벨라스케스는 이 그림에서 인생이라는 시간의 흐름을 한 장으로 압축해 담아내려고 했던 것 같다.

화려함과 싱그러움을 탐할 법한 19세의 어린 화가는 어째서 하필이면 노년의 고단한 삶을 그림에 담았을까? 노파와 물장수의 삶을 응시하던 벨라스케스는 서민들의 진솔한 삶에 공감하며 삶의 고단한 시간을 버텨낸 그들에게 존경을 보냈던 것은 아닐까?

벨라스케스는 판매되었던 〈세비야의 물장수〉를 다시 매입해 직접 소장했을 만큼 그 그림을 아꼈다. 청년 시절의 초심을 늘 견지하고자 애썼던 것인지도 모른다.

삶을 대하는 벨라스케스의 자세 역시 노파의 담담함과 성실함, 목마른 이에게 물을 건네는 물장수의 배려와 다르지 않았다.

〈세비야의 물장수〉, 1618~1622년
The Waterseller of Seville

＊ 왕의 화가가 되다

　그는 20세에 펠리페 4세의 궁정화가로 발탁되었다. 펠리페 4세는 과장 없이 담담하게 자신의 표정을 담아낸 벨라스케스를 무척 총애하며 벨라스케스만이 자신의 초상화를 그리도록 허락했다.

　그러나 궁정화가라는 화려한 타이틀에도 벨라스케스는 궁정의 온갖 허드렛일을 도맡아 처리해야 하는 냉정한 현실에 처해 있었다. 그는 왕의 침실을 정리하는 침실 시종에서 시작해 점차 직급이 상승하며 연회 준비, 실내장식 등 왕실의 살림을 총괄하는 임무를 맡게 되었다. 하지만 왕의 총애와는 별개로, 자신이 직접 준비한 연회장에서도 그의 자리는 광대와 일꾼 사이였다. 이런 상황을 벗어나 화가의 사회적 지위를 드높이기 위해 벨라스케스는 계급 상승을 이뤄 귀족이 되고자 온갖 노력을 다했다. 그러나 그것에 맹목적이지는 않았다.

　교황 인노첸시오 10세의 초상화를 의뢰받고 두 번째 이탈리아행에 올랐을 때 벨라스케스는 몇 가지 기록될 만한 업적을 이루었다. 최고의 업적은 당시 유행하던 모든 기법을 적용해 교황의 초상화를 성공적으로 그려낸 것이다. 당시 최고 수준을 자랑하던 이탈리아 화가들을 놀라게 한 이 작품은 현재까지도 최고의 초상화로 인정받는다. 벨라스케스는 이 일을 계기로 명실상부한 유럽 최고의 실력자로 인정받기 시작했다.

벨라스케스는 르네상스의 천재 화가 라파엘로 산치오의 〈교황 율리오 2세의 초상Portrait of Pope Julius II〉에서 초상화의 구도를 빌려왔다. 라파엘로가 초록색을 배경으로 사용해 다소 차가운 분위기로 율리오 2세의 노쇠함을 두드러지게 표현했던 데 반해, 벨라스케스는 붉은색 휘장을 사용해 인노첸시오 10세의 원기 왕성하고 매서운 에너지를 강조했다. 이 사실감 넘치는 초상화 속에서 교황은 매서운 눈빛으로 정면을 쏘아본다. 신경질적인 표정으로 마치 살아 움직이는 것 같은 그는 내키지 않으면 금방이라도 자리를 박차고 일어설 것만 같다. 붉고 어두운 휘장과 강한 대비를 이루는 비단옷의 광택이 그의 권위와 고귀한 신분을 더욱 강조한다.

한편 교황은 손에 흰 서류로 보이는 종이를 들고 있는데, 이것은 벨라스케스가 자신의 염원이었던 스페인 기사단의 일원이 되기를 간청하며 직접 써서 제출한 탄원서이다. 그러나 벨라스케스는 죽기 직전에야 기사 작위를 수여받을 수 있었다. 그가 〈시녀들Las Meninas〉에 등장하는 자화상의 가슴에 마침내 기사단 문장을 새겨 넣은 것이 그 증거다.

✳ 근엄한 화가의 따뜻한 시선

벨라스케스는 인노첸시오 10세의 초상화를 그리기에 앞서 습작으로 자기 노예이자 조수였던 후안 데 파레하의 초상화를 그렸다.

〈교황 인노첸시오 10세의 초상〉, 1650년
Portrait of Innocent X

〈후안 데 파레하의 초상〉, 1650년

Portrait of Juan de Pareja

화실을 청소하고 물감을 제작하던 혼혈이었던 파레하는 현실에서는 노예 신분이었지만 그림 속에서만큼은 여느 귀족과 다름없이 당당하고 위엄 있는 자세로 정면을 응시한다. 비굴한 기색 없이 오롯이 자기 자신으로서 당당하다.

벨라스케스는 1650년 판테온신전에서 열린 대규모 전시회에서 교황과 파레하의 초상화를 나란히 공개했다. 유럽의 최고 권력자이지만 노쇠하고 신경질적인 교황의 초상화 옆에 위풍당당한 젊은 노예의 초상화를 전시한 일은 실로 파격적인 시도였다. 이는 지금의 관점으로 보아도 놀랍다.

벨라스케스의 전기를 발간했던 스페인 궁정화가 안토니오 팔로미노Antonio Palomino에 따르면, 당시 로마의 여러 화가와 비평가는 그의 이 그림을 보고 "다른 그림들이 단순한 예술이라면, 이 그림 하나만이 진실"이라고 입을 모았다.

이탈리아에서 교황의 초상화를 제작하는 임무를 성공적으로 수행하고 돌아온 벨라스케스는 파레하를 노예 신분에서 해방하고 그에게 독립화실을 열어주며 그가 화가로서 성공할 수 있도록 도왔다. 파레하가 그린 〈마태오를 부르는 예수님The Calling of Saint Matthew〉은 현재 스페인 마드리드의 프라도미술관에 소장되어 있다.

노예였던 사람이 위엄 있고 당당한 화가로 성장할 수 있었던 것은 바로 벨라스케스가 자신의 노예를 동등한 존엄성을 가진 사람으로 대하고 성장할 수 있도록 도왔기 때문이다. 또한 벨라스케스가 노예를 해방시키고 신분 상승을 지원한 것은 계급 상승을 갈망했던 자신의 욕망에서 비롯된 '역지사지易地思之'의 공감적 행동이었다.

고단한 삶에도 품위와 친절함을 잃지 않은 노파의 얼굴, 장애를 가지고 태어난 이의 억눌린 슬픔과 분노, 그 밖에 노예, 난쟁이, 광대의 얼굴을 생생하게 담아낸 벨라스케스의 그림에서 우리는 그가 매우 뛰어난 공감 능력의 소유자라는 사실을 알 수 있다. 묵묵히 자신의 책임과 역할을 다했던 궁정화가도 한때 궁정의 광대나 노예와 비슷한 처지였던 적이 있었기에 그들을 가까이에서 지켜보며 그들이 가진 애환을 누구보다 잘 알았다.

상대방이 굳이 말하지 않아도 그 사람의 마음을 헤아리는 인지적 공감(차가운 공감), 상대방과 같은 감정을 느끼는 정서적 공감(따뜻한 공감) 등 한결같이 타인을 존중하며 자신과 동등한 인격체로 배려하고자 했던 벨라스케스의 행동 방식은 공감 능력의 모든 측면을 보여준다.

그의 공감적 배려는 궁정의 광대와 노예의 환경을 개선하기 위한 행동을 실천하는 것으로 이어졌다. 벨라스케스는 시종장 Aposentador Real이라는 궁정 내 고위직에 오른 뒤 왕에게 건의해 노예들을 쇠사슬에서 풀어주었고, 변변치 않은 잠자리에서 자던 그들에게 편히 쉬며 잘 곳을 마련해 주는 등 적극적이고 실질적인 처우 개선에 앞장섰다.

심리학자로서 바라본 벨라스케스는 인간에 대한 공감적 연민과 평등에 대한 감수성, 실천적인 배려를 모두 보여준 뛰어난 화가다. 나아가 17세기 당시엔 흔치 않았던 노예와 광대, 장애인의 초상화를 그리며 약자들의 인권에 대한 현대인들의 감수성을 일깨워 주었고, 우리가 약자들을 대하는 방식과 인간의 평등성에 대해 다시 한번 생각해 보게 한다.

✳ 공감한다는 착각

공감 능력이 중요한 시대다. 너도나도 공감을 말하지만, 언젠가부터 우리 사회에 공감에 대한 오해가 널리 퍼져 있는 것은 아닐까 싶다. 과연 '공감한다'는 말은 무슨 뜻일까?

타인의 어려운 처지를 그 사람의 입장이 되어서 생각하며 애틋하게 여기는 마음이 '공감' 혹은 '공감적 연민'이라면, 상대적 우월감을 전제로 타인의 처지를 측은히 여기는 마음은 '동정심'이다. 누군가에게 공감한다는 것은 내가 상대방의 입장이 되어 느끼고 생각한다는 의미지만, 누군가를 동정한다는 것은 타인에 대한 심리적 거리를 유지한 채 타인을 '대상'으로 바라보는 감정을 의미한다. 타인에게 공감할 때 우리는 타인의 불행에 함께 슬퍼하고, 행복과 기쁨 역시 함께한다. 하지만 자세히 보면 타인의 불행에 대해 동정심을 느낄 뿐 그들의 기쁨이나 행복을 함께 공감하여 느끼지 못하는 경우도 적지 않다.

동정심은 내가 상대방보다 상대적 우위를 점했다는 확신에서 상대방을 내려다보는 상대적 우월감에서 비롯되었을 가능성이 높다. 그러므로 동정심을 공감이라고 착각해서는 안 된다. 동정심은 내가 상대방에게 느끼는 일방적인 감정이고, 따라서 상대방을 당혹스럽게 하거나 불쾌하게 할 수 있다.

공감 능력은 연대를 위한 토대이자 사회적 인간으로서 함께 사는 방식이다. 사람들이 함께 있을 때 은연중에 닮아가고 정서적 친밀감을 쌓는 것도 공감 능력 덕분이다.

이 덕분에 우리는 서로 친숙해질수록 말과 행동이 닮게 되고, 일상적인 대화에서도 상대방의 표정과 제스처를 부지불식간에 따라 하게 된다. 긍정적인 특성을 모방하게 되는 현상을 피그말리온 효과라고 하는데, 이 역시 공감 능력이 작동한다는 증거다.

공감을 가능하게 하는 신경학적 기제는 앞서 언급한 뇌 속 거울세포라고 불리는 신경망의 작용이다. 거울세포가 활성화됨으로써 우리는 상대방의 표정을 이해하고, 언어와 몸짓을 따라하고, 언어를 배우고, 사회적 행동을 학습할 수 있다.

생물학적으로 타고나는 거울세포가 정상적으로 작동하는 한 우리에게는 공감 능력이 존재한다. 그러나 분명 더 많이 공감하는 사람이 있고, 덜 공감하는 사람이 있다. 앞선 사례에서 은진 씨의 상사도 은진 씨보다 공감의 정도가 낮은 사람이었을지 모른다.

예외적인 경우로 거울세포의 기능에 이상이 생겨 공감 능력을 발휘하지 못하는 사람들이 있다. 예를 들면 자폐스펙트럼장애나 아스퍼거증후군을 앓는 경우인데, 이들은 거울세포가 정상적으로 기능하지 않아 상대방의 표정을 읽을 수 없어서 감정을 이해하는 일이 어렵다. 비유하자면 난독증을 앓는 사람이 문자를 해독하지 못하는 것과 유사하다.

결국 이들은 타인의 표정을 읽는 신경망이 작동 오류를 일으키면서 상대방의 감정과 기분을 이해하지 못하는 문제가 생기게 된다. 타인의 감정이나 생각에 공감하지 못하므로 대인관계와 의사소통에 어려움이 생기고, 결국 자기중심적인 사람이라는 오해를 받으며 자기 세계에 갇혀 살게 되기도 한다.

가벼운 자폐스펙트럼장애나 아스퍼거증후군 성향이 내재함에도 일찍 진단받지 못하고 성인이 되는 경우도 적지 않다. 큰 문제를 일으키지 않은 채 수동적으로 학교생활을 하다가 성인이 되어 사회에 적응하지 못하며 증상이 악화되고, 그때가 되어서야 문제의 심각성을 인식하게 되는 경우도 흔하다. 아동·청소년의 교우관계나 학교생활 적응 정도에 관심을 가지고, 대인관계와 의사소통 능력에 문제가 있는 학생들을 조기에 발견해 치료적인 개입을 하는 일이 중요한 이유다.

✳ 소통이 어려운 사람들

미국 실리콘밸리와 같이 기술집약형산업이 집중적으로 이루어지는 곳에선 아동·청소년의 자폐스펙트럼장애 유병률이 유달리 높다. IT업계와 수학·과학 분야 직업군에 종사하는 남성들의 경우에도 대인관계에서 의사소통 등 상호작용에 어려움을 느끼는 경우를 많이 볼 수 있다. 특히 관심사의 폭이 좁고 모든 대화에서 자기 관심 주제에 대해서만 말하며 다른 주제의 대화나 대인관계를 회피하는 경향이 있다면 아스퍼거증후군을 의심해 볼 수 있다. 그러나 이 같은 특성이 때로는 일반인은 도달하기 어려운 뛰어난 성취를 달성하는 원동력이 되는 경우도 있다.

이들은 대인관계에서도 지나친 경쟁의식을 갖고 있지만 행동이나 제스처가 크지 않고, 눈을 맞추지 않고 무표정하며, 감정 표현이 부자연스러운 경향이 있다. 그래서 상대방은 저 사람이 내 말을 듣고는 있는지, 동의한다는 것인지 반대한다는 것인지 알기 어려워 적잖이 불쾌할 수도 있다. 공감의 정도가 지극히 낮으면서 이런 특성을 보이는 사람들이라면 잠재적인 아스퍼거증후군 가능성을 의심해 볼 수도 있다.

한편 자폐스펙트럼장애 연구의 대가인 사이먼 배런코언 교수는 이 같은 특성을 정신적 문제로 이해하기보다 사고 패턴이나 생활 방식의 특이성으로 받아들이는 것이 타당하다고 주장한다. 배런코언

마흔을 위한
치유의 미술관

교수는 자폐스펙트럼장애의 특징인 인지적 경직성, 즉 제한된 관심사나 규칙적인 패턴에 집착하는 경향, 변화에 강한 거부반응을 보이는 특성 등은 외부 정보를 체계화하는 뇌의 작용 방식과 관련되어 있다고 보았다.

남성의 뇌는 외부 환경에서 얻은 정보를 객관적으로 체계화하고 추론하며 패턴을 인식하는 데 특화되어 있지만, 변화나 예측을 벗어나는 경우에는 대응이 서툴다. 반면 여성의 뇌는 공감적인 정보 처리 방식에 능하다. 물론 남성과 여성 공히 논리적으로 체계화하는 면과 공감하는 면을 가진다. 그러나 남녀불문 보편적인 상황에서 일관된 대인관계를 형성하고 유지하기가 어렵고, 의사소통 때문에 직업을 유지하거나 사회생활에 곤란을 겪는 기간이 6개월 이상 지속된다면 장애를 의심해 볼 수 있다.

이러한 차이가 성별에 따라 다르게 나타나는 이유로 태아가 성장하는 과정에서 발생하는 호르몬 수준의 차이가 그 원인 중 한 가지로 작용한다는 사실이 밝혀졌다.

성별에 따라 태아 상태에서의 발달 과정에서부터 뇌의 구조와 기능의 차이를 보인다. 배런코언 교수의 연구에 따르면 패턴 인식과 인지적 경직성과 관련해 남성과 여성의 두뇌 구조의 미세한 차이를 만드는 데는 테스토스테론이라는 남성호르몬이 결정적인 영향을 미친다. 결국 자폐스펙트럼장애가 남성에게서 압도적으로 높은 비율로 발생하는 이유도 태아 때의 남성호르몬의 양과 관계가 있다.

✳ 같은 풍경을 보는 눈은 없으니까

자신의 특성 때문에 나와 타인이 모두 괴롭다거나 사회의 건강한 구성원으로 살아가기 어렵다면 전문적인 도움을 받는 것이 좋다. '정상'과 '정신병리'는 분리된 차원의 이분법적 문제가 아니라 연속선상의 문제다. 그래서 정신건강의학적 또는 심리적 치료는 병리적 특성을 정상으로 되돌리는 것이라기보다 특이성으로 야기되는 문제들을 예방하거나 문제에 대한 대응 방안을 훈련하는 것이다.

그러므로 만일 공감 능력이 떨어진다 싶은 사람을 만난다면 그 사람의 악의나 이기심을 비난하기보다 내가 모르는 신경학적 기능 부진의 가능성을 염두에 두자. 그렇다면 배려가 부족한 상대방에게 화가 나기보다 먼저 상황을 해결하기 위한 더 나은 대처 방식을 강구하게 될 것이다. 상대방이 남들에게 말하지 못할 어려움을 안고 있기 때문에 대인관계에 어려움을 겪는다는 사실을 아는 것은 건강한 관계를 위해서도 중요하다.

각자가 처한 현실 공간의 좌표는 한 곳으로 고정되어 있으므로 그 누구도 나와 같은 풍경을 볼 수 없다. 하지만 우리는 타고난 공감 능력을 통해 다양한 간접 경험을 하고 삶의 폭을 넓혀갈 수 있다. 문학과 영화, 미술 등 예술을 가까이하는 것도 결국 공감의 경험을 확장하는 일이다. 그 덕분에 우리의 삶도 풍요로워질 수 있다.

그러니 '공감한다'는 말은 타인의 시각과 생각, 감정에 대한 메타적 감정 인식이다. 가상현실 세계를 사는 것도 더 이상 불가능한 일이 아닌 오늘날에 세대 간 그리고 성별 간 역지사지와 '이심전심以心傳心'을 못할 이유가 무엇이 있을까? 역지사지와 이심전심은 대립과 혐오를 넘어서는 힘이다. 경쟁이 우리를 성장시키는 힘이라고 하지만, 공감은 성장을 넘어 생존을 가능하게 하는 근원적 힘이기 때문이다.

4부

* 막연한 내일이 두려워

잠 못 이루는 밤에

어려울 순 있어도
불가능하진 않다

그랜마 모지스

Grandma Moses (1860~1961)

누군가는 좋았던 기억을 곱씹거나 슬픔을 표출하기 위해, 또 누군가는 어두운 시간을 버텨내기 위해 그림을 그린다. 복잡한 마음을 내려놓고 그림을 그릴 때 심리치료 효과를 얻을 수 있다는 사실이 새삼스러운 이야기는 아니다. 완성된 그림을 보며 나름의 성취감을 느끼는 것도 물론이지만, 그림을 그리는 과정이 더 큰 위로를 받고 상처를 치유하는 시간이 될 수 있다. 그랜마 모지스는 가족의 상실과 노쇠해 가는 육체적 고통 속에도 소중한 일상을 그림에 담으며 스스로 치유했다. 노화가는 문화 아이콘으로 거듭났고, 새로운 시도에 나이 제한은 없음을 보여주었다.

✳ 76세 할머니, 그림을 시작하다

그랜마 모지스의 그림엔 담백하고 진솔한 이야기로 가득하다. 그림을 보는 순간 탄성이 나오는 이유도 그 때문이다. 본명은 애나 메리 로버트슨 모지스Anna Mary Robertson Moses이지만, '그랜마 모지스(모지스 할머니)'라는 애칭이 모지스가 미국인들에게 전폭적인 사랑을 받는 '국민 화가'라는 사실을 알려준다. 체계적인 미술교육을 받지 않은 그녀는 젊은 시절 농장에서 일하던 전원생활의 소박한 추억을 진솔하고 꾸밈없이 그림에 담았다. 세계적인 유명 인사로 거듭난 노화가의 천진한 그림들은 시공간을 초월한 친밀함으로 우리에게 다가온다.

1860년 미국 뉴욕에서 아마亞麻 공장을 운영하는 부모를 두었던 모지스는 가사와 농장 일에 정성을 쏟으며 비교적 평범하게 성장했다. 어렸을 때 학교에서 미술 수업을 받으며 그림에 흥미를 느끼긴 했지만 미술교육을 받을 기회는 딱히 없었다. 대신 형편이 넉넉지 않았던 가계를 돕기 위해 이웃집에서 가사를 도우며 10대와 20대를 보냈다. 당시 주인 가족이 구독하는 잡지에 삽입된 판화를 좋아했던 모지스는 시간이 날 때마다 그 그림들을 따라 그렸는데, 그것이 그림과 관련한 그녀의 유일한 활동이었다. 그런 모지스를 위해 주인은 크레용과 분필을 선물하기도 했다.

모지스는 결혼 후 버지니아로 옮겨 와 남편과 함께 농장을 운영했다. 당시 그녀는 부지런하고 성실한 사람으로 주변에서도 평판이 높았다. 그러나 평범한 일상의 행복에도 곧 상실의 순간들이 찾아오고 말았다.

모지스는 자녀를 열 명이나 출산했지만 그중 다섯 명이 채 성인이 되기도 전에 세상을 떠났다. 60대에 이르러 남편과도 사별한 그녀는 70대가 되자 관절염이 심해져 더 이상 바느질을 할 수도 없었다. 그러나 모지스는 반복되는 상실로 슬픔에 빠지거나 심리적으로 위축되기보다 붓을 들고 그림을 그리기로 했다. 오랫동안 잠자고 있던 그림을 향한 갈망을 해소하기로 마음먹었을 때, 그녀의 나이는 76세였다.

✳ 잊고 있던 동심의 풍경

먼저 그림을 한 점 감상하며 모지스의 세계에 들어가 보자. 맑은 하늘 아래 축제 같은 장날 풍경이 펼쳐지며, 산과 언덕으로 둘러싸

〈컨트리 페어〉, 1950년
Country Fair

인 광장에 말과 마차, 트롤리 등을 탄 마을 사람들이 모여들고 있다. 파란색과 초록색이 부드럽게 어우러진 배경 위로 즐거운 마을 풍경을 생생하게 그린 이 그림은 전형적인 미국 농촌 사회를 세밀하게 묘사한 〈컨트리 페어〉라는 그림이다.

컨트리 페어는 미국 농촌 지역에서 농산물과 공예품을 판매하고 공동체 정신을 다지기 위해 열리는 전통 행사다. 모지스 또한 농부들이 농산물을 전시하는 모습과 소, 닭, 돼지, 말 등의 가축을 세밀히 묘사하며 그림 구석구석에 배치했다. 특히 말이 달리는 역동적인 모습이 무척이나 실감 난다.

직접 재배한 과일, 채소, 꽃과 함께 퀼트, 목공예품, 도기 등 장인들이 직접 만든 수공예품을 판매하는 아기자기한 가판대가 다채롭다. 다양한 즐길 거리 앞에서 순서를 기다리는 아이들의 설렘도 느껴지고, 조잘거리는 소리도 들리는 것 같다. 화사한 색감으로 표현한 생동감 그리고 자연스러운 즐거움이 이 그림의 감상 포인트다.

이처럼 그림 속 마을 풍경은 분주한 활기로 가득하다. 마을 사람들이 축제처럼 장날을 즐기는 모습에서 생동하는 에너지가 넘쳐난다. 시골 마을의 장날을 세밀하게 묘사한 덕분에 활력이 넘치는 그림 속에 빠져들다 보면 어느새 호기심이 발동한다. 마치 보물 찾기 놀이를 하는 듯한 재미는 감상에 한몫을 더한다. '나도 한때는 저렇게 그림을 그리던 때가 있었는데' 하는 동심의 추억과 향수도 되살아온다.

76세가 되어 그림을 시작한 모지스는 삶의 마지막 20여 년 동안 엔 2000점이나 그렸을 만큼 그림에 열정적이었다. 미술교육을 받지 않아 어느 유파에도 속하지 않았고 세련된 기교를 사용하지도 않았지만, 그녀의 그림은 꾸밈없는 순수함과 즐거움 그리고 소박함을 보여준다.

모지스의 그림처럼 전문 교육을 받지 않아 꾸밈없는 순수한 그림을 '나이브 아트naive art' 혹은 아웃사이더 아트라고 한다. 이런 그림은 사실적인 입체감을 표현하기 위한 음영이나 그림자도 생략하고, 강렬하고 단순한 색채를 사용하기에 평면적이라는 특징이 있다. 그러나 나이브 아트의 매력은 바로 그 자연스러운 표현과 진솔한 메시지가 우리에게 친밀하고 편안하게 다가온다는 데 있다. 우리도 모두 한때 모지스처럼 그림을 그리던 시절이 있지 않은가.

과거 미술계는 나이브 아트를 고급 미술과 차별하며 그 가치를 인정하지 않는 경향이 있었지만, 현대의 미술교육은 창작의 다양성을 존중하며 나이브 아트를 포용한다.

나이브 아트의 매력을 알고 의도적으로 시도한 화가들도 있다. 예를 들어 색채의 대가였던 마르크 샤갈Marc Chagall은 몽환적이고 동화적인 느낌을 표현하기 위해 나이브 아트풍 그림을 그렸고, 파블로 피카소 역시 말년엔 대상의 핵심을 순수하게 선으로만 묘사한 나이브 아트풍 그림을 시도했다. 앙리 루소는 나이브 아트를 그린 화가로서 대가의 반열에 올랐다.

✳ 무명 화가에서 국민 화가로

모지스도 컨트리 페어에서 직접 만든 잼과 함께 자신의 그림을 판매했는데, 그녀의 그림은 특히 인기가 있었다. 머지않아 진정성을 담은 모지스의 그림에 이끌린 두 명의 은인도 나타났다.

1938년 어느 날 엔지니어이자 미술품 수집가였던 루이스 칼더 Louis Caldor가 모지스가 거주하던 뉴욕의 후식폴스 마을을 방문했다. 동네 약국의 창문에 전시된 모지스의 그림을 발견한 칼더는 곧 그녀의 그림을 여러 점 구매했다. 그리고 이듬해 뉴욕 현대미술관의 개관 전시회에 이때 구매한 그림 중 세 점을 출품했다. '무명의 미국 화가들'이라는 주제로 개최된 이 전시회에서 모지스의 행운이 이어지며 그녀는 또 다른 후원자를 만나게 되었다. 미국의 화상 오토 칼리르Otto Kallir의 눈에 띄어 본격적인 후원을 받게 된 것이다.

뉴욕에 세인트 에티엔이라는 갤러리를 소유한 칼리르는 1940년 자신의 갤러리에서 그녀의 첫 개인전을 후원했다. 이후 '그랜마 모지스 재단'을 설립하는 등 지속적인 후원을 아끼지 않은 덕분에 모지스는 워싱턴 D.C.의 와이트갤러리에서도 개인전을 개최했다. 이후 20여 년 동안 그녀는 미국과 유럽을 순회하며 농장에서의 이야기가 담긴 그림을 선보였다. 소박하게 시작했던 모지스의 나이브 아트는 제2차 세계대전 이후 냉전 시대 유럽인들에게 미국식 전원생활의 정감을 소개한 그림으로서 상당한 인기를 얻었다.

88세가 되던 해 모지스는 당대 최고의 여성을 선정하던 잡지《마드무아젤》에서 '올해의 젊은 여성'으로 선정되었고, 93세에는《타임》의 표지 모델이 되었다. 또한 대학교 두 곳에서 명예박사 학위를 수여받았고, 100세 생일이던 1961년 9월 7일은 '모지스의 날'로 선포되는 영예도 누렸다. 같은 해 그녀의 이야기가 아동용 도서로도 발간되었다. 그리고 그해 12월 각계각층의 사랑을 받았던 국민 화가 모지스는 마침내 한 세기의 장구한 삶을 마치고 영면에 들었다.

  모지스의 그림은 미국의 연하장 회사인 홀마크가 추수 감사절, 크리스마스, 어머니날 등 각종 기념일을 위한 카드 제작을 위해 사용했을 뿐 아니라 도자기 디자인, 커피 광고, 화장품, 생활용품 등 다양한 분야의 상업 디자인으로도 널리 활용되었다. 그녀가 1950년대에 열었던 한 전시회는 전 세계 관람객 기록을 경신하기도 했다. 모지스의 그림은 모든 미국인의 기억 속 향수를 불러일으키는 '풍경'으로 자리 잡게 되었다.

  미국의 문화 아이콘이었던 모지스는 여전히 삶에 최선을 다하고자 하는 노년층과 주부들에게 영감을 불어넣었고, 나아가 가족을 잃은 사람들과 퇴직자들을 위로하는 영향력도 있었다. 하지만 그녀는 한 잡지와의 인터뷰에서 "그림에서 얻은 성과보다 다섯 자녀, 열한 명의 손주, 네 명의 증손주를 가장 자랑스럽게 생각한다"라고 밝혔다. 자신의 개인적 성취보다 가족의 안녕과 행복을 더욱 소중하게 생각하는 모지스의 가치관을 알 수 있는 대목이다.

✳ '즐거움'이라는 본질

미국의 존 F. 케네디John F. Kennedy 대통령은 모지스의 그림을 두고 미국인들이 잃어버린 원초적 풍경에 대한 향수를 일깨운다고 평가하며 애착을 보였다. 미국에서 어린 시절을 보내지 않았음에도 나 역시 그녀의 그림을 보면 잊고 지내던 풍경에 대한 향수가 떠오르곤 한다. 아마도 모지스의 그림이 미국인들에게뿐만 아니라 인간의 원초적 공감대를 자극하는 요소를 갖고 있기 때문일지도 모른다.

이처럼 모지스의 그림이 미국식 전원생활의 향수만 불러일으키는 것은 아니다. 생생한 계절감과 전원생활의 현장감을 선사하던 그녀의 그림은, 함께하는 즐거움을 잃어버린 시대를 살아가면서 '함께' 일하고 '함께' 즐기는 인간의 유희적 본질을 담고 있다. 그녀의 그림을 보는 사람이라면 함께 일하는 것을 즐기고, 또 노는 듯이 일하는 인간의 유희적 본질을 그림 속에서 발견하게 될 테다.

모지스는 얼어붙게 추운 영하의 날씨에도 친구들과 함께 낡은 삽자루나 벤치를 활용해 눈썰매를 탔던 즐거운 추억을 그리곤 했다. 그녀의 어린 시절이 고스란히 담긴 〈눈 온다, 와 눈이 온다〉는 겨울이 있는 곳이라면 볼 수 있는 풍경이다. 과거에 내가 가족과 함께 정착했던 캐나다의 겨울 풍경도 그와 같았다.

밤새 눈이 내린 다음 날이면 황량했던 언덕과 들판이 하얀 설원으로 바뀌는 마술이 펼쳐지곤 했다. 새하얀 설원은 공간감을 마비

〈눈 온다, 와 눈이 온다〉, 1951년
It Snows, Oh It Snows

캐나다의 어느 눈 내린 겨울, 모지스의 그림 속으로 들어간 날

시켜 초현실적인 분위기를 연출했다. 그 공간 속으로 스키복을 입은
사람들이 저마다 탈것을 들고서 알록달록한 점처럼 몰려들었고, 이
같은 풍경은 긴 겨울 내리는 눈과 함께 계속되었다. 어쩌면 모지스의
어린 시절 기억과 똑같았을 그 풍경을 보며 나도 어린 시절을 함께
했던 『빨간 머리 앤』과 『작은 아씨들』 속 마을 풍경을 은연중에 떠
올리게 된 것일지도 모르겠다.

　　보통 노년을 겨울에 비유한다. 겨울을 난다는 것은 춥고 혹독하
며 생장이 멈춘 계절을 이겨내는 '극기'를 의미한다. 그러나 '인생의

마흔을 위한
치유의 미술관

겨울'에 들어선 모지스가 놀랄 만한 역전을 만든 것처럼 겨울은, 즐길 줄 아는 사람들에게만큼은 더없이 역동적이고 감수성이 충만해지는 흥거운 계절이다.

슬픔과 비탄에 젖어 주저앉아 있기보다 새로운 시도를 마다하지 않는 열린 마음, 몸에 밴 성실한 습관으로 노화가는 궁극의 자아실현을 해냈다. 새로운 인생을 시작할 수 있으리라 그 누구도 생각하지 못한 76세에 붓과 물감을 들고 대단한 '노년의 역전극'을 완성했으니, 이보다 짜릿한 드라마가 또 있을까?

✳ 오늘을 오롯이 집중해서 산다는 것

미국 하버드대학교의 심리학 교수 엘런 랭어Ellen Langer는 젊음과 행복을 오래 유지할 수 있는 비결이 바로 어려울 순 있어도 불가능하진 않다는 태도에 있음을 강조했다. 그녀는 이런 적극적인 태도가 우리의 삶을 바꿀 수 있다고 말하며 열린 긍정성의 힘, 즉 '가능성의 심리학'을 전파했다.

랭어 교수의 연구팀은 1979년 노화 예방에 관한 한 가지 기념비적인 실험을 진행했다. 그녀는 이 실험을 통해 우리가 마음먹기에 따라 생물학적 나이와 심리적 나이를 거꾸로 돌리는 가능성을 보여주었다. 랭어 교수는 70대 노인 여덟 명을 초대해 실내장식, 음악, 문화, 벽지, 가구를 포함한 생활 환경 등을 지금보다 건강하고 활기차던 20년 전, 즉 그들이 50대에 유행했던 것과 똑같은 환경으로 꾸민 양로원에서 일주일 동안 생활하게 했다. 이 '공간적 타임머신'에서 일주일을 함께 지낸 후 심신의 변화를 측정해 보니 심리적 나이와 신체적 나이가 실험 전보다 젊어져 있었다. 시력이 좋아짐은 물론, 혈액검사로 분석한 스트레스 지수, 생물학적 노화 지표 등이 실험 전보다 모두 낮아져 있었다.

이 실험을 통해 랭어 교수는 활기차고 건강했던 시절의 마음으로 돌아감으로써 실제로 젊음을 되찾을 수 있다는 사실을 보여주었다. 이 실험은 노화 예방에 관한 수많은 후속 연구를 촉발했을 뿐 아니라 '100세 시대'를 사는 우리에게도 기억할 만한 지침들을 일러준다. 바로 현재에 충실하며 시간을 생생하게 느끼는 동안은 잠깐이나마 나이를 거스를 수 있다는 사실이다. 일상이 이런 순간들로 충만할 때 노화는 지연되고 젊음은 지속될 수 있다.

인간은 젊어서 이룬 것에 상관없이 모두 늙어서 결국엔 죽음에 이른다. 모든 것이 불확실하고 불공평한 세상에서 이보다 더 분명하고 공평한 사실이 있을까? 이 실험은 미국의 대문호 F. 스콧 피츠제럴드F. Scott Fitzgerald가 쓴 소설 『벤자민 버튼의 시간은 거꾸로 간다』 속 주인공인 벤자민 버튼을 떠올리게 한다.

노인으로 태어나 신생아로 사망하는 주인공 버튼은 지나치기 쉬운 일상의 평범함 속에서 진실을 발견할 줄 아는 시선과 통찰력을 지닌 인물이다. 사실 시간을 순리대로 살든 거꾸로 살든 죽음을 피할 순 없기에 인간의 선택은 제한되어 있다. 결국 우리에게 중요한 것은 매 순간 어떤 선택을 하고, 어떤 의미를 만들어갈 것인가이다. 자기 삶을 스스로 선택하고 결정할 수 있다는 결정권, 즉 통제력은 젊음을 유지하고 노화를 예방하는 결정적인 심리적 요인이다.

모지스가 자서전 『인생에서 너무 늦은 때란 없습니다』에서 말했듯 버튼 역시 "가치 있는 것을 하는 데 늦었다는 건 없다. 하고 싶은 것을 시작하는 데 시간의 제약은 없다"라고 말했다. 이 지점이 바로 버튼과 모지스가 닮은 부분이다.

농장을 운영하며 자녀들을 키우는 일에 평생을 쏟았던 모지스는 평범한 일상을 보석 같은 추억으로 간직했고, 그림으로 그 좋았던 시절들을 기록해 세상에 소개했다. 노쇠로 상실해 가는 건강과 가족을 잃는 고통 속에서도 주저앉지 않고, 추억을 미술로 승화시켰던 모지스는 화가로서도 성공적인 삶을 살았다.

마음 상태나 경험을 주의 깊게 관찰하고 인식하는 습관을 형성할 때 우리는 마음의 평정을 되찾고, 건강하고 행복한 생활을 유지할 수 있다. 스트레스를 감소시키고 신체 건강을 개선하기 위해 전통적 명상을 현대 심리학적 개념으로 발전시킨 것으로, 온 감각을 열어 외부 자극을 받아들일 때 몸에서 일어나는 변화를 감지하는 심리적 훈련을 '마음 챙김'이라고 한다. 모지스가 고령에도 그처럼 섬세하고 따뜻한 추억을 생생하게 재현할 수 있었던 이유도 평생 마음을 열고 자신과 주위의 환경을 주의 깊게 관찰하며 삶을 소중하게 기억하려던 습관이 몸에 배어 있었기 때문이다.

과거에 발목 잡혀 우울해하거나 오지 않은 미래를 걱정하며 불안에 떨기보다 주어진 현재에 몰입해서 내 몸의 감각과 마음의 방향에 온전히 집중하자. 주변의 사소한 변화에 관심을 가지며 내리쬐는 햇살과 자연의 변화를 느끼고 감상해 보자. 오늘의 시간을 오롯이, 충만하게 사는 것이다.

공간적 타임머신에 탑승했던 70대 실험 참여자들은 20년 전의 감각이 모두 되살아나는 듯한 즐거움을 느꼈을 것이다. 모지스 역시 소박하고 행복하던 젊은 날의 평범한 일상을 그림에 담아내며 같은 기분을 느꼈으리라. 처음 붓을 들었을 때 그녀는 자기 모습이 어떻게 변할지 상상할 수 있었을까? 나이 들었다는 것은 어쩌면 우리의 착각일지도 모른다. 스스로 젊다고 믿고, 신체적 노화를 늦추는 생활 방식을 유지하도록 노력해 보자. 어렵지만 불가능하지는 않다.

✳ 나이를 먹어야 발견할 수 있는 행복

'내 나이가 어때서'라는 굴하지 않는 태도가 갖는 이점은 아주 폭넓고 다양하다. 스스로 젊다고 믿으며, 새로운 도전에 나이는 문제가 되지 않는다고 여기는 사람일수록 뇌의 인지 기능도 양호하고, 신체적·정서적으로도 건강하며, 사회 활동도 활발하다. 반면 실제 나이보다 자신이 주관적으로 느끼는 나이가 더 많은 사람일수록 뇌는 상대적으로 더 많이 위축되고 변형되어 있다. 자기공명영상 측정 결과로 밝혀진 사실이다.

　수동적이고 소극적인 생활보다 혼자서 계획하고 조절하며 많은 일을 해낼 수 있다는 생각과 태도가 중요하다. 사람들과 적극적으로 소통하고 사회생활을 지속하는 것 역시 젊음을 유지하는 비법이다. 언제든지 새로운 시작이 가능하고, 노년에 이르러서야 표현할 수 있는 세계가 있다. 인생의 황혼기에 화가의 길로 들어서 국민 화가가 되고 100세까지 장수한 모지스가 증명하지 않았는가.

　미국 스탠퍼드대학교의 심리학 교수 로라 카스텐슨Laura Carstensen 과 미국 질병통제예방센터, 여론조사 기관인 갤럽이 공동으로 진행한 연구에 따르면 인간은 대체로 나이가 들수록 더 행복하다고 느낀다. 삶을 즐길 시간이 얼마 남지 않았다고 느끼면, 시간을 효율적으로 사용하기 위해 불필요한 사회적 관계는 끊어내고 핵심적인 관계만 집중하게 된다. 그 덕분에 부정적인 경험을 쉽게 망각하고, 좋은 기분을 유지하려 애쓰게 되면서 더 행복하다고 느끼는 것이다. 77세를 '희수喜壽', 즉 '기쁨의 나이'라 칭했던 동양의 지혜 속 숨겨진 과학적 근거가 이것이다.

　그동안 과학적 연구들은 행복을 결정하는 것은 물질이 아니라 성격, 관계, 가족, 운동, 명상, 일 등 삶의 방식과 태도에 있음을 증명했다. 여기에 배움과 성장에 대한 욕구를 채워줄 수 있는 평생교육의 기회도 우리를 행복하게 한다. 다시 말해 사회적으로 건강하고 생산적인 관계를 유지할 수 있다면 신체적 기능이나 경제력이 저하되어도 얼마든지 행복할 수 있다.

공자는 굳건한 의지로 흔들리지 않는 마흔(불혹不惑)을 지나 쉰에 이르면 세상의 순리를 깨닫는다(지천명知天命)고 했으며, 마침내 예순이 되면 삶의 경험이 축적되며 사려와 판단이 성숙해져 남의 말을 받아들이는 귀가 순해진다(이순耳順)고 했다. 나이가 들어 고집을 내려놓을 때 얻게 되는 자유와 그 자유에서 느낄 수 있는 행복, 이것이 바로 '나이 듦의 역설'이다.

모지스는 가족을 상실한 고통에 주저앉고 노쇠해 가는 육체를 비관하기보다 그림이라는 또 다른 가능성을 발견했다. 그녀의 꾸밈없고 진실한 그림은 전 국민적 환영을 받으며, 노년이 되어서야 꽃피울 수 있는 세계가 있음을 보여주었고, 행복은 나이가 들면서 함께 사그라드는 것이 아니라는 사실을 일깨워 주었다. 그것만으로도 오늘날 우리에게까지 위로와 격려가 되고 있다.

모지스의 삶과 그림에서 우리는 가능성의 심리학과 나이 듦의 역설이라는 통쾌함을 찾았다. 기꺼이 새로운 일을 시도하고, 열린 마음을 가지고, 오롯이 자기 일에 몰두하는 오랜 습관과 열정은 어렵지만 불가능하진 않다는 삶의 자세가 무엇인지를 보여준다. 열린 태도와 도전적인 자세가 불러올 기회는 그 자리에서 우리를 기다리고 있다. 이 순간에도 자신을 믿으며 새로운 가능성을 찾고 있을 수많은 '모지스'를 향해 조용한 응원을 보낸다.

마흔을 위한
치유의 미술관

사랑한다는 마음을
가득 담아서

헤르만 헤세

Hermann
Hesse
(1877~1962)

정원을 돌보는 일은 생각보다 많은 수고가 따른다. 잡초를 뽑으면 어느새 홀씨가 날아와 다시 자라나고, 다시 뽑고, 다시 자라나고, 다시 뽑기의 '무한 반복'이다. 사랑한다는 건 그런 것이다. 사소한 일을 무한히 반복하며 곁을 지키고 가꾸는 것이 사랑이다. 이렇게 체력의 한계를 느낄 때까지 마당 정원에서 하루를 보내다 지쳐 들어올 때면 나는 헤르만 헤세를 떠올렸다. 전쟁과 불행한 가족사 한가운데 그는 자신을 치유하기 위해 창작에 전념했다. 그렇게 탄생한 그의 소설과 시, 수채화는 우리의 지치고 상한 마음에 휴식 같은 위로를 선사한다.

✳ 풍경을 사랑한 어느 소설가의 욕심

헤르만 헤세는 긴 세월을 사는 나무는 우리보다 오래 살기에 긴 호흡으로 평온하게 생각할 줄 안다고, 그것이 우리를 위로한다고 시를 썼다. 나는 마음이 힘들어질 땐 헤세가 나무를 예찬했던 시를 읽고, 키 큰 나무 아래에 앉아서 나무의 그 긴 시간과 그보단 짧은 인간의 시간에 대해 생각했다.

세계대전을 겪는 동안 전화戰禍의 참상에 상처받은 그는 자연에 귀의해 정신을 치유했다. 자연과 벗하며 정원을 가꾸면서 창작의 영감을 얻고, 또 부드러운 수채화도 즐겨 그렸다. 그의 파스텔 톤 풍경화들은 긴장으로 곤두선 곤궁한 마음을 어루만진다. 그런 이유로 헤세는 작가로서뿐만 아니라 화가로서도 우리의 마음을 위로한다.

독일 작가인 헤세는 1946년 노벨문학상을 수상했고, 우리에게도 잘 알려진 소설 『데미안』『나르치스와 골드문트(지와 사랑)』『수레바퀴 아래서』『유리알 유희』등으로 전 세계인의 사랑을 받았다. 하지만 그는 독일이 일으킨 세계대전과 히틀러의 나치즘을 격렬하

⟨카무치성의 발코니⟩, 1930년
Klingsors Balkon, Casa Camuzzi

게 비판하며 반전反戰의 목소리를 높였던 사람이었고, 그 때문에 매국노라고 비난받으며 작가로서 날개가 꺾인 시절도 있었다.

결국 조국에서 추방당한 헤세는 스위스 티치노로 망명하여 은둔하는 삶을 택했다. 그는 그곳에서 식물을 돌보면서 자신을 돌보는 법을 배웠다. 그리고 자연에 묻혀 정원을 가꾸며 지독히 상처 입은 자신의 영혼을 치유했다. 그는 작은 땅이라도 자기 생각대로 가꿀 때의 만족감을 창조자의 기쁨과 같다고 비유했다. 작은 화분이라도 키워본 경험이 있는 사람이라면 헤세의 '창조자의 기쁨'에 공감할 수 있을 것이다.

추방당한 작가로서 망명 생활은 고통스러웠지만 그에게는 치유의 에너지와 창작의 영감을 불어넣어 주는 스위스의 아름답고 너그러운 자연이 있었다. 헤세는 티치노의 햇살과 나무의 그림자가 만드는 풍경에 매료되어 하루 종일 그림을 그렸고, 시와 소설을 썼다. 실로 자연의 풍경과 그림에 푹 빠져 고통을 지운 것이다.

헤세는 제1차 세계대전 직후인 1919년부터 1931년까지 스위스 몬타뇰라의 작은 마을에 위치한 카무치성에 세 들어 살았다. 성 마당의 정원을 나서면 나오는 산책로를 따라 산책하기를 즐기며 많은 영감을 얻었다. 〈카무치성의 발코니〉는 그 시절에 그린 그림이다.

카무치성의 발코니에서 바라본 마을 풍경을 그린 〈카무치성의 발코니〉에는 저 멀리 알프스의 봉우리도 보인다. 이 성과 주변 풍경의 아름다움에 곧잘 취했던 헤세는 해가 질 때까지 성의 발코니에 앉아 그림을 그렸다. 그는 아침에 정원 계단 위로 생긴 음영을 공들여 스케치하고, 저녁 무렵 산에 어린, 미풍처럼 엷고 보석처럼 빛나는 아득하고 투명한 색채를 따라 그렸다. 그러나 하루 종일 그림을 그렸음에도 정작 자신이 시도했던 많은 스케치나 그림 가운데 간직할 만한 그림이 너무나 적어 슬퍼진다고 친구에게 편지로 전하기도 했다. 물질에 대한 소유욕은 없었던 헤세였지만 자연 풍경을 꽉 붙잡고 싶은 욕심은 멈추지 못했다.

삶에 대한 애정과 살고자 하는 욕구를 되살리고 자신을 치유하기 위해 그는 자연을 향한 자신의 사랑을 그림에 담았다. 그렇게 탄생한 수많은 결과물은 헤세 본인의 정신적 상처를 치유했을 뿐만 아니라 오늘날 상처받은 많은 사람의 마음을 어루만진다. 그림을 그리는 사람으로서 헤세의 시간은 스위스의 서정적인 자연 풍경 속에서 성숙해져 갔다.

✳ 그림이라는 위안

자아가 세상에 부딪히며 '정체성'을 고민하던 시절을 동행했던 작가가 있었다면 그중에 한 명은 헤세였을 것이다. 지성과 관조적 힘을 지닌 막스 데미안을 닮고자 애를 쓰며, 알을 깨는 성장통을 견뎌 온 사람들이 적지 않을 것이다. 그렇지만 헤세가 남긴 것이 『데미안』과 『나르치스와 골드문트』 속 주인공들만은 아니다.

헤세가 쓴 소설의 서정적 감수성만큼이나 그가 그린 수채화의 이미지 역시 보는 이들의 정서를 환기하기에 충분하다. 어떨 땐 헤세의 문장보다 수채화가 더 많은 위안을 주기도 한다.

풍경을 채색한 부드러운 색감이 거친 마음을 어루만지고, 수채화 특유의 투명함은 얼룩진 마음을 씻어준다. 생활 속 긴장감이 고조되거나 마음이 건조해질 때면 헤세의 풍경 속으로 들어가는 상상을 하며 휴식을 취한다. 그래서 나는 오히려 성인이 되어서는 헤세를 화가로서 더 가까이 느꼈다.

그의 그림을 감상만 하던 어느 날, 나도 그의 수채화를 따라 그리며 그와 무언의 대화를 나누었다. 결과는 원작을 말도 안 되게 망쳐 놓아 미안할 따름이었지만, 누구에게나 '예술적 자유'가 있으니, 헤세의 자연이 내 손끝에서 재탄생한 것이라고 스스로 다독였다.

헤세는 지인이었던 오스트리아의 작가 펠릭스 브라운Felix Braun에게 종종 편지를 보내 참을 수 없던 쓸쓸함에서 빠져나오기 위해 그림을 그리기 시작했다고 고백했는데, 어떤 편지에서는 이렇게도 말했다. 예술가들은 누구나 자기 자신에 대해 절망하고, 자신이 가진 능력을 형편없고 초라하다고 느끼지만 그렇다 해도 각자의 자리에서 의미와 임무를 찾아 자신에게만 주어진 것을 수행한다고 말이다.

헤세는 자신이 그림에서만큼은 아마추어임을 인정했다. 그럼에도 작가로서 글을 쓸 수 없는 상황에 이르렀을 때는 그림을 그리면서 새로운 창조의 힘을 찾아냈다.

〈포도나무가 있는 정원〉, 1922년
Garden Stairs with Vines

헤세가 말한 것처럼 자연이든 대상이든 우리가 무엇을 그린다는 것은 단순히 형상을 따라 그리는 것이 아니라 그 대상을 향한 자신의 사랑을 표현하는 일이다. 그래서 내가 어떤 대상에 혹은 풍경에 느끼는 감성과 애정이 더해진 단 하나의 '유일한' 그림이 탄생하는 것이다. 원하는 방식으로 그림을 그릴 수 있는 예술적 자유는 누구에게나 있고, 그림은 고유한 자기표현이기에 감상자로서 우리의 몫은 그저 그림을 보고 느끼면 될 일이다. 그림이 업이 아닌 이상 누군가의 그림을 두고서 굳이 판단하고 비판할 필요는 없지 않겠는가.

우리의 시선이 그림을 대하든 사람을 대하든 대상의 고유하고 특별한 가치를 발견하고 인정할 때 세상은 그만큼 더 아름다워지고, 우리의 영혼도 조금 더 자유로워질 것이다. 평범하고 소박한 것들에 관심을 기울이며 관찰하고, 그 가치를 세심하게 묘사하는 과정에서 위대한 그림이 탄생하는 것처럼 말이다.

＊ 상처받은 치유자

우리를 위로하는 헤세의 그림들은 아이러니하게도 그가 삶의 역경을 극복해 나가는 과정에서 탄생했다. 말하자면 헤세는 '상처받은 치유자'였다. 인류가 자행하는 전쟁의 비극에 충격을 받고, 가족의 죽음과 질병을 감내해야 했던 상황에서 헤세는 자연과 미술을 통해 상처받은 영혼을 스스로 치유했다. 그가 자연을 도서관 삼아 수채화를 그리고, 정원 가꾸기에 빠져들었던 것도 그런 이유다.

헤세는 일생에 두 번의 정신적 격랑을 겪었다. 첫 번째 격랑은 그가 청소년이었던 시절 부모가 정해준 진로와 헤세 자신의 적성이 갈등을 빚으며 시작되었다. 헤세는 15세에 목사였던 아버지의 권유로 명문 신학교인 마울브론수도원에 입학했다. 그러나 그의 예민하고 자유로운 영혼은 엄격한 수도원 생활에 적응하는 데 어려움을 느꼈다. 결국 수도원을 뛰쳐나온 헤세는 방황했고, 자살까지 시도해 정신병원에 몇 달간 입원하기도 했다.

다행히 퇴원 후 시계 톱니바퀴를 다루는 일을 배우고, 서점에서 일했던 경험들을 통해 서서히 사회에 적응할 수 있었다. 그리고 이때의 자전적 체험을 바탕으로『수레바퀴 아래서』를 집필했다. 시대와 공간은 다르지만, 헤세 또한 진로 문제로 부모와 갈등하며 기성세대에 대한 반감으로 고통스러워했던 것이다. 자신을 억누르고 학교와 사회에 순응하는 과정에서 극도의 불안정한 시기를 지난 그는 누구보다도 자신의 삶과 정체성에 대해 진지하게 고민했다.

한국 사회에서 청소년 시절을 보낸 사람들이라면 헤세가 앓았던 이 혹독한 성장통에 특히 공감할 것이다. 그가 작가로서 전 세계인의 공감을 얻을 수 있었던 이유는 이 같은 자전적 체험을 진정성 있고 생생하게 녹여냈기 때문이다.

두 번째 격랑은 제1차 세계대전과 맞물린다. 전쟁이 발발해 청년들이 징집되자 헤세 또한 전투병에 자원했다. 그러나 약시弱視 때문에 전투병으로 부적합하다는 판정을 받은 그는 후방에 배치되어 전쟁 포로와 부상병들을 담당했다. 이때 맹목적 폭력의 비극적인 참상을 목격한 그는 여러 매체에 전쟁을 강력하게 비판하는 글을 기고하며 반전운동을 전개했다. 또한 반전운동의 일환으로 타자기로 완성한 원고에 직접 그림을 그린 시집을 판매하여 전쟁 포로를 지원하는 기금을 마련했다.

민족주의적 관점에서 벗어나 조국인 독일을 맹렬히 비판했던 헤세의 입지는 이 때문에 심각한 타격을 받았다. 책은 출판을 금지당했고, 그는 매국노로 내몰려 독일에서 설 자리를 잃었다. 사회적으로 사망선고를 받은 그는 전쟁이 끝날 무렵엔 궁핍해진 생활고를 타개하기 위해 판화 등 그림을 그려 판매하면서도 그 수익을 전쟁으로 수난당하는 사람들을 위해 기부했다.

시간이 흐른 뒤 전쟁은 끝나는 듯했지만, 헤세의 불행은 좀처럼 끝나지 않았다. 전쟁 중에 찾아온 아버지의 죽음과 위기로 치달은 결혼 생활은 헤세를 한층 더 깊은 우울로 끌어내렸다. 아내의 조현병이 악화되었고, 아들마저 중병을 얻었다. 정신적 마비 상태에 이른 그는 독일을 등지고 스위스 루체른 근교의 존마트로 망명한다.

이때 그를 구원했던 것은 카를 구스타프 융과의 만남이었다. 스위스의 정신건강의학과 의사였던 융은 바젤대학교 의과대학에서 교수로 재직하며 정신분석치료와 저술 활동을 펼치고 있었다. 헤세가 망명 장소로 택한 존마트는 바젤과도 가까웠다.

융과 만난 헤세는 그에게서 정신분석을 소개받았다. 쌍둥이처럼 꼭 닮은 영혼을 가졌던 두 사람은 고전, 신화, 고고학 등 다양한 분야에서 인간 정신의 근원을 탐구하며 깊이 교류했다. 그 결과물로 탄생한 헤세의 소설과 풍경화는 현재까지 세계인의 마음을 치유하고 성장의 길로 이끌고 있다.

✳ 마비된 정신을 풀어준 그림

헤세는 스위스에서 융의 제자인 요제프 베른하르트 랑Josef Bernhard Lang 박사에게서도 장기간의 정신분석치료를 받았다. 랑 박사는 환자들로 하여금 자신의 가치를 스스로 깨닫고, 내면의 통합을 이룰 수 있도록 하는 치료 방안으로 그림 그리기를 권장했다. 인생에서 가장 힘든 시기에 처했던 헤세에게 이 방법은 회복을 위한 결정적인 촉매가 되었다. 조금씩 정신적 마비 상태에서 벗어나던 헤세는, 정신분석치료와 함께 그림을 그린 덕분에 그 힘든 시기를 건너올 수 있었다.

헤세는 초기에 자기 성찰 의지를 담은 자화상을 즐겨 그렸다. 그중 1917년과 1919년에 그린 두 점의 자화상을 소개한다. 자화상에는 그의 심리 상태와 치료 경과에 따른 변화가 반영되어 있다. 자화상은 '화가 헤세'로서 본격적인 출발점을 알리는 신호탄과도 같다.

〈자화상〉, 1917년
Self-Portrait

〈자화상〉, 1919년
Self-Portrait

우선 주목할 점은 두 자화상 모두 정형화된 형태보다 화가의 감정적인 표현이 두드러진 표현주의적 기법에 가깝다는 것이다. 전쟁을 전후하여 오스트리아와 독일을 중심으로 유행하던 표현주의는 주관적 감정을 토로하는 것을 특징으로 한다.

전쟁의 참혹함이 불러온 인간성의 말살, 당연하게 여겼던 전통적 가치의 붕괴, 그 충격으로 무너진 정신과 상처를 은유적으로 표현하기 위해 일그러진 형태와 파괴된 신체, 과장된 색채 등을 사용했다. 정신적 마비 상태에 있던 헤세의 암울한 상황을 투영한 자화상은 이러한 표현주의적 특징을 반영하고 있다.

1917년에 그린 자화상에서 거친 붓질과 모노 톤의 탁한 흙빛 색채를 통해 헤세가 막다른 골목에 다다른 듯한 답답함과 심리적 고립감을 느꼈으리라 추측해 볼 수 있다. 여유 없이 턱에 꼭 닿은 셔츠 깃과 목을 타이트하게 조인 넥타이에서는 질식할 듯한 긴장감도 느껴진다.

생각을 알 수 없을 정도로 굳어 있는 표정, 떴는지 감았는지 분명하지 않은 작은 눈, 얌전히 닫히지도 무언가를 정확하게 말하지도 않는 입은 마치 존재감을 상실한 무기력한 자아를 상징하는 듯하다. 더불어 양쪽 귀의 크기와 모양이 다른 점도 눈길을 끈다.

무의미한 폭력과 살상을 불러온 전쟁의 소용돌이에서 정치적 박해를 받은 작가는 날개가 꺾였다. 가족의 죽음과 질병으로 인한 고통 앞에서도 무기력했다. 개인적 인생의 수난과 가정의 붕괴, 나아가 모든 것을 파괴한 전쟁 트라우마는 헤세에게 인간 본성에 대한 회의감을 갖게 하며 심리적 질식 상태로도 몰아갔을 것이다.

그로부터 2년 뒤인 1919년에 그린 자화상을 한번 살펴보자. 그림 속 헤세는 이전 그림에서보다 조금은 편안해진 분위기다. 머리카락은 자연스럽게 흐트러졌고 셔츠 깃과 넥타이도 느슨해졌다. 2년 전에 비해 훨씬 안정감 있는 느낌이다. 상반신 전체를 그린 것으로 보아 여유도 조금 되찾은 것 같다. 전체적으로 부드럽고 한결 여유 있는 분위기로 우울감도 완화되어 보인다.

이 그림에서 우선 눈에 띄는 특징은 산뜻한 민트색으로 배경을 처리했다는 점이다. 헤세 수채화의 특징인 밝고 환한 파스텔 톤 색상이 나타나기 시작하면서 전체적인 색상 역시 이전보다 밝아졌다. 물론 여전히 눈과 입은 그 형체를 잘 알아보기 어려운데, 특히 극도로 작은 눈은 악마적인 느낌마저 풍긴다. 게다가 살짝 벌어진 입이 이를 드러내고 있는 것으로 보아 그의 심리 상태가 완벽히 편안하지는 않은 듯하다. 그러나 전쟁 직후의 정신적 마비 상태에서는 서서히 회복되고 있는 것으로 보인다.

1917년과 1919년 사이 2년이라는 시간을 두고 그린 이 두 자화상에서 우리는 그가 정신분석치료를 받으며 자화상을 그리는 과정을 통해 정신적 마비 상태에서 점진적으로 풀려나는 회복 과정이 어땠는지를 엿볼 수 있다.

✳ 겨울잠에서 깨어난 소녀

헤세가 그림을 그리며 상처받은 영혼을 치유하고 회복해 나갔듯 그림이 가지는 치료 효과는 여전히 광범위하고 크다. 특히 언어 능력이 충분치 않은 아동이나 언어 능력이 손상된 성인의 경우 그림은 특히 유용하다. 치료를 위한 초기 단계에서 환자와의 신뢰 관계도 유연하게 형성할 수 있고, 그 과정에서 발생할 수 있는 저항도 크게 줄일 수 있기 때문이다.

또한 환자는 편안한 상태에서 자유롭게 그림을 그리는 동안 마음의 문제를 자연스럽게 그림에 투사한다. 그런 그림들은 심리학자에게 빗장을 굳게 걸어 닫은 내담자의 속마음을 들여다볼 수 있는 단서가 된다.

심리적 충격이나 극심한 불안을 느낄 때 정상적인 언어 능력이 있음에도 말문을 닫아버리는 사람들이 있다. 제한된 상황에서 제한된 사람들과만 대화하기에 사회적 기능과 학업에 심각한 문제가 초래되는 이 증상을 선택적 함구증이라고 한다. 아동이나 청소년에게서 흔히 보이는 이런 언어적 의사소통장애를 치료하는 데 그림은 특히 탁월한 치료 방법이다. 내게도 선택적 함구증을 앓았던 한 소녀가 그림을 통해 자기 문제를 꺼내 보이고 성공적으로 치료를 마친 사례가 있다.

소녀는 석유공학을 공부하는 아버지를 따라 사우디아라비아에서 미국으로 건너왔다. 2년 동안 미국에서 지내며 여느 미국 아이들보다 더 유창하게 영어로 말하고, 어려운 책도 막힘없이 읽을 수 있었다. 그러나 집 밖으로 나서기만 하면 입을 꾹 닫았다. 정말 단 한마디도 말하지 않았기에 유치원에서 실시하는 학업 능력 측정에도 매번 실패했고, 담임교사는 소녀의 학업 능력을 확인할 방법이 없어 한 해 더 유치원을 다니게 해야 할지 고민하고 있었다.

다행히도 나와 소녀의 첫 대면은 성공적이었다. 한국인 심리학자였던 내게 소수자로서의 동질감을 느꼈기 때문인지 아니면 '캣cat'을 어떻게 발음하는지 가르쳐달라고 했던 나의 '어수룩해 보이기' 전략이 통했기 때문인지는 모르겠다. 부모의 염려와 달리 소녀는 첫 회기를 시작한 지 10분이 지나자 자연스럽게 입을 열었다. 이어진 치료에서 소녀는 고무찰흙을 길게 늘여 검은 뱀을 만들며 뱀은 겨울잠을 잔다고 설명했다.

두 번째 회기에서 소녀는 북극곰을 그렸다. 새하얀 털로 덮여 물고기를 잡아먹는 북극곰이 자기를 닮았고, 지구상에서 가장 순수하고 착한 동물이라고 했다. 그리고 북극곰 가족은 춥고 캄캄한 동굴 안에서 긴긴 겨울잠을 자고 있다고 덧붙였다. 미국으로 날아온 사우디아라비아의 소녀는 자신이 직접 본 적도 없었을 동물들, 즉 동면하는 북극곰 가족과 검은 뱀을 소개하며 자신이 심리적·언어적 동면 상태에 있음을 말하고 싶었던 것이다.

독실한 정통 무슬림 가정의 소녀에게 미국은 춥고 캄캄한, 커다란 동굴 같은 곳이었고, 자신은 그 동굴에서 마음과 입을 모두 닫은 채 동면하는 새하얀 북극곰이었다. 이어진 회기들에서도 소녀는 자신의 상태를 다양한 상징과 은유적 표현으로 예리하게 보여주었고, 나는 그 그림에 나타난 흥미로운 상징들을 해석하며 소녀가 입을 열수 있도록 도왔다.

일주일에 한 번씩 만나던 우리의 여정은 8개월 동안 이어졌다. 그리고 이 여정은 소녀가 잔뜩 긴장한 얼굴로 나를 비롯한 동료 심리학자들에게 "안녕"이라고 말하며 치료실을 나가는 '해피 엔딩'으로 막을 내렸다.

겨우내 생장을 멈추었던 생명들이 봄이 되면 깨어나듯 이 사우디아라비아에서 온 소녀도 마침내 '겨울잠'에서 깨어났다. 비록 소녀에게 미국이 춥고 어두운 동굴이었다는 사실은 유감이지만, 소녀와 내가 언어를 뛰어넘어 예술이라는 언어로 끈끈하게 엮인 유대 관계였음은 분명하다.

✻ 데미안을 찾는 여정

사실 헤세의 치료를 도왔던 융 또한 자신을 치유하고, 자아를 통합하기 위해 매일 그림을 그렸다. 그는 치료에서도 여러 예술적 표현을 응용했는데, 특히 환자들에게 꿈을 그림으로 기록할 것을 권장했다. 꿈을 그림으로 기록하는 과정에서 무의식 수준에 있던 갈등과 억압이 의식 수준으로 올라와 구체화되고, 치료적 카타르시스를 경험할 수 있다고 보았기 때문이다.

동서양 신화와 고전, 종교를 아우르는 인간성에 관한 연구로 탄생한 융의 성격 발달 이론은 오랜 역사적 경험에서 축적된 정신적·문화적 원형이 유전을 통해 전달된다고 보았다. 이 억압된 무의식 속에 잠재되어 아직 개발되지 않은 자아는 빛과 어둠, 감정과 이성, 행동과 숙고, 내향성과 외향성, 남성성과 여성성 등의 대립 상태로 존재한다. 사회적 경험을 통해 대립된 상태의 자아를 통합해 나가는 과정이 바로 융이 생각하는 성격 발달이다. 그리고 이런 경험을 통해 자신의 내면 갈등에 대한 통찰이 생길 때 환자 또한 회복에 이르며 균형 잡힌 인격체로 성장한다.

생이 완전히 무르익지 않았을 때 우리는 세상을 탐험하며 '사랑과 감성의 화신' 골드문트가 주도하는 시간을 보내기도 하고, '이성과 절제의 화신' 나르치스가 주도하는 시간을 보내기도 한다. 에밀 싱클레어의 내면에 존재하던 데미안이 그의 존재가 가지고 있는 힘과 지혜를 일깨워 주었듯 결국 우리가 그토록 닮고자 했던 데미안도 우리 안에 숨 쉬고 있다. '데미안'을 스스로 찾아가는 여정이 바로 삶이며, 그 시간 속에 무수히 존재하는 '나르치스'와 '골드문트'를 통합해 나갈 때 비로소 삶의 해답을 찾을 수 있다.

스위스에서 헤세는 마비되었던 정신을 치유했다. 사우디아라비아의 소녀에게 미국이 심리적·언어적 동면의 공간이었던 것처럼 헤세에게는 독일이 그런 공간이었다. 그래서 독일을 벗어난 헤세에게 스위스의 자연이 안전한 치유의 공간이 되어줄 수 있었던 것은 다행한 일이다. 버티는 것만으로도 벅찬 삶이었지만, 그는 삶에 대한 의지와 애정을 회복해 나가기 위해 글을 쓰고 그림을 그렸다. 그렇게 탄생한 헤세의 그림에는 삶에 대한 근본적인 의지와 애정이 녹아 있다.

아름다운 자연 풍경을 그림에 담아내면서 헤세는 친구에게 편지를 썼다. 펜과 붓으로 무언가를 창조하는 일이 와인처럼 따뜻하게 해준다고 말이다. 헤세의 맑고 투명한 색채를 입은 수채화의 풍경 속을 거닐다 보면 어느새 스위스의 환한 햇살과 산과 호수를 스치는 서늘한 바람이 마음에 불어오는 것을 느낄 수 있을 것이다.

포기하지 않고
살아 숨 쉬는 한
빛은 꺼지지 않는다

앙리 루소

Henri
Rousseau
(1844~1910)

누구에게나 마음에 소중히 담아놓은 꿈이 있다. 반짝이는 반딧불을 쫓듯 그 꿈을 향해 달려가는 마음은 얼마나 설레었던지. 발바닥에 물집이 생기고, 발톱이 빠질 것 같은 고통을 느끼는 순간도 있겠지만, 마치 날개가 돋아난 듯한 기분을 느끼는 순간도 있다. 그 순간엔 이 넓은 세상을 훨훨 날겠다는 다짐으로 다시 주먹을 불끈 쥐어보기도 한다. 물론 꿈에 닿기 위한 관문은 제한적이고, 치열한 경쟁에서 우위를 점하기란 쉬운 일이 아니다. 그러나 긴 호흡으로 자기 실력을 다지는 과정에서 우리는 정신적 포만감을 느끼고 지속 가능한 행복을 발견한다. 앙리 루소의 행복은 그런 것이었다.

✳ 나의 길을 걷겠다는 다짐

　타인에게 인정과 찬사를 받을 때 느끼는 순간적인 만족은 찰나에 불과하다. 자신의 존재감을 타인의 평가에서 찾는 것은 불행한 일이다. 사회의 잣대와 평가는 치워두고, 나만의 가치와 능력을 계발할 용기를 낼 수 있다면 삶의 자유도는 훨씬 증가한다. 뚝심 있게 자신의 꿈을 향해 나아가는 데서 오는 행복감이야말로 삶을 더 깊이 있고 풍성하게 만든다.

　앙리 루소가 바로 그런 화가였다. 경제적 결핍과 가족을 먼저 떠나보내는 아픔 많은 삶에도 그는 19세기 프랑스의 벨 에포크 시대를 호령했던 천재들과 어깨를 겨루는 거장으로 우뚝 섰다. 세상의 눈치 따윈 보지 않고 스스로 터득한 자기만의 화풍을 소신 있게 추구했던 루소는 자기 세계를 구축해 나가는 과정에서 행복을 찾았다.

　프랑스 북서부의 작은 도시 라발에서 가난한 배관공의 가정에서 태어난 루소는 어린 시절부터 그림과 작곡, 연주 등에 재능을 보였다. 20세에 군인이 된 이후 몇 가지 직업을 거치다 센강을 통과하는 상선들의 하역 물품을 기록하고 요금을 징수하는 세관원으로 일했다. 물론 그 일은 루소가 자신의 재능을 펼치며 자아를 실현하는 데 도움이 될 만한 일은 아니었다.

화가라는 꿈을 놓지 않았던 루소는 주말이면 미술관과 자연사박물관, 수목원 등을 찾았다. 그림과 식물을 살피며 독학으로 그림을 공부하고 모티프도 얻곤 했다. 상상력이 고갈된 다른 화가들이 새로운 영감을 찾아 아프리카 대륙을 여행할 때, 가난한 루소는 수목원을 거닐며 아프리카의 우거진 원시 열대우림을 상상했다.

한 분야에서 대체할 수 없는 존재가 되는 것은 한때의 유행을 따르지 않고 자기만의 주제와 확고한 취향을 가질 때 시작된다. 루소의 그림은 가난하고 주류와 동떨어졌다고 해서 주눅 들지도 눈치 보지도 않고 꾸준하게 밀고 나간 소신과 배짱, 끈기가 엮어낸 결과다. 소신 있게 묵묵히 파고들어 탄생시킨 그의 세계는 어떤 화가와도 비교할 수 없는 독창적인 분위기와 원초적 생명력을 풍긴다. 이를 증명하듯 그의 그림은 현재 뉴욕 현대미술관, 파리 오랑주리미술관, 런던 내셔널갤러리 등 세계의 내로라하는 미술관들에 전시되어 있다.

그러나 루소에게 인생은 가혹했다. 두 명의 부인과 그 사이에서 태어난 여섯 명의 자녀 중 다섯 명이 어려서 그의 곁을 떠났다. 루소가 46세 때 그린 자화상을 통해 우리는 그때의 상실감과 그리움 등 그의 복잡한 심정을 조금 엿볼 수 있다.

한편 루소가 이 자화상을 그리기 시작한 1889년 프랑스 파리에

<나 자신: 초상-풍경>, 1890년
Myself: Portrait-Landscape

서는 만국박람회가 열렸다. 그림 속 배경에 보이는 하늘을 나는 열기구, 만국기를 단 화려한 상선에 가려진 에펠탑에서 프랑스의 가장 아름다운 시절이었던 벨 에포크 시대의 분위기를 엿볼 수 있다.

　이런 배경을 뒤로한 채 정장에 베레모를 쓰고 붓과 팔레트를 든 화가로 우뚝 선 루소의 모습에는 화려한 파리를 대표하는 위대한 화가가 되겠다는 루소의 자신감도 엿볼 수 있다. 상실의 고통과 슬픔에 주저앉지 않고 행복했던 시절의 기억을 연료 삼아 굳건히 화가의 길을 가겠다는 다짐이었을까?

　루소의 자화상에서 그가 들고 있는 팔레트 가운데를 자세히 보면 '클레망스'와 '조제핀'이라는 이름이 새겨져 있다. 20년을 함께했지만 먼저 세상을 떠난 아내 클레망스를 추모하고, 재혼한 아내인 조제핀의 건강을 비는 마음으로 루소가 팔레트에 또박또박 새겨 넣은 이름들이다. 하지만 안타깝게도 재혼하고 4년 뒤 조제핀마저 세상을 떠났다.

　그림 속 루소는 미간과 콧등을 살짝 찡그리고 있다. 왜 그랬을까? 조금 더 자세히 들여다보면 그의 눈에 슬픔이 배어 있음을 알 수 있다. 눈물을 참기 위해 살짝 힘이 들어간 것 같기도 하고, 먼 곳을 바라보고 있는 시선에는 약간의 우울감도 담겨 있는 듯하다. 과장된 크기만큼 컸던 화가의 자부심 위로 그의 표정에는 먼저 떠난 부인과 아이들을 향한 슬픔과 그리움이 엿보인다.

✳ 번개와 폭풍우에 놀란 호랑이

가족을 잃은 루소는 40대가 된 이후 본격적으로 살롱전에 자신의 그림을 출품하기 시작했다. 당시 살롱전은 미술계 등용문이었는데, 루소는 파리 살롱전과 독립미술전인 앙데팡당, 가을전람회인 살롱 도톤 등 여러 곳에 자신의 그림을 출품했지만 모두 낙선하며 큰성과를 거두지 못했다. 이 시기 루소는 파리의 그 어떤 화가보다도 가장 어두운 터널을 지나고 있었다.

세상에 상처받고 절망에 빠졌을 때 자연보다 더 큰 위로가 있을까? 이 어두운 시절, 루소는 파리 도심을 탈출해 아프리카 열대우림으로의 여행을 상상하며 마음을 가다듬곤 했다. 수목원이나 뤽상부르공원 속 숲길은 그만의 열대우림이자 '케렌시아querencia(투우 경기 중 소가 숨을 고르며 쉬는 공간)'가 되었다.

열대우림을 상상하던 케렌시아에서 그는 자기만의 독창적인 세계를 창조했다. 〈열대 폭풍우 속 호랑이〉는 루소가 즐겨 그린 열대우림 중 하나다. 자연의 원초적 에너지를 강렬하게 분출하는 이 그림은 19세기 말이라는 제작 시기가 무색할 정도로 현대적이다. '놀람!'이라는 부제에 걸맞게 그림에는 호랑이가 자세를 한껏 웅크린 채 동그란 눈을 뜨고 있다. 쏟아지는 폭풍우와 번개에 놀란 호랑이는 수염마저 불안에 떨고 있다. 대단한 서사는 없지만, 이 그림의 강력한 정서적 전달력은 우리의 마음을 단번에 사로잡는다.

〈열대 폭풍우 속 호랑이(놀람!)〉, 1891년
Tiger in a Tropical Storm(Surprised!)

Henri Rousseau
1891

루소의 인생 여정을 이해하고 보면 이 겁먹어 놀란 호랑이가 다름 아닌 반복되는 가족의 죽음으로 상처 입고, 뜻대로 되지 않는 인생에 두려워하는 루소의 또 다른 자화상일지도 모른다는 생각이 자연스레 든다. 이를 깨닫는 순간 그림이 그토록 우리의 마음을 사로잡았던 이유가 공감되고, 작은 호랑이에게 연민을 느끼며 응원을 보내게 될 것이다.

❊ 영원히 계속되는 골짜기란 없으니

생로병사生老病死는 우리의 통제를 벗어난 '운명'이다. 그러니 우리가 할 수 있는 것이라곤 내 앞에 주어진 시간에 집중하며 더 나은 선택과 결정을 하고, 그것을 최선으로 만들기 위해 애쓰는 일뿐이다. 하지만 삶은 언제나 그렇듯 내가 정한 계획표대로 진행되지 않으며, 돌발 변수도 항상 예고 없이 찾아온다.

루소의 삶이 그랬던 것처럼 인생이 깊은 골짜기로 굴러떨어지는 일은 40대에 특히 많이 일어난다. 삶의 범위가 확대되고, 가정과 사회에서의 의무와 역할이 다양해지며, 책임의 무게가 최고조에 이르기 때문이다. 성공한 사람들조차도 40대를 지날 때면 불만족과 우울과 불안에 시달리는 경우가 적지 않다. 과학적 연구들은 그 사실을 뒷받침한다.

마흔을 위한
치유의 미술관

미국의 브루킹스연구소는 올바른 사회 정책을 위해 현실 사회를 연구하는 곳이다. 이곳의 연구자인 조너선 라우시Jonathan Raush는 전 세계에서 수집한 방대한 자료를 통해 삶에 대한 만족감이 일종의 함수 곡선과 같다는 사실을 발견했다.

국가마다 조금씩 차이는 있지만, 라우시의 연구에 따르면 인종과 성별, 국적, 삶의 성공 여부 등을 막론하고 40대 중후반에는 삶과 직업 만족도를 비롯한 정신건강 지표가 최저점을 기록했다. 유럽 27개국을 조사한 한 연구에서도 45~49세 사이 대상자들에게서 우울 증상을 개선하기 위한 항우울제 사용 빈도가 가장 높았다. 어느 모로 보아도 40대가 '정신의 어두운 골짜기'임이 분명해 보인다.

흥미롭게도 이런 결과는 인간만의 특징이 아니다. 오랑우탄이나 침팬지 같은 유인원에게서도 발견된다. 미국, 일본, 싱가포르, 몇몇 유럽 국가들을 포함해 여러 대륙의 유인원 행동 특성을 연령대별로 측정한 결과, 40대에 해당하는 시기에 심리적 슬럼프를 보인다는 사실을 발견했다. 즉 40대의 슬럼프는 유인원의 유전자에 새겨져 있다는 의미로 해석할 수 있다.

나의 40대도 별반 다르지 않았다. 미국에서 일과 육아를 병행하며 30대 후반에 시작한 박사과정을 40대가 되어 마쳤다. 누구의 도움도 받지 않고 마침내 꿈을 이루었다는 성취감은 곧 전투와도 같았던 시간이 남긴 극도의 피로감과 스트레스에 잠식되었다. 박사학위를 받은 직후 대학교에서 심리학을 가르치면서 번아웃 증상으로 건강이 악화되었고, 가정을 돌보며 엄마라는 역할에 치여서 사회적 자아를 되찾았다는 보람을 느낄 겨를도 없었다.

그러던 중 간신히 버텨오던 내가 '인생의 깊은 골짜기'로 굴러떨어진 것은 한국에 계신 아버지가 어느 날 갑자기 한마디도 남기지 않은 채 돌아가신 이후의 일이었다. 멀리 있어 자주 뵙지도 못했던 아버지를 잃은 상실감은 불에 덴 듯 뜨거웠고, 그 고통을 위로할 수 있는 것은 아무것도 없었다. 내 인생은 한순간에 항로가 지워져 백지가 된 지도와 같았고, 나는 불 꺼진 빈집에 혼자 남겨진 처지가 되었다.

돌아가신 아버지를 그리며 멸滅하는 존재와 멸하지 않는 존재에 대해 생각하고 있을 때 그림에 담긴 화가들의 이야기가 귓가에 들려오기 시작했다. 아버지가 이 세상에 남겨두고 가신 존재의 흔적이 나인 것처럼 그림은 화가들이 세상에 남긴 존재의 기억이었다. 그들의 육체는 사멸했지만, 그들의 영혼은 그림에 담겨 살아 숨 쉬며 내게 말을 건넸다.

그렇게 영원할 것 같았던 어둡고 긴 터널 끝에 빛이 새어들고, 잃었던 몸과 마음의 건강을 회복할 때가 되니 40대가 끝나가고 있었다. 미국의 대문호 F. 스콧 피츠제럴드가 말했듯 마흔은 시가 하나를 다 피울 정도로 사연이 많은 나이다. 그러나 40대의 골짜기가 제아무리 깊다고 해도 포기 않고, 끊임없이 살아 숨 쉬는 한 그 골짜기는 영원하지 않다. 루소가 그랬던 것처럼 말이다.

✳ 이전에 없던 새로운 화가의 등장

49세가 된 루소는 세관원에서 은퇴 후 바이올린과 그림을 가르치며 생활비를 충당했다. 화가로서의 본격적인 삶을 시작한 루소는 여전히 가난했지만 열정적이었다. 50세가 된 1894년에는 〈전쟁(불화의 기마상)〉이라는 제목의 그림을 독립화가전에 출품했다.

〈전쟁(불화의 기마상)〉엔 특별한 기교가 없다. 원근법은 무시되었고, 입체감과 비례감도 상실했다. 마치 아이가 그린 듯 유치하지만, 참혹한 전쟁의 실상을 한눈에 보여주는 전달력만큼은 여전히 뛰어나다.

루소는 20대 중반에 프로이센-프랑스 전쟁을 겪었고, 파리시민들과 노동자들이 파리코뮌을 수립하는 과정에서 벌어진 참상도 가까이에서 체험했다. 군 복무 경험이 있었던 만큼 그는 누구보다 폭력적인 현장들에 익숙했고 전쟁의 비극도 잘 알고 있었다.

그림을 자세히 보자. 꽃잎처럼 붉게 핀 구름 아래로 땅에는 검게 그을린 나뭇가지들이 부러져 있다. 그 위로 목이 떨어진 시체들, 그들을 뜯어먹는 까마귀들이 뒤엉켜 선혈이 낭자하다. 하늘에는 한 손에 칼, 다른 한 손에 불을 든 전쟁의 여신이 검은 말을 타고 날아다니며 사람과 자연을 파괴하고 있다. 갈기처럼 찢어진 여신의 치맛자락과 곤두선 말갈기의 톱니 같은 날카로움은 전쟁의 공포와 불안감을 한층 강조한다.

〈전쟁(불화의 기마상)〉, 1894년
War(The Ride of Discord)

프랑스 미술비평가 루이 르루아Louis Leroy는 단순하면서도 주제
전달력이 뛰어난 루소의 그림을 당시의 유명 전위예술지였던《르 머
큐리》에 소개하며, 전에 없던 신선함과 독창성을 담은 그림이라 높
이 평가했다. 기성 화가들과는 다른 '참고 자료가 없는 창작품'이라
는 특징은 루소만이 보여준 독창성이었다. 이 일을 계기로 루소의
이름이 프랑스 미술계에 본격적으로 알려지기 시작했다.

터널 끝에 빛이 비치듯 40대라는 깊은 골짜기에 끝이 보이기 시
작하면 어느새 50대에 진입하게 된다. 그와 함께 내려놓음의 중요성
과 감사함의 지혜를 깨닫게 되면서 하강 곡선을 그리던 삶의 만족도
도 반등한다. 공자도 쉰이 되면 삶의 방향을 이해하고 받아들이는
때라 하여 '지천명'이라고 말하지 않았던가. 현실적인 책임감과 부담
이 조금씩 덜어지며 안도감이 드는 측면도 있겠지만, 삶의 진실을 알
게 될 만큼 연륜이 생겨났기 때문이기도 하다. 이렇게 삶에 대한 기
대치가 재정립되고 가치관이 바뀌면 뇌 구조 또한 변한다.
　루소의 50대도 마찬가지였다. 예리했던 비평가 르루아가 예견
한 대로 루소의 그림은 모더니즘 시대를 여는 포문이 되었다. 주류
비평가들의 눈에는 아둔해 보였을지 모르지만, 루소의 그림은 당
시 아방가르드 화가들에게 엄청난 영감을 불어넣었다.

❋ 대체할 수 없는 '나'라는 가치

새로운 세계관과 화풍을 실험하던 아방가르드 화가들에게 루소의 원초적 화풍은 기성 체제의 때가 전혀 묻지 않은 완전히 다른 세계였다. 수목원에서 아프리카의 열대우림을 탄생시키고, '주말 화가'라는 비아냥에도 홀로 독자적인 화풍을 만들어낸 루소는 가공되지 않은 원석이었다. 신비롭고 원초적인 소박함을 뿜어내던 그림은 젊은 아방가르드 화가들과 자유분방한 지식인들을 매료시켰다.

1908년 루소의 그림에 신선한 인상을 받은 파블로 피카소는 그를 자신의 몽마르트르 작업실인 '세탁선'으로 초대해 파티를 열었다. 당대 저명한 화가와 문인이 대거 참석했던 이 기념비적인 파티에서 프랑스 시인 기욤 아폴리네르Guillaume Apollinaire는 루소의 그림을 비현실적인 느낌을 주는 초현실주의 그림이라 극찬했다. 루소를 위한 시를 헌정했을 정도였다.

이 시를 듣고 루소가 피카소를 돌아보며 "피카소 당신은 이집트 화풍에서 최고이고, 나는 현대적인 화풍에서 최고"라고 말했다는 일화가 있는데, 이 일화는 루소의 자신감, 즉 그가 얼마나 강력한 심리적 자본을 가지고 있었는지를 알 수 있는 일화다.

만약 루소가 파리의 '금수저' 화가들에게서 상대적 박탈감을 느꼈더라면 루소는 그들과 마음을 터놓고 교류할 수 없었을 것이다. 빈부격차는 어느 사회에서나 존재하고, 그로 인한 박탈감 또한 인간의 기본적인 감정이겠지만, '상대적'이라는 말로 타인의 시선에 자신을 비교하며 스스로 감옥에 갇히는 것은 얼마나 무시무시한 일인가. 그러나 루소는 자신의 처지를 비관하지 않았고, 당대 천재들과 자신을 비교하지도 않았다.

세관원으로 평범한 서민이었던 루소가 남달랐던 이유는 결핍을 불행해하지 않고 스스로 정신적 풍요를 찾아냄으로써 긍정적인 심리 자본을 만들었다는 데 있다. 자신이 원하는 바를 정확히 알고, 주어진 환경을 받아들이며 그에 맞춰 계획하고, 자신의 가치를 믿었기에 루소는 화가로서 자수성가하며 미술사에 선명한 발자국을 남길 수 있었다.

그는 비록 부모에게 물려받은 경제적 자본이나 인맥이라는 사회적 자본은 없었지만, 세상의 눈치도 보지 않았고 그저 열린 마음으로 그림을 향한 열정을 끈기 있게 갈고닦았다. 이 과정에서 생긴 긍정적인 심리 자본이 루소를 대가로 만든 것이다. 그 결과 대체할 수 없는 독창적인 예술적 가치도 확립했다.

우리의 삶도 그러하다. 발 빠르게 시류에 편입하며 '유행 상품'이 되거나 반대로 상대적 박탈감에 좌절하여 현실에 주저앉아서는 안 된다. 세상의 잣대와 평가에 예민하지 않아 느리고 둔해 보일지라도 자기만의 색과 향기를 가진 독자적인 실력을 갖추어 나갈 때, 독보적인 가치는 결국 빛을 발한다. 또한 사회도 그만큼의 다양성으로 풍부해진다.

상상 속 아프리카의 열대우림에서 투박하지만 확실했던 자기만의 세계를 추구했던 루소의 삶은 그 자신에게만큼은 가장 자연스러운 삶이자 행복이었다. 루소가 그랬듯 외부의 시선과 평가가 아닌 자기 내면에서 안녕과 평화를 찾는다면 스스로 만족하는 삶을 충분히 살아갈 수 있다. 흔들리지 않는 자신감이야말로 주어진 역할을 다하고 목표를 향한 꾸준한 전진을 가능하게 한다. 물론 시간이 오래 걸릴 수 있다. 하지만 무한 경쟁이 불러일으킨 파괴적인 욕망을 잠재우기 위한 시작은 생각보다 정말 간단하다. 잠깐 우리도 루소처럼 '지금-여기' 내 눈앞의 행복을 최대한 만끽하는 것이다.

자연이 알려준
멈춤의 미학

구스타프 클림트

Gustav
Klimt
(1862~1918)

뜨거워진 머리를 식히고 싶거나 중요한 결정을 앞두고 있을 때, 우리는 종종 자연으로 들어간다. 자연의 광활하고 변함없는 품에 안길 때면 인간의 미약함을 깨닫고 겸손한 마음을 얻게 된다. 불필요한 생각을 비워내 가벼워진 마음에는 직관적 통찰의 힘도 생긴다. 그 통찰력에서 문제를 직면하고 추진력이 생겨난다. 그런 자연의 힘을 알고서 정기적으로 숲속으로 들어간 구스타프 클림트는 자연 속에서 치유하고 회복되었던 경험을 풍경화에 담아냈다. 그렇게 탄생한 그의 풍경화는 우리에게 자연의 치유력이 무엇인지를 생생하게 알려준다.

✳ 숲속의 고독한 은자

20세기 오스트리아의 모더니즘을 대표하는 화가라면 단연 구스타프 클림트를 꼽을 수 있다. 그의 이름을 본 순간 황금빛 장식에 휩싸인 연인을 그린 〈키스The Kiss〉가 떠오를 것이다. 오스트리아의 부르주아 여성들을 그린 화려하기 그지없는 장식적 초상화들은 그에게 상업적 성공과 독보적인 명성을 안겨주었다.

당시 오스트리아 빈은 유럽의 500년 문화도시이자 화려한 국제도시였다. 그런 빈의 사교계 중심에서 클림트는 상류층 여성들을 비롯한 부르주아와 교류하며 그들의 초상화를 주문받아 그렸다. 초상화를 하나 그리는 데는 거의 6개월이 소요되었다. 화려한 도시에서 상업 화가로서 분주한 시간을 마감할 때쯤 그는 독일 국경과 인접한 아터제호수 근처 리츨베르크라는 마을의 별장으로 긴 여름 휴가를 떠났다. 그곳에서 아침 6시면 일어나 숲속을 산책하던 그를 보고 마을 사람들은 '숲속의 고독한 은자'라고 불렀다. 클림트는 이른 새벽 숲을 산책하고 그 정경을 그림으로 그리며 자연에서 재충전 시간을 가진 후 다시 도시 생활로 뛰어들 힘을 얻었다.

⟨공원⟩, 1909~1910년
The Park

현대인 대부분은 분주하기 그지없는 '도시 생활자'들이다. 성공적인 도시 생활자로 살기 위해서 애쓰다 보면 숨이 턱까지 차오른다. 심신을 소진하는 날들이 끝도 없이 지속되면 어느날 문득 삶에 대한 투지는 사그라지고 탈진 상태에 빠진 자신을 발견한다. 클림트가 '여름의 은둔'으로 지친 몸과 마음을 달랬던 것처럼 삶에는 '잠시 멈춤'이 필요하다.

내가 초록빛 점으로 가득했던 클림트의 풍경화 〈공원〉을 만났던 때도 몸과 마음의 에너지가 소진 상태에 있던 어느 날이었다. 점묘법으로 90퍼센트 이상의 잎을 표현한 이 그림은 가지와 잎이 마치 하나의 덩어리를 이루어 담장을 이루고 있는 것처럼 보인다. 사면이 1미터 정도인 정사각형 캔버스에 담긴 이 그림은 지나던 관객의 눈길을 단숨에 사로잡을 정도로 특이한 구도를 가졌다. 일반적으로 통용되던 시선에서 벗어난 클림트만의 '숲멍' 기록이다.

클림트의 모든 풍경화에는 인물이 배제되어 있다. 사람의 흔적이라고는 없는 자연 그대로의 풍경을 담은 그림들은 원근법도 묘하게 비틀어져 있고, 빛의 방향도 일정하지 않다. 이 인적 없는 〈공원〉에는 심지어 하늘조차 제대로 보이지 않는다. 그에게도 일이나 커리어는 옆으로 밀어둔 채 자연을 즐기기 위한, 오롯이 '나'라는 존재에 집중하며 여유를 되찾기 위한 작업이 필요했던 것이다.

＊ 인간의 잠재된 욕망을 찾아서

클림트는 오스트리아 빈 근교에 위치한 바움가르텐에서 보헤미아(현 체코) 출신 금세공사인 아버지와 오페라 가수였던 어머니 사이에서 태어났다. 전액 장학생으로서 학교를 졸업한 그는 동생 에른스트, 친구 프란츠 마치Franz Matsch와 함께 쿤스틀리콤파니라는 예술가 회사를 설립하고 공공건물들의 벽화를 주문받아 그렸다. 특히 이때 그린 빈미술사박물관의 2층 벽화는 클림트의 경력 초기 기념비적인 그림으로 고대 그리스와 비잔틴 화풍의 여성들 등 고전적인 모티프를 차용한 클림트의 낭만성이 돋보인다.

이미 완성형에 가까운 기량을 선보이던 클림트는 1888년 빈에 위치한 부르크극장의 벽화를 그린 공로로 오스트리아 황제였던 요제프 1세로부터 황금공로십자훈장을 받는 등 미술계에서 입지를 쌓았다.

19세기 말 빈은 변화와 혁신의 기운이 요동치는 곳이었다. 유럽을 지배했던 500년 역사의 합스부르크 왕가도 종말을 향하고 있었고, 의학, 심리학, 예술, 건축 등 다양한 분야에서 등장한 천재들이 새로운 실험을 진행했다. 20세기로의 진입은 기독교 사상을 거부하는 시대적 변화를 동반했는데, 그것은 유럽인들의 가치관을 뿌리부터 흔드는 일이기도 했다. 빈의 천재들은 그 시대적 변화를 선도하고 있었다.

이러한 변화의 계기 중 하나는 19세기가 고대 문명을 찾기 위한 고고학적 발굴이 대대적으로 진행되던 '역사의 세기'였다는 데 있다. 계몽사상 시대, 이성과 논리가 오랫동안 지배한 문명사회는 감정과 신체의 본질적 가치를 억압했다. 켜켜이 파묻힌 지층에서 발굴한 고대 문명의 흔적들은 지크문트 프로이트에게도 인간 정신의 복합 구조에 관한 통찰을 안겼다.

프로이트는 인간의 정신 역시 고대 유물처럼 심층에 묻혀 있는 무의식적인 부분과 표면으로 드러나는 의식 부분의 이중 구조로 이루어졌다고 말했다. 그가 정립한 정신의 이중 구조 모델에 따르면, 인간의 행동은 이성과 논리가 아닌 무의식에 내재한 욕망이 이끈다. 소외되고 억압된 욕망이 출구를 찾지 못해 원인을 알 수 없는 신체적 마비와 히스테리 같은 신경학적 증상들이 나타나는 것이다.

프로이트는 이런 증상들을 치료하면서 이 같은 문제들이 사회적으로 용납되지 않는 무의식적 욕망을 억압해 온 결과라고 주장했다. 그리고 환자의 언어로 자유 연상을 분석해 억눌린 욕망과 감정의 정체를 파악하고 해방하여 이 증상들을 치료하고자 했다.

당시 유럽의 이런 다양한 지식과 사상은 살롱에서 교류되었다. 클림트는 오스트리아 최고의 명성을 지닌 베르타 추커칸들Bertha Zuckerkandl이 운영하던 살롱에 참여하며 역사, 의학, 과학 등 여러 분야의 방대한 지식을 흡수했다. 이후 빈의과대학교의 해부학 교수로 재직 중이었던 베르타의 남편 에밀을 만나며 클림트는 그의 해부학 실험실도 드나들게 되었다. 그는 그곳에서 최신 의학과 지식을 흡수했고, 신체 세포와 생식세포 등의 모티프를 응용해 그림의 배경을 장식하는 아르누보적인 그림들을 그렸다.

그러나 1892년 서른의 문턱에서 클림트는 예술적 동반자였던 동생과 아버지를 연달아 잃는 비극을 맞았다. 예고 없는 가족의 죽음으로 마음이 무너져 내린 그는 수년간 작업을 중단할 만큼 실의에 빠졌다. 클림트가 삶과 죽음의 문제, 인간의 실존적 본질에 대한 문제의 심연에 빠져들었을 때 그는 프로이트와 프리드리히 니체의 이론을 탐닉했다.

클림트는 성적 충동과 무의식에 잠재된 욕망이야말로 인간의 기본적 동인이라고 주장한 프로이트의 이론에서 자신의 미학적 지향을 발전시켰다. 그리고 새 시대에 맞는 새로운 미술을 모색하며 순수 예술과 응용 예술 사이의 엄격한 경계를 뛰어넘는 아르누보 운동을 이끌기로 마음먹었다.

그가 3년 만에 다시 미술계에 돌아왔을 때 그의 그림엔 초기의 특징이던 고전적 화풍과 사실적 낭만성이 자취를 감추었고, 대신 허무, 죽음, 어둠 등 퇴폐적인 이미지들로 가득 찼다. 클림트의 이런 시도는 곧 사회의 전통적 미학에 대한 도전이자 제도권을 향한 투쟁의 시작이기도 했다.

✳ 시대에는 예술을, 예술에는 자유를

이 무렵 오스트리아 미술계의 촉망받는 총아였던 클림트가 미술계와 결별을 선언하고 독자 노선을 걷는 계기가 된 사건도 발생했다. 오스트리아 교육부가 그에게 빈대학교 강당 천장을 장식할 그림을 의뢰했을 때의 일이었다.

오스트리아 교육부는 학문의 위대함과 그 진보성, 인간의 이성이 갖는 무한한 가능성을 홍보하기 위해 클림트에게 그림을 의뢰했다. 그러나 그가 내놓은 결과물은 니체의 허무주의적 철학을 차용한 퇴폐적 분위기가 물씬 나는 그림이었다.

벽화의 내용은 교육부가 그림을 의뢰한 목적과 정확히 반대되었다. 이성이 합리적이라는 것은 허구이며, 인간은 나약한 존재이고, 학문은 편협하고 무기력하고 위대하지 않다는 내용을 담고 있었다. 퇴폐적이고 병약해 보이는 여성들의 누드를 잔뜩 그려 넣었고, 남성들이 노쇠하고 병들어 죽음에 이르는 과정을 묘사해 자신의 염세적이고 비관적인 세계관을 선언하다시피 한 것이다.

당황한 오스트리아 교육부와 빈대학교는 이를 성도착적 표현이라고 맹렬하게 비난하며 그림을 수취하길 거부하고, 클림트를 고소하기에 이르렀다. 이 사건은 빈 미술계에 일대 파장을 몰고 왔고, 그에게는 격렬한 비난과 조롱이 쏟아졌다. 결국 이 일은 클림트가 선수금을 전액 반환한 뒤 그림을 돌려받는 것으로 마무리되었다.

그러나 그가 천장 장식화 중 '철학'을 주제로 그렸던 스케치는 프랑스 파리에서 열린 만국박람회에서 그랑프리를 수상했다. 이 일은 클림트의 자존심을 회복시켜 주었으나 이미 깊은 상처를 받은 그는 공개적인 그림 의뢰를 일체 거절하고 제도권 미술과도 결별했다.

1897년 빈 미술가협회를 탈퇴한 클림트는 빈분리파라는 신진 예술가 집단을 이끌며 본격적으로 급진적 예술 운동을 추진하기 시작했다. 협회의 초대 회장직을 맡은 그는 "시대에는 예술을, 예술에는 자유를Der Zeit ihre Kunst, Der Kunst ihre Freiheit"이라는 모토를 공표하며, 고전과 신화 속 이미지들을 현대적 기법으로 차용해 억압되고 소외된 인간 욕망의 해방과 승리를 상징하는 그림들을 쏟아냈다.

인간의 생로병사와 같은 삶의 순환을 비롯해 이 시기 클림트가 그린 그림들의 주제가 사랑, 여성의 아름다움 등에 집중되었던 것은 여성의 욕망에 대한 인식과 발견이라는 당시 지적·문화적 흐름과도 맞닿아 있다. 프로이트의 히스테리 치료와 연구가 여성들의 억압된 욕구와 자아에 대한 자각을 일깨우며 문화와 예술 분야에서 여성운동의 물꼬를 튼 것이다.

여성의 관능과 욕망, 지혜, 능동적인 힘을 해방하는 이미지들을 창조했던 클림트의 이 같은 미학적 추구는 당시 사회적 저항과 질타를 받았다. 이렇게 클림트의 예술적 투쟁이 격해질수록 그의 정신도 서서히 마모되어 갔다.

마흔을 위한
치유의 미술관

✳ 우리에게 '잠시 멈춤'이 필요한 이유

클림트의 또 다른 그림을 살펴보자. 정사각형 캔버스에 담긴 〈카소네의 교회〉는 이탈리아 카소네의 농가를 둘러싼 호수와 숲을 그린 그림이다. 이 그림 또한 후기인상주의에서 쓰인 점묘법을 적용해서 수십 가지 초록색을 납작한 점으로 묘사해 평면적이고 장식적인 특징을 갖는다.

클림트는 풍경화를 그릴 때만은 도시의 화려함과 인위적인 요소들을 완전히 배제했다. 그래서인지 이 그림에는 인공의 소리는 전혀 들리지 않을 것 같은 고요함과 평화로움이 깃들어 있다. 담백하고 차분한 풍경 위로 바람이 연주하는 잎사귀들의 너울거리는 화음이 들려오는 것 같다.

내가 우연히 마주한 클림트의 점묘 풍경화들에 한순간 매료되었던 이유는, 까마득히 잊고 지냈던 숲에서의 기억이 이끈 무의식적인 끌림 때문이었을지 모른다. 클림트가 자연 속에 은둔해 여름을 나며 재충전 시기를 가졌듯 내게도 비슷한 경험이 있다.

숨 가쁘게 달린 20대 막바지에 이른 나는 대학에서 심리학을 가르치고 일선 병원에서 환자들을 만나며 내가 가진 전문성을 꽃피웠지만, 여전히 세상에 대한 호기심으로 가득 차 있었다. 그 호기심은 나를 더 넓은 바깥 세상으로 이끌었다.

하지만 애써 이룬 모든 것을 뒤로한 채 한순간에 고향을 떠나 언

〈카소네의 교회〉, 1913년

Church in Cassone

어가 다르고 아는 사람 하나 없는 이국에서 새로운 삶을 개척하기란 매우 긴장되는 일이었다. 그럼에도 정착은 비교적 순조로웠는데, 마침 집에서 가까운 곳에 숲과 호수가 있었던 덕분이었다. 한결같은 얼굴로 세월을 관조하던 대자연의 긴 호흡을 느낄 수 있었던 그 공간은 다른 시민들에게도 휴식과 치유의 공간이 되어주었다.

클림트의 여름이 그랬듯 나도 숲속에서 산책하고, 모닥불을 피워놓고 '불멍'을 즐기며, 햇살과 나뭇잎을 멍하게 바라보고, 자연의 소리를 들으며 인생을 '잠시 멈추었다.' 이 단조로운 사이클이 반복되는 동안 머릿속은 비워지고 긴장했던 몸과 마음도 점차 이완되었다.

자연에서 시간을 보내는 날들이 이어지면서 익숙했던 도시의 소리와 색, 감각적 기억은 저 멀리 밀려났다. 그리고 몸은 어느새 자연의 섬세한 물리적 자극을 받아들이며 치유와 새로운 에너지로 가득 차올랐다. 오스트리아 호숫가에 은둔했던 클림트의 여름 역시 이와 같았을 것이다.

생각을 잠시 멈추고 멍하게 있는 동안 두뇌는 회복되고 뇌세포의 재생도 촉진된다. 2001년 미국 워싱턴대학교의 신경과학 교수인 마커스 라이클Marcus Raichle은 자기공명영상 연구를 통해 자연이 두뇌 회복과 뇌세포 재생을 위한 최적의 장소인 이유를 알아냈다.

생각을 중단하고 두뇌 활동을 쉴 때 오히려 활동이 더욱 활발해지는 뇌의 특정 부위가 있다. 외부 자극이 없어도 활동하는 이 부위들을 기본 상태 신경망이라고 하는데, 우리 뇌의 안쪽 전전두엽과 바깥쪽 측두엽, 두정엽이 이 신경망에 해당한다. 이 기본 상태 신경망은 우리가 깊이 생각할 때보다 잘 때나 멍하니 있을 때, 몽상에 잠겨 있을 때 더 강력히 활성화된다. 그래서 생각하지 않을 때도 우리 몸에 있는 전체 산소의 20퍼센트를 뇌가 소비하게 되는 것이다.

이 신경망이 활성화되었을 때, 즉 머릿속을 비우고 멍하게 있을 때 상상력이나 창의력도 향상된다. 또한 자신에 대한 깊이 있는 성찰과 추상적 사고도 생각을 쉬고 있을 때 더 자연스럽게 일어난다. 누구나 한번쯤 그런 경험이 있지 않은가. 무심히 무언가를 하다가 뜻밖의 연결적 사고가 일어나는 순간들 말이다. 그러니 잠시 멈춤을 위한 멍 때리기는 한때의 유행에 지나지 않는 힐링 키워드가 아니다. 바로 인류의 생존과 진화를 위한 근본적인 힘인 것이다.

✳ 클림트가 건네준 소박한 처방전

어떤 업무나 과제를 수행할 때는 인지적 에너지를 쏟아부어야 한다. 목적 지향적이고 의식적인 주의 집중력은 오래 유지되지 못한다. 시간이 지나면 집중력이 떨어지고 피로도도 증가한다. 그럼에도 쉬지 않고 주의 집중력을 발휘해야 하는 상황에 처하면 스트레스를 받게 되고, 이런 상황이 장시간 지속되면 결국 몸과 마음의 에너지가 고갈되어 과제 수행 능력이 떨어지고, 집중력이 소진되는 번아웃 상태로까지 이어진다.

앞서 말했던 것처럼 복잡한 일상에서 벗어나 자연에서 뇌를 쉬게 할 때 두뇌의 기본 상태 신경망이 활성화된다. 문제를 해결하기 위해 주의 집중력을 사용할 때보다 피로도 회복하면서 오히려 더 쉽게 문제에 대한 해결책을 떠올릴 가능성이 높아진다. 상상력과 창의력이 높아지는 만큼 '아하!'와 '유레카!'의 순간이 더 자주 찾아오는 것이다.

클림트가 그린 〈캄머성 공원〉은 수면에 비친 숲이 그림의 절반을, 나머지 절반을 정면에 보이는 숲이 차지하는 그림이다. 추상화라 생각될 만큼 그림을 이루는 초록색 점들이 압도적이다. 그림 중앙에 은근히 스민 옅은 빛이 느껴지는가? '숲멍'과 '물멍'을 동시에 즐길 수 있는 그림 속 풍경은 잔뜩 긴장한 우리의 전두엽에 쌓인 피로를 해소하기 위한 클림트의 소박한 처방전이다.

미국국립보건원 산하 국립 신경장애 및 뇌졸중 연구소가 프랑스, 독일과 공동으로 진행한 연구에 따르면 사람의 뇌신경은 생각을 차단하거나 쉬는 동안 기본 상태 신경망이 활성화되면서 빠른 속도로 재생되어 기억이 입출력되는 속도를 스무 배 이상 높일 수 있다. 즉 뇌가 정보를 삭제하거나 새로운 정보를 기억하는 과정이 신경 재생 속도에 좌우된다는 것이다. 이 속도는 우리가 휴식을 취할 때 네 배 이상 빠르다. 그러므로 새로운 내용을 학습할 때는 휴식을 자주 취하는 것이 해마와 대뇌 피질 사이의 연결을 강화하여 기억력을 높이는 데 도움이 된다.

〈캄머성 공원〉, 1909년
Park at Kammer Castle

그러니 우리도 클림트가 그랬듯 하던 일을 잠시 멈추고 자연을 마주해 보자. 애써 의식하지 않아도 집중력과 기억력이 높아지고, 상황을 더 객관적으로 인식하게 되면서 대응력 또한 향상되는 경험을 할 수 있을 것이다. 혈압과 맥박이 안정을 되찾고, 근육도 이완되면서 신체 건강도 개선된다. 잠시 생각을 멈출 때도 우리 뇌에서는 세로토닌이 분비된다. 이런 과정을 통해 기분이 좋아지며 조금씩 낙관적이게 된다. 현대인들이 '멍 때리기'에 그렇게 열광하는 이유도 바로 혹사당한 뇌가 휴식을 필요로 하기 때문일 것이다.

물론 자연으로 일시 후퇴하는 일이 당신에게 과감한 도전이거나 현실이 그를 허락하지 않는다면 그저 아침저녁 규칙적으로 자연을 산책하는 것도 좋다. 초록색 빛에 노출된 뇌는 안정을 찾고, 혈압과 맥박도 정상적으로 변한다. 사무실 가까이 숲이 있는 경우 그렇지 않은 경우보다 직무 만족도가 훨씬 높게 나온다는 산림청 연구 결과도 있다.

클림트가 풍경화에 찍은 수많은 초록색 점 앞에서 수풀의 보드라움과 대기의 변화, 시시각각 변하던 햇살과 바람결을 떠올린다. 클림트가 본 풍경과 내가 본 풍경이 놀랍도록 닮았다. 시공간을 뛰어넘은 숲속에서의 우연한 조우는 시간에 대한 나의 감각도 확장시켰다. 나는 그림이 갖는 미덕 중 하나가 바로 이런 것이라고 생각한다.

수백 년을 살아남은 그림들과 대화하다 보면 우리에게 주어진 100년 남짓한 인생이 결코 긴 시간이 아님을 깨닫는다. 그런 통찰의 순간이 찾아올 때 우리는 삶을 관조적으로 대할 수 있다. 긴 호흡으로 삶을 계획하며 일상의 여유를 되찾게 되는 것이다.

　인간에게 허락된 불과 100년 남짓, 짧다면 짧을 그 시간을 우리는 분초 단위로 쪼개어 계획하고, 실행하고, 결과를 평가하며 자신을 몰아붙이고 닦달한다. 쉴 새 없이 이어지는 업무와 그로 인한 걱정, 신경이 타는 듯한 긴장된 현실에 '잠시 멈춤'이 필요하다면, 클림트의 초록색 그림들을 보자. 그리고 삶을 긴 호흡으로 바라볼 수 있는 관조적 여유를 갖도록 애써보자. 클림트의 자연 풍경을 감상하면서 인간의 유한성과 시간의 무한성에 대해 생각하는 동안 현실에 혹사당한 뇌가 잠시 쉬어가는 느낌을 받을 수 있지 않을까.

　자연이 주는 치유력, 즉 '초록색 회복탄력성'은 생각보다 큰 효과가 있다. 삶을 되돌아보고 중대한 결정을 내려야 하는 순간에 자연으로 나가보는 것은 좋은 전략이다. 자연이 우리에게 스스로 생각하는 힘을 부여함으로써 대중적 사고에 휩쓸리는 일을 막아줄 수 있다. 타인의 생각을 좇거나 흉내 내는 것이 아닌 스스로 생각하고 내가 원하는 삶을 주체적으로 살고 싶다면, 일상에서 한 발짝 벗어나 자연 속으로 들어가 잠시 멈춰보자. 멈출 줄 알아야 앞으로 나아가기 위한 회복과 재생을 준비할 수 있다는 사실을 상기하며.

참고 문헌

1부
아무도 나를 이해해 줄 수 없을 것 같은 날에

Baumann, G.(1997). Hermann Hesse and the psychology of C. G. Jung. *Proceedings of the 9th International Hesse Colloquium in Calw*. DE: Calw.

Bell, P.A., Greene, T.C., Fisher, J.D., & Baum, A.S.(2001). *Environmental Psychology*. TX: Harcourt College Publishers.

Berman, M.G., Jonides, J., Kaplan, S.(2008). The cognitive benefits of interacting with nature, *Psychological Science*, 19(12), 1.

Brettell, R.R., & Lee, N.H.(1999). *Monet to Moore*. CT: Yale University Press.

Galerie St.Etienne. "Anna Mary Robertson ("Grandma") Moses". Retrieved from https://www.gseart.com/artist/anna-mary-robertson-grandma-moses/bio

Hermann, H.(2013). *Soul of the Age*. NY: Farrar, Straus and Giroux.

Kaplan, S.(1995). The restorative benefits of nature: Toward an integrative framework. *Journal of Environmental Psychology*, 15, 169-182.

Kaplan, R., & Kaplan, S.(1989). *The Experience of Nature*. UK: Cambridge University Press.

Kwak, S., Kim, H., Chey, J., & Youm, Y.(2018). Feeling How Old I Am: Subjective Age Is Associated With Estimated Brain Age. *Front Aging Neurosci*. Retrived from https://www.frontiersin.org/journals/aging-neuroscience/articles/10.3389/fnagi.2018.00168/full

마흔을 위한
치유의 미술관

Langer, E.J.(2009). *Counter Clockwise*. NY: Ballantine Books.

Natter, T.G.(2012). *Gustav Klimt*. The Complete Paintings. DE: TASCHEN.

Rauch, J., Fass, R.(2018). *The Happiness Curve*. NY: Thomas Dunne Books.

Seligman, M.E.P.(2002). *Authentic Happiness*. NY: Free Press.

Seligman M.E.P., Rashid, T., & Parks, A.C.(2006). Positive psychotherapy. *American Psychologist*. 61(8). 774-788.

Seligman, M.E.P., Steen, T.A., Park, N., & Peterson, C.(2005). Positive psychology progress: empirical validation of progress. *American Psychologist*. 60(5), 410-421.

Smith, R.(2006). "Henri Rousseau: In imaginary jungles, a terrible beauty lurks". *The New York Times*. Retrieved from https://www.nytimes.com/2006/07/14/arts/design/14rous.html?smid=url-share

2부
내 마음이 나를 괴롭게 하는 날에

에른스트 H. 곰브리치(1960). 서양미술사. 백승길, 이종숭 번역. 서울: 예경.

Adriani, G.(2006). *Paul Cézanne*. DE: C.H.Beck.

Asturias, M.A.(2004). *Velazquez*. NY: Rizzoli.

Becks-Malorny, U.(2007). *Cézanne*. DE: TASCHEN.

Gerard, R.M.(1958). *Color and emotional arousal*. American Psychologist. 13, 540.

Gronberg, A.T.(1990). *Manet*. NY: RH value Publishing.

Hajo, D.(2008). *Wassily Kandinsky*. UK: Prestel.

Hind, C.L.(1906). *Days With Velazquez*. UK: Adam and Charles Black. 25.

Honig, L.M.(2007). *Physiological and Psychological response to colored light*.

Kallir, J.(1985). *Arnold Schoenberg's Vienna*. NY: Rizzoli.

Kandel, E.(2012). *Age of Insight*. NY: Random House.

Manet, E.(2000). *Manet By Himself*. MA: Little Brown & Co.

Sifneos, P.E.(1973). The prevalence of 'alexithymic' characteristics in psychosomatic patients. *Psychotherapy and Psychosomatics*. 22(2). 255-262.

3부
버티고 견디는 삶에 나를 잃어버린 것 같은 날에

바실리 칸딘스키(2015). 예술에서의 정신적인 것에 대하여. 권영필 번역. 경기: 열화당.

빈센트 반 고흐(2017). 반 고흐, 영혼의 편지. 신성림 번역. 서울: 위즈덤하우스.

에드바르 뭉크(2019). 뭉크 뭉크. 이충순, 박성식 번역. 서울: 다빈치.

Andersen, P., Morris, R., Amaral, D., Bliss, T., & O'Keefe, J.(2006). *The Hippocampus Book*. UK: Oxford University Press.

Bar-Haim, Y., Lamy, D., Pergamin, L., Bakermans-Kranenburg, M., & Uzendoorn, M.H.(2007). Threat-related attentional bias in anxious and nonanxious individuals: a meta-analytic study. *Psychol Bulletin*. 133(1). 1-24.

Dietrichs, E., & Stien, R.(2008). *The Brain and the Arts*. NOR: Koloritt.

Eggum, A.(1984). *Edvard Munch*. NY: Clarkson Potter.

Emil, K.(1921). *Manic-depressive Insanity and Paranoia*. UK: Livingstone.

Freud, S.(1917). *Mourning and Melancholia*. DE: Gesammelte Werke.

Hampel, H., Bürger, K., Teipel, S.J., Bokde, A.L.W., Zetterberg, H., & Blennow, K.(2008). Core candidate neurochemical and imaging biomarkers of Alzheimer's disease. *Alzheimer's & Dementia*. 4(1), 38-48.

Harris, J.C.(2009). Summer evening on the beach at Skagen: the artist and his wife. *Archives Of General Psychiatry*. 66(6). 580.

Hothersall, D.(2003). *History of Psychology*. NY: McGraw-Hill Education.

Johnson, M.D., Galovan, A.M., Horne, R.M., Min, J., & Walper, S.(2017). Longitudinal associations between adult children's relations with parents and intimate partners. *Journal of Family Psychology*. 31(7), 821-832.

Kandel, E.(2012). *Age of Insight*. NY: Random House.

Mathews, A., & MacLeod, C.(2010). Induced processing biases have causal effects on anxiety. *Cognition and Emotion*. 16(3), 331-354.

Ormiston, R.(2016). *Egon Schiele Masterpieces of Art*. UK: Flame Tree Illustrated.

Oskar, K.(1974). *My Life*. NY: MacMillan Publishing Company.

Williams, M.G., Watts, F.N., MacLeod, C.M., & Mathews, A.(1997). *Cognitive Psychology and Emotional Disorders*. UK: Wiley.

4부
막연한 내일이 두려워 잠 못 이루는 밤에

김미라(2014). 예술가의 지도. 경기: 서해문집.

페르낭드 올리비에(2003). 첫사랑 피카소. 강서일 번역. 경기: 청년정신.

artnet. "Maurice Utrillo". Retrived from https://www.artnet.com/artists/maurice-utrillo/

Higonnet, A.(1995). Berthe Morisot. CA: University of California Press.

Hodge, S.(2015). *Piet Mondrian*. UK: Flame Tree Illustrated.

Kenrick, D.T., Griskevicius, V., Neuberg, S.L., & Schaller, M.(2011). Renovating the Pyramid of Needs: Contemporary Extensions Built Upon Ancient Foundations. *Perspectives on Psychological Science*. 5(3). 292-314.

Lafer, S.(2017). "How Mondrian Has Been Influencing Pop Culture for 100 years". *SLEEK*. Retrieved from https://www.sleek-mag.com/article/mondrian-100-years/

Rose, J.(1999). *Suzanne Valadon*. NY: St Martin's Press

Taylor, R.(2004). *Pollock, Mondrian and Nature*. NY: Nova Science Publishers, Inc.

Warnod, J.(1981). *Suzanne Valadon*. NY: The Crown Publishing Group.

William, R. ed.(1980). *Pablo Picasso*. NY: The Museum of Modern Art.

마흔을 위한 **치유의 미술관**

삶에 지친 내 마음을 어루만질 그림 속 심리학

초판 1쇄 인쇄 2024년 10월 17일
초판 1쇄 발행 2024년 10월 24일

지은이 윤현희
펴낸이 김선식

부사장 김은영
콘텐츠사업본부장 박현미
책임편집 최유진　**책임마케터** 박태준
콘텐츠사업9팀장 차혜린　**콘텐츠사업9팀** 강지유, 최유진, 노현지
마케팅본부장 권장규　**마케팅1팀** 박태준, 오서영, 문서희　**채널팀** 권오권, 지석배
미디어홍보본부장 정명찬　**브랜드관리팀** 오수미, 김은지, 이소영, 서가을, 박장미, 박주현
뉴미디어팀 김민정, 이지은, 홍수경, 변승주
지식교양팀 이수인, 염아라, 석찬미, 김혜원
편집관리팀 조세현, 김호주, 백설희　**저작권팀** 이슬, 윤제희
재무관리팀 하미선, 김재경, 임혜정, 이슬기, 권미애, 오지수, 김주영
인사총무팀 강미숙, 김혜진, 황종원
제작관리팀 이소현, 김소영, 김진경, 최완규, 이지우, 박예찬
물류관리팀 김형기, 김선민, 주정훈, 김선진, 한유현, 전태연, 양문현, 이민운
외부스태프 **디자인** 형태와내용사이

펴낸곳 다산북스　**출판등록** 2005년 12월 23일 제313-2005-00277호
주소 경기도 파주시 회동길 490 다산북스 파주사옥
전화 02-704-1724　**팩스** 02-703-2219　**이메일** dasanbooks@dasanbooks.com
홈페이지 www.dasan.group　**블로그** blog.naver.com/dasan_books
종이 한솔피엔에스　**인쇄·제본** 한영문화사　**코팅·후가공** 평창피엔지

ISBN 979-11-306-5846-9 (03180)

다산북스(DASANBOOKS)는 책에 관한 독자 여러분의 아이디어와 원고를 기쁜 마음으로 기다리고 있습니다. 출간을 원하는 분은 다산북스 홈페이지 '원고 투고' 항목에 출간 기획서와 원고 샘플 등을 보내주세요. 머뭇거리지 말고 문을 두드리세요.